SCHMITT 1964

COLLECTION MICHEL LÉVY
— 1 franc le volume —
se vend dans les gares de chemins de fer et à l'Étranger

EUGÈNE SUE

— ŒUVRES COMPLÈTES —

LE DIABLE MÉDECIN

CLÉMENCE HERVÉ

PARIS
MICHEL LÉVY FRÈRES, LIBRAIRES-ÉDITEURS
RUE VIVIENNE, 2 BIS

1862

COLLECTION MICHEL LÉVY

CLÉMENCE HERVÉ

OUVRAGES
D'EUGÈNE SUE

Parus dans la collection MICHEL LEVY.

ADÈLE VERNEUIL....................................	1 vol.
LA BONNE AVENTURE................................	2 —
CLÉMENCE HERVÉ....................................	1 —
LES FILS DE FAMILLE...............................	3 —
GILBERT ET GILBERTE..............................	3 —
LA GRANDE DAME....................................	1 —
LES SECRETS DE L'OREILLER.....................	3 —
LES SEPT PÉCHES CAPITAUX......................	6 —
L'ORGUEIL......................................	2 —
L'ENVIE. — LA COLÈRE.....................	2 —
LA LUXURE. — LA PARESSE................	1 —
L'AVARICE. — LA GOURMANDISE.........	1 —

Imprimerie de L. TOINON et Cie, à Saint-Germain-en-Laye.

LE DIABLE MÉDECIN

CLÉMENCE HERVÉ

PAR

EUGÈNE SUE

PARIS
MICHEL LÉVY FRÈRES, LIBRAIRES-ÉDITEURS
RUE VIVIENNE, 2 BIS

1862
Tous droits réservés

CLÉMENCE HERVÉ

I

M. Morand, après avoir vendu sa charge d'huissier, faisait, à ses moments perdus, ainsi que l'on dit vulgairement: *la petite banque*, escomptait du papier de commerce à très-long terme, moyennant une commission plus qu'exagérée, achetait à bas prix des créances véreuses, parfois même se livrait à des prêts usuraires.

M. Morand et sa femme avaient pris soin de leur nièce, Héloïse Morand, laissée toute enfant par ses parents, orpheline et pauvre. Sortie de pension à l'âge de dix-sept ans et revenue depuis une année environ auprès de sa tante et de son oncle, la jeune fille était leur première servante, et trouvait souvent amer le pain de leur hospitalité ; non qu'ils fussent absolument de méchantes gens, mais égoïstes cupides et surtout étrangers à ce sentiment délicat que l'on pourrait appeler la pudeur de la générosité. Ils ne mettaient aucune mesure, aucune borne à leurs exigences envers leur nièce, et persuadés que jamais, quoi qu'elle fît, elle ne parviendrait à s'acquitter à leur égard, ils lui rappelaient incessamment leurs bontés, sinon avec dureté, du moins avec une sorte de complaisance grossière toujours humiliante pour l'obligée.

Un matin, M. et madame Morand déjeunaient servis pas leur nièce; ils pouvaient ainsi, disaient-ils, causer librement, sans craindre l'indiscrète curiosité de l'une ou de l'autre de leurs deux domestiques. Héloïse se levait souvent de table afin d'accomplir les ordres réitérés qu'elle recevait, puis elle revenait prendre sa place sans témoigner aucune impatience de cette sujétion presque servile.

Héloïse, d'une taille au-dessus de la moyenne, svelte, souple, et de proportions parfaites, était remarquablement belle; cependant un observateur attentif eût été encore plus frappé du caractère pensif et élevé de cette noble physionomie que de la suave régularité de ses traits couronnés d'une opulente chevelure blonde; son teint pur et blanc, transparent comme celui d'un enfant, se nuançait de rose vif à la plus légère émotion; ses yeux bleus, presque toujours timidement baissés en présence de sa tante et de son oncle, semblaient, lorsqu'elle échappait à cette contrainte, révéler par leur regard méditatif une profonde concentration de pensées...

— Ce n'est point, ma chère, pour te reprocher ce que nous avons fait pour toi — disait à Héloïse M. Morand, gros homme d'une figure joviale et vulgaire — mais ton éducation nous a coûté gros... ton entretien... (toujours sans te rien reprocher)... est assez dispendieux... Donne-moi une assiette... et ramasse ma serviette... Aussi nous regarderions comme une bonne fortune inespérée pour toi, et pour nous, un mariage qui allégerait d'autant nos dépenses à venir, puisque, si ce que l'on nous a rapporté est vrai, la personne en question t'épouserait, dit-on, sans un liard de dot... hé... hé... ma nièce — ajouta M. Morand en riant d'un rire épais. — Ils sont fièrement rares, ces épouseurs-là!... et les filles doivent s'empresser de happer à la volée de si bénins oiseaux!

— Héloïse sait bien qu'elle *coiffera sainte Catherine*, si quelqu'un ne consent à l'épouser pour ses beaux yeux — ajouta madame Morand : (« espèce rougeaude et ragotte « ressemblant fort à un melon sur une borne, » — ainsi qu'eût dit Scarron). Nous avons placé, mon mari et moi, notre bien en viager reversible sur nos deux têtes, puisque nous n'avons pas d'enfants; nous ne faisons guère d'économies; tu ne peux donc, ma nièce, compter sur notre succession; nous ne nous refusons rien... nous aimons la bonne chère, et à propos de ça!... tu feras rôtir toi-même ces deux beaux perdreaux rouges que j'ai achetés hier au marché. Cette sotte de Jacqueline ne sait pas faire un rôti à point.

— Et surtout — ajouta M. Morand — n'oublie pas les bardes de lard... j'adore le lard!

— Je n'oublierai rien, mon oncle.

— Et une belle croûte de pain dans la lèchefrite.

— Oui, mon oncle...

— C'est donc pour te dire, ma nièce — reprit madame Morand — que tu n'as rien à attendre de nous; ainsi donc, tâche de profiter d'une occasion qui ne se rencontrerait pas de longtemps; nous avons été excellents pour toi, en prenant pitié de ton malheureux sort, après la mort de tes parents. Certes, nous ne regrettons pas les dépenses que tu nous as coûtées, mais montre-toi du moins reconnaissante, et par égard pour nous, efforce-toi de plaire à ce monsieur qui, nous assure-t-on, consentirait à se charger de toi, sans rien exiger qu'un trousseau convenable... ce sera encore une quinzaine de cents francs qu'il nous faudra débourser... pour te nipper... mais enfin... ton bonheur passe avant tout... Va chercher le fromage sur le buffet... et prépare l'alambic pour le café...

— En même temps, tu rinceras mon verre, car je viens d'y laisser tomber du sel en salant ma tartine — ajouta M. Morand, donnant son verre à Héloïse.

Cette belle jeune fille s'acquitta des diverses fonctions plus ou moins serviles dont on la chargeait, mais s'en acquitta, pour ainsi dire, presque machinalement quoique avec une bonne grâce parfaite; son esprit semblait être ailleurs. Lorsqu'elle eut soigneusement rincé le verre de son oncle, et fait les préparatifs nécessaires à la confection du café, elle revint s'asseoir à table, et ploya silencieusement sa serviette, paraissant complétement insoucieuse de ces éventualités de *mariage sans dot*, qui agréaient tant à M. et à madame Morand. Celle-ci contemplant sa nièce avec surprise:

— Hé bien! tu ne nous réponds rien?

— A quoi est-ce que je ne réponds rien, ma tante?

— Comment?... mais aux projets de mariage dont nous venons de te parler.

— Ce sont des projets, ma tante; il n'y a rien de positif à cet égard...

— Qu'entends-tu par positif? reprit impatiemment M. Morand. — Tu fais toujours des réponses qui n'ont ni queue ni tête! certes, il n'est point donné à tout le monde d'avoir de l'esprit, mais en vérité, ma pauvre fille, tu es parfois d'une simplicité... qui frise la niaiserie! N'est-ce rien de positif, ces mots de Moussard, que je t'ai déjà rapportés, que je vais te répéter, car tu as la tête diantrement dure; donc Moussard nous a dit: « L'un de mes amis, homme « d'un certain âge, et parfaitement conservé... jouissant « d'une belle aisance... a vu, le jour de la clôture du Musée, « votre nièce Héloïse dans la salle des sculptures... »

— ... Où, par parenthèse, ma nièce, vous êtes restée comme hébétée devant une colossale statue de femme, coiffée d'une manière de bonnet phrygien, tenant une trompette à la main et baptisée sur le livret: *la Marseillaise*, joli sujet de statue, ma foi! — ajouta madame Morand en haussant les épaules. — Il m'a fallu vous secouer par le bras, afin de vous arracher à cette contemplation ridicule. Vous aviez l'air d'une idiote... il est à espérer que ce monsieur ne vous aura pas vue sous cet aspect fort peu agréable...

— Probablement, — reprit M. Morand, — car ce brave homme... (toujours selon Moussard)... a trouvé Héloïse tellement à son goût, qu'il l'épouserait, a-t-il dit, quoiqu'elle n'ait pas un sou de dot...

— Vous le voyez, mon oncle, il s'agit d'une simple supposition...

— Mais vous êtes donc décidément stupide? Est-ce que cette supposition ne peut pas se réaliser? voyons? Et si ce monsieur avait la bonté de vous demander en mariage...—

dit aigrement madame Morand — vous ne seriez pas, j'imagine, ni assez sotte ni assez égoïste pour refuser un pareil parti?

— Rassurez-vous, ma tante, je ferai tout ce qui dépendra de moi, afin de ne plus vous être à charge...

— Voilà autre chose, maintenant! Est-ce que ma femme te reproche de nous être à charge? En vérité! tu ne comprends pas la valeur des mots... et cependant ton éducation nous a coûté les yeux de la tête!! Voilà, parbleu, de l'argent joliment employé! sans compter la manière aimable dont tu nous prouves ta reconnaissance de tout ce que nous avons fait pour toi.

— Ainsi, mademoiselle — reprit madame Morand — telle est notre récompense, après avoir dépensé autant pour vous que si vous eussiez été notre fille!

— Vous vous méprenez, ma tante, sur ma pensée, — répondit timidement Héloïse; — je n'oublierai jamais que, depuis la mort de mon père et de ma mère, je vous ai dû le pain que j'ai mangé, les vêtements que j'ai portés, l'éducation que j'ai reçue. Aussi, je vous le répète, je saisirai avec empressement l'occasion qui me permettra de vous laisser sans inquiétude sur mon avenir et de ne pas abuser plus longtemps de vos bontés, dont je garderai toujours la mémoire.

— S'il en est ainsi, ma chère, tout ira pour le mieux; je compte sur ta promesse — reprit M. Morand en se curant les dents. — Je verrai dès aujourd'hui l'ami Moussard, afin de l'engager à chauffer son monsieur, en l'assurant que tu serais enchantée de l'épouser.

— L'on pourrait même ajouter que, de son côté, notre

nièce a remarqué ce respectable monsieur — ajouta madame Morand d'un air machiavélique. — Les gens d'un certain âge aiment toujours à être flattés sur leur personne... ça les émoustille...

— Excellente idée!! L'ami Moussard mettra les fers au feu... et chaud, chaud pour le mariage! Ah çà, maintenant — reprit M. Morand se renversant sur sa chaise et prenant une pose de béatitude digestive — sers-nous le café, ma nièce, et pendant que nous le siroterons.. tu nous liras notre feuilleton d'aujourd'hui... car le feuilleton est devenu pour moi un véritable pousse-café...

— Le roman de Gertrude est terminé depuis avant-hier, qu'est-ce que notre journal va nous donner en pâture maintenant? dit madame Morand en regardant autour d'elle. — Tiens! où est-il donc notre journal?

Je l'ai laissé là... sur l'étagère... prends-le, ma nièce... et après la lecture du feuilleton n'oublie pas que tu as à repasser mes mouchoirs brodés, et à mettre des manches neuves aux deux vieux gilets de flanelle de ton oncle.. tu m'entends?

— Oui, ma tante, — répondit Héloïse en servant le café à son oncle et à sa tante. Ceux-ci, dégustant la liqueur parfumée, s'adossèrent à leur siége en attendant la lecture du feuilleton quotidien ; la jeune fille. assise à quelques pas d'eux, rompit la bande du journal, et le parcourant des yeux, dit vivement :

— Ah! quel bonheur! un feuilleton de Clémence Hervé!

— Comment! — dit aigrement madame Morand qui, ainsi que son mari, semblait peu sympathique à la femme de lettres dont le nom glorieux venait d'être prononcé par leur nièce avec un accent d'admiration. — Cette Clémence Hervé n'est donc plus en exil?

— Non, grâce à Dieu... — répondit Héloïse. — Ce feuilleton est daté de Paris...

— Enfin... voyons le feuilleton... puisqu'il n'y en a pas d'autre, — reprit d'un ton maussade madame Morand. — Malgré sa prétendue célébrité, cette femme auteur m'agace horriblement les nerfs!... quel est le titre de son roman?

— Ce n'est pas un roman, ma tante, — répondit Héloïse les yeux attachés sur le journal, — c'est un récit...

— Mon Dieu! que vous êtes donc bête, ma chère! Est-ce que roman ou récit, ce n'est pas tout un? Enfin quel est ce titre?

— Misères sociales, — répondit Héloïse d'une voix grave. — *Premier récit.*

— Ah! très-bien! — s'écria M. Morand. — Le titre promet, la lecture sera fort gaie! Misères sociales! excusez du peu! ce sera réjouissant!

— Vous cherchez un amusement dans votre journal et vous y trouvez des tableaux attristants, révoltants! — ajouta madame Morand. — C'est insupportable!

— Que diable! moi je lis dans le but de m'égayer.. je veux être égayé... j'ai le droit de l'être!! c'est pour cela que je m'abonne à un journal! aussi parlez-moi de notre avant-dernier feuilleton!... à la bonne heure!... ça m'allait! L'Amour au galop, par le *major Fredène*, nom tapageur, casseur, pseudonyme de cette fameuse madame Virginie Robertin. Je suis tout fier en pensant que j'ai l'honneur d'escompter les billets qu'elle reçoit en paiement de ses libraires. L'ami Moussard, qui m'a procuré cette aubaine. Connaît cette spirituelle femme de lettres. En voilà une qui n'engendre pas la mélancolie et ne pose pas en réformatrice! quel Roger Bon-Temps! quelle gaillarde, à en juger d'après ses œuvres! J'ai vu hier affiché aux carreaux des cabinets de lecture un autre roman de ce croustilleux major: *Le Nouveau Chérubin*... le titre seul vous affriande, vous met en belle humeur; tandis que: *Misères sociales*... comme c'est régalant et surtout désopilant!

— Espérons qu'après les misères sociales de cette fameuse Clémence Hervé — ajouta madame Morand d'un ton sardonique — notre estimable journal nous gratifiera de quelque élucubration de cette nouvelle muse, mademoiselle Maria Saint-Clair, dont on parle tant, dit-on, depuis son poëme des *Orphelins*.

— Encore! si elle n'avait commis que celui-là!... au moins on comprend ce titre: *Poëme sur les Orphelins*, ça doit être assommant, mais enfin c'est clair! — reprit M. Morand; — mais je vous demande un peu ce que signifie le titre de son dernier poëme: *Voyage de deux âmes à travers les mondes!*

— C'est une folle à enfermer! — dit madame Morand — bonne à mettre à Charenton!

— D'accord, et pourtant, est-ce croyable? Moussard prétend que les vers de cette hurluberlue sont achetés avec frénésie, payés au poids de l'or; on a vendu en trois jours dix mille exemplaires de son dernier poëme, et la vogue ne ralentit pas... c'est de la démence, du vertige! — Puis pouffant de rire, M. Morand reprit: — Ah!...... ah!..... voyez-vous d'ici *deux âmes*, voyageant bras dessus, bras dessous, avec leur sac de nuit et leur parapluie, à travers les mondes!... et quels mondes? les étoiles sans doute! ébouriffante, abracadabrante pérégrination! train de plaisir! aller et retour!... par la lumière électrique probablement!... quelle farce!!

— L'on devrait mettre au Petites-Maisons ceux qui écrivent des imbécillités pareilles et ceux qui les lisent, — dit sentencieusement madame Morand. — Les lecteurs ne valent pas mieux que l'auteur! ça fait pitié!

Héloïse écoutait impassible les réflexions saugrenues de son oncle et de sa tante. Cependant, lorsqu'ils accablèrent de leurs grossiers sarcasmes le nom et les œuvres de *Maria Saint-Clair*, une légère rougeur colora le teint transparent de la jeune fille, et un sourire d'une expression indéfinissable effleura ses lèvres... puis, cette émotion fugitive disparue, Héloïse, s'adressant à madame Morand:

— Ma tante, dois-je vous lire ou non le feuilleton de madame Clémence Hervé?

— Parbleu! il nous faut bien tuer le temps... le feuilleton a passé dans nos habitudes matinales. A quoi employer l'heure que l'on consacre à cette lecture? — répondit M. Morand — seulement, nous nous trouvons aujourd'hui dans la désobligeante position de personnes qui ont d'avance payé leur place au théâtre! tant pis pour elles si la pièce est mauvaise! mais mieux vaut encore une mauvaise pièce que rien du tout.

— Et puis cette lecture nous procurera nécessairement l'occasion de dauber sur cette *démoc-soc* de Clémence Hervé — ajouta madame Morand. — J'abhorre cette femme-là!... elle semble toujours vouloir vous moraliser, vous réformer, vous morigéner dans ses ouvrages! on est bien forcé de les lire quand on vous les donne en feuilleton, ils ont une espèce d'intérêt qui vous entraîne malgré vous jusqu'à la fin ; mais ensuite on est vexé, humilié de montrer si peu de caractère et d'avoir cédé à une sotte curiosité !

— Aussi, foi de Morand, je donnerais toutes les Clémence Hervé, toutes les Maria Saint-Clair du monde pour ce gai luron de major Fredène, autrement dit Virginie Robertin ! mais faute de grives on mange des merles. Sur ce, ma nièce, lis-nous ce nouveau chef-d'œuvre de l'illustrissime Clémence Hervé !

Héloïse commença ainsi la lecture :

MISÈRES SOCIALES.

I

« L'on doit sans doute moins accuser le cœur que l'ignorance des gens qui, ne pouvant imaginer la profondeur de certaines infortunes, et ne sachant où elles gisent, les laissent sans secours.

« Je me propose, dans ce simple récit et dans les suivants, d'offrir aux âmes généreuses l'occasion de soulager des misères inconnues et dignes d'un touchant intérêt. L'égoïste qui ne leur viendra pas en aide, ne pourra prétendre qu'il les ignore : je citerai des noms, des adresses ; il ne s'agit point ici d'inventions romanesques, mais de *réalités*.

« J'ai été témoin de ce que je vais raconter ; les larmes que j'ai vu couler, coulent encore à cette heure. Vous pouvez les tarir, vous pouvez faire succéder l'espérance au désespoir, le bonheur à la peine, vous qui lirez ces lignes et disposez de quelque superflu; mais hâtez-vous, de grâce, hâtez-vous!... j'ai donné mon obole, apportez la vôtre, au nom de la fraternité, de la solidarité humaines! »

. . . .

L'ex-huissier et sa femme avaient écouté ce préambule avec une impatience croissante. A peine Héloïse eut-elle achevé de lire ces mots: « au nom de la fraternité, de la « solidarité humaines » que madame Morand s'écria:

— C'est ça! fraternité! solidarité! ou... la mort! Comme au bon temps de l'autre république, si tendrement regrettée, j'imagine, par cette charitable Clémence Hervé! A-t-on vu cette insolente, cette socialiste enragée, cette mégère! « Les « égoïstes ne pourront prétendre qu'ils ignorent les infor-« tunes qu'elle va peindre, car elle citera des noms! des « adresses! » C'est abominable! c'est vous mettre le couteau sur la gorge!

— C'est provoquer les citoyens à la haine les uns contre les autres! — ajouta l'ex-huissier; —je ne comprends pas que l'on tolère de si horribles provocations.

— Provocations.... à une touchante fraternité, — reprit doucement Héloïse, — puisque...

— Vous êtes une sotte, ma nièce!... et quand on a l'esprit aussi borné que vous l'avez... on se tait — répliqua vertement madame Morand.— Épargnez-nous vos absurdes réflexions...

— J'ai eu tort, je l'avoue, de réfléchir tout haut,— répondit la jeune fille en soupirant; si son mélancolique sourire, l'accent de sa voix semblaient dire qu'elle se reprochait de s'être involontairement départie du silence habituel, que lui importait la complète discordance de sentiments existant entre ses parents et elle?

— Ma tante, — dit Héloïse, — dois-je achever cette lecture?

— Non certainement... nous en avons assez... nous en avons de trop...

— Bah!... ça passera toujours une heure, — reprit M. Morand, — le vin est tiré, il faut le boire... continue, ma nièce...

II

Héloïse, tandis que sa tante maugréait sourdement, poursuivit ainsi la lecture du feuilleton de Clémence Hervé :

CLAUDE ERARD.

« Avant-hier, je passais *rue de la Bienfaisance*, localité généralement habitée par les plus pauvres gens du quartier du faubourg du Roule, je rencontrai une petite fille de cinq ans environ, pâle, étiolée, à peine vêtue; ses haillons laissaient apercevoir ses membres chétifs et grêles; elle marchait pieds nus, tenait à la main une tasse ébréchée, hâtait le pas et pleurait à chaudes larmes.

« — Mon enfant, lui dis-je, pourquoi pleures-tu?

« — Maman est bien malade, — me répond la petite fille en sanglotant. — Papa croit qu'elle va mourir, il m'envoie chercher pour elle un sou d'eau-de-vie chez l'épicier.

« Je connaissais la ténacité de ce funeste préjugé répandu dans la population : — Que les spiritueux possèdent certaines vertus salutaires. — Je dissuadai l'enfant d'aller faire son emplette, et, lui promettant de procurer à sa mère un breuvage efficace, je priai la petite fille de me conduire à son logis. Elle y consentit, quoique très surprise de ma demande.

« En peu d'instants nous arrivons à une ruelle située à l'angle de la maison portant le n° 17. Au-dessus de l'entrée de cette ruelle on voit un grand écriteau de planches où sont tracés ces mots : *A vendre. Démolitions et bois de charpente.* L'enfant me précéda dans l'étroit passage ; il aboutissait à un espace encombré de pierres et de gravois provenant d'une vieille maison autrefois bâtie en ce lieu. A l'extrémité de cette espèce de cour, séparée de terrains vagues par une clôture en planches prise dans la largeur du pignon, l'on monte à cette mansarde par une échelle de meunier.

« Rien ne saurait rendre la tristesse, la désolation de ces ruines solitaires où régnait un morne silence. Cette complète solitude m'expliqua plus tard l'effroyable abandon où je trouvai la famille de Claude Erard.

« Il est certain degré de détresse, de délaissement, où tombent rarement les malheureux lorsqu'ils ont *des voisins*, si pauvres qu'ils soient. Les pauvres s'entr'aident. La perversité traditionnelle de l'homme est un blasphème. L'homme est originellement bon, compatissant, serviable. Plus sa condition est précaire, plus il connaît par soi-même la souffrance, plus il sait compatir aux souffrances dont il est témoin. La sainte et fraternelle solidarité est l'un des mâles instincts du peuple.

« J'ai suivi l'enfant à travers les décombres, j'ai gravi après elle l'échelle de meunier; je suis arrivée à un palier extérieur où s'ouvrait une porte vermoulue; sa partie supérieure, coupée obliquement, correspondait à l'angle formé par l'appentis de la toiture du hangar. La montée avait été rude: j'ai voulu reprendre haleine avant d'entrer dans la mansarde; je me suis arrêtée pendant un instant sur le palier. Soudain j'ai entendu, à travers la porte disjointe, cette imprécation prononcée d'une voix rude, avec un accent de désespoir indicible:

« — Misère de Dieu!!

« — Papa est en colère... mes frères auront demandé à manger! — murmura la petite fille en m'arrêtant par le pan de ma robe; — n'entrons pas... madame... oh! n'entrons pas!...

« J'ai cédé au désir de l'enfant; puis, incapable de résister à un sentiment de douloureuse curiosité, je suis restée muette, immobile, et approchant l'oreille des fissures de la porte, tandis que la petite fille pleurante et tremblante s'asseyait à mes pieds, tenant toujours un pan de ma robe, j'ai entendu, après un assez long silence, une voix de femme, voix affaiblie et d'une douceur extrême, prononcer ces mots:

« — Mon pauvre Claude!! pourquoi ne veux-tu pas en finir tous ensemble! Ah! maudit soit le jour où nous nous sommes aimés!! maudit soit le jour où nous nous sommes mariés!! maudit soit le jour où j'ai été mère!! Que n'es-tu resté garçon!! tu n'aurais pas une famille à ta charge.

« A cet appel au suicide, à cette malédiction jetée par une épouse, par une mère, aux plus sacrés, aux plus doux sentiments de la nature... j'ai frémi

« — Madeleine! — a repris la voix de Claude avec une expression farouche — Madeleine... ne me tente pas!!

« — Que deviendrons-nous! — a dit la voix de femme — oui, que devenir, lorsque demain peut-être, j'aurai mis au monde notre quatrième enfant?... Épuisée comme je suis., je n'ai pas une goutte de lait pour le nourrir, cet enfant... pas un pauvre morceau de linge pour le vêtir... finissons-en!... va... mon bon Claude : finissons-en! c'est plus tôt fait...

« — Tais-toi!... tu me rendras fou... la tête me tournera... il arrivera, vois-tu... quelque malheur ici... et tu l'auras voulu...

« — Tiens... Claude... raisonnons... nous allons avoir notre quatrième enfant; avant cela... nous étions déjà cinq à vivre sur tes trois francs par jour... quand le travail allait. Le ménage, le soin des petits, employaient tout mon temps... je ne pouvais rien gagner... nous ne mangions pas souvent du pain à notre faim, et pourtant tu t'acharnageais pour nous, mon pauvre homme. Jamais de repos! jamais de dimanche!!... pas seulement de promenades. Nos enfants étaient si mal vêtus! j'aurais eu honte de les voir sortir... on les aurait pris pour des petits mendiants... Pour comble de malheur, tu chômes depuis deux mois, tu ne peux plus rien demander à ton patron... il t'a déjà avancé trente-cinq francs; il nous a permis par charité de demeurer dans cette masure... mais l'on va bientôt la démolir comme le reste... nous serons sur le pavé... alors qui voudra nous loger? Ce que nous pouvions mettre au mont-de-piété, y a été mis;... nous devons près de vingt francs au boulanger... il a, ce matin, refusé du pain à la peute... nous sommes à bout de tout... nous allons avoir un enfant de plus... et nous serons *six*... Claude... *six* à nourrir!... Est-ce que ça se peut... Qu'est-ce que tu veux que nous devenions? — Et Madeleine poussa un sanglot déchirant. — Mon Dieu... il faut pourtant se faire une raison aussi !!

« — Maman... — a murmuré en ce moment une voix enfantine et dolente — nous avons grand'faim.

« — Ce n'est pas de notre faute... papa, ne nous gronde pas!!... — a aussitôt ajouté, d'un ton craintif, une autre voix d'enfant.

« — Tu les entends... mon pauvre homme? tu les entends!!...

« — Misère de Dieu! que veux-tu que j'y fasse?... Faut donc que je vole !! Oh! s'il était nuit....

« — Claude... tu me fais peur !!...

« — Non... j'irais mendier... mais en plein jour.... je n'ose...

« — Mendier!... Est-ce une ressource!! quand on a cinq personnes à nourrir... Ah! Claude! — ajouta l'infortunée d'un ton déchirant — depuis huit ans de mariage... nous les avons plus d'une fois entendus, ces mots-là: Maman, j'ai faim!! Aussi, vois nos enfants: sont-ils assez maigres et chétifs?... s'ils deviennent jamais grands, ils n'auront pas seulement la force de gagner leur vie ... leur faiblesse, leur misère les poussera peut-être au mal... Notre petite Justine promet d'être jolie; elle fera peut-être comme tant d'autres pauvres filles. Encore une fois, va! Claude, finissons-en tous d'une bonne fois!... c'est si vite fait!...

« — Ah! ah! ah! ah! finissons-en! — s'est écrié ce malheureux en poussant un éclat de rire qu ...'a épouvantée — à moins de nous pendre? est-ce que la mort... n'est pas encore trop chère pour nous?... un boisseau de charbon... huit sous!... merci!!

« — Écoute, mon bon Claude... si tu voulais, vois-tu... si tu voulais... il n'y aurait pas besoin de charbon...

« — Pas besoin de charbon?

« — Non! nous étendrions sur le carreau la paille de notre paillasse, nous la mouillerions un peu, afin qu'elle ne flambe pas... ce qui pourrait incendier ce galetas... mais elle fumera beaucoup quand tu y auras mis le feu avec une allumette... alors tu reviendras te placer à côté de moi, sur la sangle de notre lit... nous tiendrons nos enfants bien serrés entre nos bras... pauvres petits!... et pendant que nous les embrasserons, la fumée nous étouffera bien vite tous; le bon Dieu aura pitié de nous, car il le sait, nous avons toujours vécu honnêtement, sans faire ni tort ni mal à personne...

« — Madeleine! — a repris la voix de Claude qui partageait l'effrayant égarement de sa femme. — Tu le veux?... tu le veux?

« Ces dernières paroles m'ont arrachée à la stupeur où me plongeait cet entretien; j'ai poussé vivement la porte et je suis entrée dans la mansarde.

« Claude, en proie à une sorte de vertige, s'est élancé vers moi et m'a dit d'un air sinistre, presque menaçant:

« — Qui êtes-vous?... qui vous amène ici?

« — Monsieur — ai-je répondu très-émue — je voulais...

« Claude m'interrompant s'est écrié de plus en plus égaré:

« — Vous vouliez savoir qui je suis... comment je m'appelle, n'est-ce pas ?

« — Monsieur...

« — Ma famille se compte en ce monde par mille et par cent mille!! entendez-vous, madame!! mes frères, mes sœurs et moi... nous nous appelons : Las-de-vivre!!!

« Claude, après ces mots d'une terrible énergie, a caché son visage entre ses mains et est tombé avec accablement sur un escabeau, près du chevet de sa femme. »

M. et madame Morand, à la grande surprise de leur nièce, l'écoutaient sans l'interrompre par des réflexions malveillantes à l'endroit de Clémence Hervé. Le simple récit de ces atroces misères, admirablement accentué d'ailleurs par la jeune lectrice, impressionnait profondément l'ex-huissier et sa femme, malgré leur égoïsme et la grossièreté de leur âme; leurs yeux devinrent humides lors de certains passages navrants de réalité. Ces mots entre autres : *Maman, nous avons faim... Papa, ne nous gronde pas... ce n'est pas notre faute*, arrachèrent des larmes aux parents d'Héloïse, et, silencieux, ils frissonnèrent, se regardant avec effroi en songeant à la redoutable signification de ces paroles : *Mes frères et moi nous nous appelons* : Las-de-vivre (1).

(1) Historique. — Ces mots ont été prononcés à Lyon, lors de l'insurrection de 1831.

Héloïse, ne voulant pas compromettre la salutaire influence que ce récit exerçait sur son oncle et sur sa tante, en paraissant remarquer leur émotion, contre laquelle ils se seraient sans doute révoltés s'ils l'avaient crue pénétrée; Héloïse, disons-nous, continua ainsi, sans interruption, la lecture des *Misères sociales*.

« Un grand silence s'est fait dans la mansarde occupée par la famille de Claude Erard. Ce malheureux, regrettant sans doute son moment d'emportement involontaire à mon égard, est resté muet, immobile, abattu, la tête penchée sur sa poitrine ; cet artisan, misérablement vêtu d'un pantalon en lambeaux et d'un méchant gilet de tricot gris ; cet artisan, jeune encore et déjà chauve, a une physionomie ouverte, intelligente ; ses traits livides, profondément sillonnés par les privations, par les chagrins, sont d'une maigreur effrayante, à demi cachés par une barbe épaisse ; ses yeux, rouges de larmes et d'insomnie, semblaient ne pouvoir supporter la clarté du jour filtrant de haut dans la mansarde à travers un étroit châssis.

« Madeleine, gisante sur un bois de lit vermoulu, garni d'une paillasse dont l'enveloppe percée laissait çà et là sortir le contenu, était à peine enveloppée d'un drap sordide et déchiré ; une blouse, une jupe en haillons lui servaient de couverture; ses cheveux noirs, s'échappant en désordre d'une vieille coiffe d'indienne, tombaient sur son front, sur ses épaules, et laissaient voir son visage d'une blancheur maladive, creusé par la souffrance et d'une expression navrante. Les derniers ressentiments de sa résolution désespérée animaient encore son regard brillant d'un éclat fiévreux ; deux petits garçons âgés de six à huit ans, sans chemises, presque nus, et dont les os perçaient la peau, se serraient l'un contre l'autre, assis au pied du lit de leur mère et adossés à la muraille.

« La misère ne m'est jamais apparue sous un aspect plus sinistre, plus désolé ; je n'ai pas vu, sauf le grabat où gisait la mère, sauf une petite caisse de bois remplie de paille, servant de couche aux enfants ; je n'ai pas vu un meuble dans cette mansarde aux murailles nues et délabrées ; un fourneau de terre, quelques vases de ménage ébréchés, une vieille malle servant de table et de siége où était assis Claude Erard au chevet de sa femme, voilà ce que possède cette famille.

« L'enfant que j'avais rencontrée s'est approchée du lit de Madeleine et lui parle tout bas en me désignant du regard. J'ai rompu la première le silence et j'ai dit à Claude Erard :

« — Monsieur, rencontrant tout à l'heure votre petite fille qui pleurait, je l'ai interrogée, j'ai ainsi appris que votre femme était très-souffrante, j'ai pensé que je pourrais vous être utile... je suis venue, disposez de moi.

« Claude Erard a baissé les yeux, et d'abord l'émotion l'a empêché de me répondre ; mais une lueur d'espérance ineffable a resplendi sur les traits de Madeleine ; des pleurs ont baigné ses joues et elle s'est écriée d'une voix palpitante : — Mes enfants... mes enfants ! — Tous trois, à cet appel de leur mère qui leur tendait les bras, l'ont entourée des leurs, et elle a répété en les embrassant passionnément : — Pauvres chers petits !... le ciel nous envoie cette bonne dame... nous ne mourrons pas encore.

« — Madame, — m'a dit Claude Erard les larmes aux yeux, — on oublie la fierté devant une démarche aussi ch ritable que la vôtre.... Je chôme de travail depuis deux mois; nous avons mis au mont-de-piété jusqu'à nos matelas, jusqu'à notre linge; ma femme est au moment d'accoucher; il n'y a pas de pain à la maison; il me restait un sou, je l'ai donné à ma petite fille afin qu'elle aille acheter une goutte d'eau-de-vie pour réconforter un peu Madeleine qui, tout à l'heure encore, s'est évanouie de faiblesse. Notre malheur n'est pas causé par l'inconduite... je suis tourneur en bois, je travaille depuis sept ans chez le même patron, *M. René, rue du Faubourg-Saint-Honoré, n° 102.* Vous pouvez, madame, lui demander des renseignements sur nous... — Et des larmes de honte, tombant des yeux de Claude Erard, il a ajouté d'une voix altérée : — Pour la première fois de ma vie, la misère me pousse à tendre la main... à recevoir l'aumône... ne croyez pas, madame, que ma reconnaissance envers vous doive me peser.., mais... — Claude Erard s'est interrompu; les sanglots étouffèrent sa voix. »

II

Héloïse crut devoir suspendre un instant sa lecture, tandis que son oncle et sa tante, presque honteux de leur attendrissement, essuyaient leurs yeux humides; puis la jeune fille poursuivit ainsi le récit de Clémence Hervé.

« Il est bon de le répéter, dans la peinture de cette *Misère sociale*, tout est VRAI : dialogue ou description.

« Le lecteur jugera de la grandeur de l'infortune dont je viens de tracer le tableau et de l'intérêt qu'elle mérite même aux yeux de ceux-là qui, considérant le suicide comme un crime, reprocheraient à Madeleine Erard d'avoir un moment conçu la pensée de ce crime, dans le fiévreux délire de son désespoir d'épouse et de mère ; à ceux-là, je dirais : Hélas ! représentez-vous, par la pensée, l'isolement, l'horrible détresse de cette famille ; ce père, cette mère écrasés sous l'inexorable certitude de leur impuissance à jamais sortir d'un abîme de misère : voyez-les, malgré des efforts surhumains, épuisés par la lutte, épouvantés du présent, reculant devant un avenir plus affreux encore, puisque l'enfant qui va naître, naîtra, pour son malheur, pour augmenter le poids déjà intolérable de tant d'infortunes... Oui, incarnez-vous, par la pensée, dans la personne de ces malheureux, et vous concevrez qu'il a pu venir une heure où, éperdus d'effroi, ils n'ont plus espéré de refuge, pour eux et leurs enfants, que dans la mort ! Pauvres désespérés ! Pauvres LAS DE VIVRE ! comme a dit Claude Erard avec une terrible énergie !

« Vous que ce récit a peut-être émus, joignez-vous à moi afin d'achever de secourir efficacement Claude Erard et les siens ; je les ai réconfortés, ravivés par de fraternelles paroles ; je leur suis venue matériellement en aide dans la limite de mes ressources ; un célèbre médecin de mes amis est allé le jour même visiter Madaleine, des aliments sains ont ranimé ses forces, elle ne couche plus demi-nue sur la paille ; l'enfant qu'elle va mettre au jour aura une modeste layette ; mais la misère de cette famille est encore redoutable ! Claude Erard est énervé par le chagrin, par les privations ; il manque de travail ; lui et ses trois enfants sont presque sans vêtement ; leur pain d'aujourd'hui est assuré... mais demain ?... mais demain ?

« Et pourtant cet artisan est laborieux, intelligent ; sa

conduite a toujours été irréprochable, selon l'affirmation de son honorable patron (M. RENÉ, *rue du Faubourg-Saint-Honoré*, 102). Ces renseignements, je les ai pris, non pour m'édifier sur la moralité de Claude Erard ; je dois à mon expérience de la vie une pénétration qui m'a rarement fait défaut; aussi, après quelques moments d'entretien avec Claude Erard et sa femme, j'étais persuadée que tous deux méritaient la compassion et l'estime des gens de bien ; mais j'adjure au nom de la solidarité humaine ceux-là qui seraient apitoyés par cette misère sociale, d'aller s'informer de la vérité auprès du patron de Claude Erard et de concourir à notre œuvre fraternelle.

« O vous ! épouses chéries, mères adorées qui, n'ayant jamais connu la détresse, lisez ce récit, entourées des objets si précieux à votre affection ! vous qui souriez aux jeux de vos beaux enfants, brillants de fraîcheur, de grâce et de gaieté ! vous qui, heureuse du présent, échangez avec un époux bien heureux de riants projets pour l'avenir, songez, songez que l'une de nos sœurs en humanité, que Madeleine Erard, épouse, n'a jamais connu que les perplexités du mariage ; mère, n'a jamais connu que les angoisses de la maternité. Pour elle, jamais un jour de repos et de tranquillité ; pour ses enfants, jamais un de ces plaisirs innocents, si chers au premier âge ! bourrelée sans cesse par l'incertitude du lendemain, effrayée sans cesse par le spectre de la misère, Madeleine n'a vécu que pour appréhender ou pour souffrir. Ah ! que cette pauvre famille vous doive quelques moments de bonheur; que ces âmes navrées, aigries par une terrible infortune qui les a fait douter un moment de la bonté des hommes, de la justice de Dieu, s'ouvrent aux pénétrantes et salutaires douceurs de la reconnaissance ! Bénir la créature qui vous tend une main fraternelle, c'est bénir le Créateur dans son œuvre !

« A l'œuvre donc, frères et sœurs en humanité ! à l'œuvre au nom de la solidarité qui nous lie tous à tous, connus ou inconnus, pauvres et riches, petits et grands, ne l'oublions jamais.

« Tant que, quelque part, gémit un juste !... l'iniquité tremble !

« Tant que, quelque part, gémit une misère... la jouissance est troublée !

« Croyez-moi, l'accomplissement d'un généreux devoir donne au plaisir une saveur nouvelle, car on le goûte avec sérénité !

« CLÉMENCE HERVÉ. »

III

Le récit de l'illustre femme de lettres, lu à M. et à madame Morand, par Héloïse, de qui les yeux se mouillèrent plus d'une fois de larmes ; ce récit, nous l'avons dit, impressionna profondément, et malgré eux, l'ex-huissier et sa femme. Ce tableau de la misère sociale les attrista d'abord, puis les révolta contre Clémence Hervé ! Qu'avait-elle besoin d'assombrir leur esprit, de troubler leur heureuse quiétude par une pareille peinture ? A quoi bon leur révéler ces poignantes réalités ? Etait-ce leur faute à eux, si Claude Erard et sa femme, las de mourir un peu chaque jour, s'étaient résolus de mourir tout d'un coup et tout à fait? Puis, à cette révolte de l'égoïsme contre la solidarité humaine, succéda, chez M. et madame Morand, un ressentiment meilleur dû à la salutaire influence du talent de Clémence Hervé.

— C'est insupportable ! — s'écria madame Morand, essuyant sa paupière. — Oui, ajouta-t-elle naïvement, avec un accent de récrimination et de pitié — il n'y a pas à le nier : je sais maintenant que, rue de la Bienfaisance, n° 17, il existe un Claude Erard et sa famille, manquant encore à peu près de tout... Cet effrayant récit sera pour moi un cauchemar ! ! j'en rêverai... j'aurai toujours devant mes yeux cette malheureuse créature près d'accoucher sur la paille... et décidée à se suicider avec son mari et ses enfants! ! Il me semble que je la vois coiffée de son mauvais bonnet d'indienne, ses cheveux noirs épars sur ses épaules, sa figure pâle, quasi mourante, et son pauvre corps à peine enveloppé d'un drap troué... oui, pour sûr... j'en rêverai cette nuit...

— Je le disais bien, moi ! avant de commencer à écouter ce maudit feuilleton... vive le *major Fredène*, et à bas Clémence Hervé ! — ajouta M. Morand, non moins larmoyant que sa femme. — Tout à l'heure, après déjeuner, j'étais gai comme un pinson et me voilà attristé pour toute la journée..., c'est agréable! sans compter que ce soir, au lieu de m'attabler avec mon appétit ordinaire, surexcité par l'attente de ces deux succulents perdreaux rouges, confiés aux soins culinaires d'Héloïse, chaque bouchée me semblera, j'en suis sûr... amère; je croirai entendre en-

core le cri de ces malheureux enfants disant : « Nous avons
« faim... et ajoutant : — Papa, ne nous gronde pas... ce
« n'est pas notre faute. » — Non... c'est atroce ! — ajouta
l'ex-huissier, essuyant du bout de son gros doigt une
larme qui vint de nouveau mouiller sa paupière. — Ce
sont là certainement des mots que l'on n'invente pas,...
et il est exorbitant de les divulguer !

Héloïse triomphait délicieusement, voyant combien
l'œuvre de Clémence Hervé réagissait puissamment et,
malgré eux, sur des cœurs presque toujours cuirassés
d'égoïsme ; mais la jeune fille contenait son émotion, gardait prudemment le silence, craignant qu'un mot inopportun de sa part ne changeât le cours des pensées de son
oncle et de sa tante.

— Cette enragée Clémence Hervé vous met au pied du
mur, — ajouta madame Morand avec dépit. Le nom et l'adresse de cette famille... l'endroit où l'on peut se renseigner sur elle. Rien ne manque au récit... L'on se regarderait soi-même comme un cœur de roche, si l'on ne venait pas, selon qu'on le peut, en aide à ces malheureux-là, ne fût-ce que par respect humain !

— Ne fût-ce que pour se desserrer le cœur... redevenir
joyeux comme devant, ajouta M. Morand fouillant à sa poche, — et pouvoir au moins dîner de bon appétit.

— Allons, mon cher, — reprit madame Morand soupirant et fouillant aussi à sa bourse d'où elle tira quatre
pièces de cinq francs, — le feuilleton de cette socialiste
nous coûtera une quarantaine de francs... et pour peu
que les autres feuilletons ressemblent à celui-ci, nous
sommes ruinés.

— Ah çà ! — reprit M. Morand, enveloppant les quarante francs dans un lambeau du journal, — par qui allons-nous envoyer notre offrande... hein! ma femme?

— Ma foi! je n'en sais rien... chargeons la portière de cette triste commission... Quant à moi, je ne mettrais, pour rien au monde, les pieds dans le galetas de ces malheureux... ce spectacle me soulèverait le cœur et me rendrait malade pour quinze jours!

— Ma tante, — dit timidement Héloïse, — voulez-vous me permettre de porter votre offrande à madame Clémence Hervé, en allant, ainsi que je devais y aller, consulter M. le docteur Max... puisqu'il vous convient mieux que je me rende chez lui...

— Certainement, ce médecin m'est odieux avec son air de pince-sans-rire... et puisque votre maladie... singulière maladie, en vérité... car vous semblez être en parfaite santé...

— Ma tante... mes fréquentes migraines...

— C'est bon, c'est bon; mais puisque vos migraines ne vous empêchent pas de sortir, et que vous prétendez n'avoir pas confiance dans notre médecin, j'aime mieux que vous alliez consulter votre docteur que de le voir ici; d'ailleurs, on dit de lui des choses... Enfin... j'aime autant le voir de loin que de près... ce diable de médecin ou le médecin du diable... l'un vaut l'autre !

— M. le docteur Max était l'ami de mon père, et venait très-souvent me visiter à ma pension... telle est, vous le savez, ma tante, la cause de ma confiance en lui.

— C'est votre affaire...

— Ainsi, ma tante, vous me permettez de me charger

de porter votre offrande en me rendant chez le docteur?

— Soit... tenez, voici l'argent, mais soyez revenue à temps pour repasser mes mouchoirs brodés.

— Oui... ma tante...

— N'oubliez pas non plus les manches neuves que vous devez mettre aux vieux gilets de flanelle de votre oncle.

— Non, ma tante...

— Et surtout, que les perdreaux soient rôtis à point... je paie assez cher le droit de pouvoir les déguster sans remords...

— Ils vous sembleront meilleurs, mon oncle, — répondit Héloïse; puis, avec un doux sourire, elle ajouta : — Vous le voyez, Clémence Hervé ne se trompait pas dans son espoir, et, en invoquant les bons cœurs.., elle avait deviné les vôtres; vous répondez généreusement à son appel... avouez-le, chère tante, cher oncle; un simple récit qui exerce une si douce influence sur les âmes... n'est-il pas...

— Les âmes!... oh! oh! les âmes! — fit M. Morand en haussant les épaules et interrompant la jeune fille; — j'aimerais beaucoup mieux que ta Clémence Hervé nous fît le plaisir de laisser nos âmes en paix, en joie, et de ne les point abominablement assombrir; je préférerais, je crois, les divagations de Maria Saint-Clair, cette écervelée qui entreprend de faire voyager les âmes à travers ce qu'elle appelle... les mondes! sans prendre la peine de nous informer si c'est dans le coupé ou dans la rotonde du firmament. A! ah! ah! mon Dieu, que c'est donc bête! mais c'est du moins réjouissant en comparaison des poignants récits de cette Clémence Hervé, qui vous navrent le cœur...

2.

Dieu merci ! moyennant notre don de quarante francs, nous respirons maintenant à l'aise !

— Il est pourtant, vous me l'avouerez, infiniment désagréable de se sentir son cœur serré ou dilaté, suivant le caprice de madame Clémence Hervé, — reprit madame Morand, récriminant de nouveau ; — on a l'air de machines !

— D'où je conclus, ainsi que j'avais commencé, — reprit l'ex-huissier, — vive le *major Fredène !* en d'autres termes, Virginie Robertin ; les idées qu'elle engendre, celle-là, sont couleur de rose, et, après l'avoir lue, l'on n'est point forcé de fouiller à son escarcelle, sinon pour se mettre en goguette ! Il faudra qu'au premier billet que je lui escompterai, par l'entremise de Moussard, je porte l'argent moi-même à cette spirituelle et joyeuse commère !

Héloïse s'empressa de se rendre à la demande de Clémence Hervé, afin de lui remettre l'offrande de M. et de madame Morand, et de s'entretenir pour la première fois avec cette illustre femme de lettres, qu'elle ne connaissait encore que par ses écrits et sa glorieuse renommée.

IV

Madame Clémence Hervé jouissait à juste titre d'une éclatante réputation littéraire, due à son rare talent d'écrivain et à la portée philosophique et sociale de ses œuvres ; elle était veuve de Joseph Hervé, l'un de nos historiens les plus éminents et par l'érudition et par la profondeur de ses aperçus démocratiques ; donnant à l'histoire nationale un caractère nouveau, laissant à d'autres le soin de redorer les couronnes royales, de rapiécer les manteaux de cour, de célébrer courtisans et courtisanes, d'exalter, avec une banale faconde, les exploits sauvages des gens de guerre, il avait, en remontant aux sources vives de notre histoire, rendu son lustre éclatant à la foi druidique de nos pères, longtemps obscurcie par l'ignorance, foi sublime ! superbe négation de la mort ! consolante affirmation de l'incessante renaissance de la créature, esprit et matière, âme et corps, émigrant éternellement d'une sphère dans une autre, après leur séjour transitoire sur notre terre. M. Hervé avait aussi admirablement caractérisé les conséquences de l'antagonisme de race existant, depuis la conquête, entre les Gaulois conquis et les Francs conquérants ; antagonisme perpétué entre leurs descendants, serfs et seigneurs, peuples et rois ; lutte acharnée, sanglante, qui dura quinze siècles, et dont la grande révolution fut le dénoûment triomphal. M. Joseph Hervé avait enfin exhumé de la poussière des archives municipales, et mis en lumière, de rudes et héroïques figures plébéiennes, martyrs ignorés, apôtres obscurs du progrès incessant de l'humanité ; il leur élevait dans ses livres un panthéon populaire ; et au lieu de s'éprendre, ainsi que tant de ses devanciers, d'une dévotion plus architecturale que religieuse pour les cathédrales, le grand historien réservait la ferveur de son culte pour les HÔTELS DE VILLE, ces berceaux de nos libertés, ces vieilles maisons communes dont le beffroi appelait d'âge en âge, et si souvent, aux armes, la plèbe et la bourgeoisie, insurgées contre leurs oppresseurs séculaires; saintes insurrections, éclatant à la voix patriotique de ces *consuls*, de ces *échevins*, de ces *maiors*, pères de nos franchises; aussi demandait-il éloquemment au pays d'entourer d'un pieux respect, d'une vénération filiale, ces antiques édifices, témoins des combats acharnés, incessants, de nos aïeux prolétaires et bourgeois, qui, siècle à siècle, pas à pas, ont conquis, au prix de tant de sacrifices, de tant de sang, ces libertés proclamées à la face du monde par notre immortelle révolution de 1789-1792.

Nous insistons sur ces tratis particuliers du génie de Joseph Hervé, parce qu'ils exercèrent une souveraine influence sur l'esprit et sur le talent de son fils, à peine âgé de dix-huit ans à l'époque où commence ce récit, et déjà jouissant d'un renom célèbre dans l'art si difficile de la statuaire.

Clémence Hervé s'était mariée par amour, noble amour inspiré par la beauté du caractère, par l'excellence du cœur de notre grand historien. A ce sentiment profond, inaltérable, dévoué jusqu'à l'adoration, il avait dû le bonheur de sa vie; sa veuve connut plus tard de rudes jours d'épreuves; mais la persécution politique, loin d'affaiblir son courage, d'altérer ses convictions, les retrempa; son âme stoïque était de celles que le malheur ne trouble jamais; elles puisent d'austères enseignements dans l'infortune, leurs souffrances sont fécondes. Clémence Hervé regardait comme une sorte de sacerdoce sa mission de femme de lettres, chacune de ses œuvres dévoilait une plaie sociale ou venait à l'appui de cette pensée primordiale :

« Les défauts ou les vices de la femme ont presque toujours et uniquement pour cause : *sa dépendance* relative, *l'oisiveté* ou la *misère*. »

Clémence Hervé voulait rendre aux femmes l'indépendance, les sauvegarder de la misère et de l'oisiveté, en les élevant, en les dignifiant par leur accession à une foule de professions dont elles sont exclues par la loi, par la coutume, par le préjugé, par la barbarie de la législation romaine, qui encore subsistante presque tout entière dans nos codes, frappe les femmes d'incapacité civile, les subordonne à une tutelle souvent humiliante, parfois nuisible à leurs intérêts, toujours pénible à leur dignité. En énumérant les professions interdites à son sexe, Clémence Hervé s'indignait par exemple à cette pensée : que, malgré leur pudeur justement ombrageuse, la jeune fille, l'épouse ou la mère malades dussent forcément subir et souffrir, de la part de leur médecin, ces investigations morales ou physiques, toujours cruellement blessantes pour les âmes chastes et délicates ; aussi demandait-elle pourquoi les femmes, douées d'autant, sinon de plus d'aptitude que l'homme, pour toutes les branches de l'art de guérir (1), ne le pratiqueraient pas en faveur des personnes de leur sexe, s'il leur était permis de se vouer aux études nécessaires pour l'exercer. Clémence Hervé se demandait encore pourquoi les femmes qui, dans la gestion de leurs affaires personnelles ou de celles de leurs enfants, témoignent souvent de tant de sagacité, de bon sens, de prudence, joint à un

---

(1) Personne n'ignore de quel savoir et de quelle habileté pratique doivent être pourvues les sages-femmes reçues à la *Maternité*.

tact si fin, si juste, à un esprit si pénétrant et si délié, sont exclues du maniement ou de la défense des intérêts civils? Clémence Hervé regrettait surtout que grand nombre de professions industrielles, qui, n'exigeant que de la patience et de l'adresse, semblent naturellement dévolues aux femmes, fussent, à leur grand dommage, presque monopolisées par des hommes. En résumé, telle était la pensée de l'illustre femme de lettres :

« — Parmi les classes riches, la femme qui se perd, se perd presque toujours par l'OISIVETÉ; ses facultés vives, complexes, variées, développées par l'éducation, mais manquant d'aliments utiles et honorables, l'obsèdent, et elle cherche leur emploi dans la fiévreuse activité de sentiments toujours dangereux, souvent dégradants; que ces femmes soient, au contraire, aptes à exercer une profession digne, attrayante, lucrative, qui occupe leur intelligence, elles échapperont ainsi à mille occasions de faillir, elles échapperont surtout à cette sujétion blessante, source de tant de discords conjugaux, et à laquelle, si richement dotée qu'elle soit, la femme est presque toujours condamnée, puisqu'elle doit tendre la main à son mari, afin d'obtenir de lui ce dont elle a besoin pour subvenir à ses dépenses personnelles.

« — Parmi les classes pauvres, — ajoutait Clémence Hervé, la MISÈRE provenant du manque de travail, et surtout de l'insuffisance des salaires, est presque toujours la cause unique, fatale, de la perte d'une foule d'infortunées que des privations de toute sorte poussent à l'infamie. La femme ne possédant pas ainsi que l'homme une ressource constante dans son aptitude aux travaux les plus rudes, les mœurs, les lois doivent donc tendre à empêcher cette concurrence odieuse, que le sexe le plus fort exerce au détriment du sexe le plus faible, en se livrant à une foule de professions qui, réservées à la femme et lui assurant des travaux équitablement rémunérés, la sauvegarderaient de la misère qui conduit à l'abîme de la prostitution... »

Ces idées, Clémence Hervé les vulgarisait, les dramatisait sous la forme attrayante de romans d'un intérêt saisissant. Elle écrivait aussi avec une prédilection particulière des livres destinés aux enfants, persuadée que toute réforme sociale, pour être durable et féconde, doit germer d'abord dans l'esprit des jeunes générations

V

Madame Clémence Hervé possédait une jolie maison entourée d'un jardin, non loin et en dehors de la barrière de Montmartre; depuis son mariage, elle habitait cette retraite, où elle avait vu naître son fils et mourir son mari, dont elle conservait le plus tendre souvenir, souvenir toujours ravivé par de fréquentes visites au champ du repos où était inhumé notre grand historien, et où elle se rendait fréquemment avec Philippe, son jeune fils; aucune amertume ne se mêlait à leurs regrets d'une douceur mélancolique, car Clémence Hervé croyait fermement à la continuelle renaissance des êtres, esprit et matière; aussi, lorsqu'elle venait, en compagnie de son fils, s'asseoir sous le riant berceau élevé jadis près de la tombe de son mari, cachée sous des touffes de fleurs soigneusement entretenues, jamais ces fausses, cet désolantes pensées : de mort, de destruction, de néant, de séparation prolongée jusque après la consommation des siècles, n'attristaient l'entretien de Philippe et de Clémence Hervé. Celui dont ils regrettaient la présence chérie était pour eux, non pas mort, mais absent; la certitude de le revoir, de le rejoindre, d'aller continuer de vivre près de lui dans d'autres régions, donnait à leur pensée autant d'élévation que de confiante sécurité dans l'avenir.

Philippe Hervé, alors à peine âgé de dix-huit ans, faisait la joie, l'espoir, l'orgueil de sa mère; bonté, franchise et droiture de caractère, exquise délicatesse de cœur, tendresse filiale poussée jusqu'à l'idolâtrie, humeur facile, affectueuse et doucement enjouée, telles étaient les qualités de cet adolescent; elles semblaient se refléter sur sa physionomie charmante. Il avait, dès l'enfance, témoigné d'une remarquable vocation pour les arts, façonnant à l'aide d'un couteau des figurines en bois où se décelaient ses rares dispositions pour la sculpture. M. et madame Hervé, pénétrés de cette vérité : « que généralement chacun apporte en soi une vocation pour ainsi dire innée, » favorisèrent de tout leur pouvoir l'éclosion, le développement des aptitudes artistiques de leur fils, sans cesser de cultiver son esprit par l'étude des lettres, des sciences et surtout de l'histoire, persuadés que ces connaissances variées, offrent à l'artiste des ressources inépuisables de hautes inspirations.

Philippe eut pour maître dans son art : DAVID (D'ANGERS), l'un des maîtres célèbres dont les œuvres d'une mâle beauté, empreintes d'un patriotique génie, rappellent la sévère grandeur de la statuaire antique; fidèle aux enseignements paternels qui fécondèrent son talent naissant et le douèrent d'une originalité hardie, Philippe ne chercha pas dans l'histoire de Rome, d'Athènes ou de Sparte, le sujet de ses bas-reliefs ou de ses statues ; le premier, le seul parmi ses contemporains, il s'inspira des traditions nationales et plébéiennes, si fertiles en types d'une nouveauté saisissante et merveilleusement appropriée à la statuaire. En un mot, le jeune artiste suivait la voie qu'avait indiquée son père en écrivant ces mots :

« Quand donc viendra le jour où les monuments, les places publiques, les promenades des cités seront ornés, non plus de l'effigie de ces rois qui souvent ont été l'opprobre ou l'exécration de l'histoire, mais des statues de ces plébéiens héroïques, serfs, paysans, bourgeois ou artisans, qui ont vaillamment conquis, d'âge en âge, ces franchises, ces libertés dont ils nous ont légué l'héritage(1) ? »

VI

La demeure de Clémence Hervé se composait d'un joli pavillon carré, entouré d'un vaste jardin, à l'extrémité duquel Philippe avait fait bâtir son atelier, les localités

(1) Avons-nous besoin de dire combien nous serions fier et heureux, si la voie que nous essayons de tracer ici, et que nous développerons plus loin, semblait praticable aux jeunes sculpteurs animés du sentiment démocratique et national ?

n'ayant pas permis qu'il fût construit dans l'intérieur de la maison d'habitation.

Il est un préjugé fort répandu, et il faut le dire, en apparence justifié, par l'incurie exceptionnelle de quelques *femmes de lettres*; celles-ci (selon ce préjugé), toujours absorbées par la composition de leurs écrits, seraient généralement incapables ou souverainement dédaigneuses à l'endroit des soins domestiques, et vivraient constamment dans un désordre matériel souvent inséparable du désordre moral. La parfaite ordonnance de l'hospitalière maison de Clémence Hervé, son bon goût, la noble régularité de sa vie prouvaient, une fois de plus, que le génie n'est jamais incompatible avec la règle, la prévoyance, l'épargne et le bon gouvernement du ménage; héritière d'un modeste patrimoine augmenté du fruit de ses travaux littéraires et de ceux de son mari, l'illustre femme de lettres avait, depuis son veuvage, donné, ainsi que tant d'autres veuves, un flagrant démenti à cet axiome revêtu des sanctions de nos codes et incessamment combattu par elle dans ses écrits :

« Les femmes doivent être considérées comme mineures et tenues en tutelle, en vertu de leur complète incapacité en ce qui touche la gestion des biens qu'elles apportent à leurs maris. »

Gérant à merveille sa fortune et celle de son fils, Clémence Hervé, économisant sur son revenu, vivant sans faste, mais comfortablement, faisait deux parts de ses épargnes, l'une destinée à la dot de son fils, l'autre au soulagement des misères dont elle traçait des travaux saisissants; son domestique se composait d'une femme de chambre et d'une cuisinière; un orphelin, recueilli par elle, était *élève praticien* de Philippe, s'occupait du nettoyage de l'atelier, de la préparation de l'argile destinée au modelage du plâtre, et autres détails manuels de la statuaire.

Ce jour-là même où Héloïse Morand avait lu à son oncle et à sa tante le feuilleton de Clémence Hervé, celle-ci semblait très-préoccupée d'un livre qu'elle lisait seule dans son salon; ce salon communiquait de plain-pied au jardin, et n'offrait d'autre luxe que celui des arts; ainsi l'on voyait quelques bons tableaux des écoles anciennes et modernes, deux bustes de marbre dus au ciseau magistral de David (d'Angers); le premier représentait le célèbre historien, Joseph Hervé, dont les beaux traits, fortement caractérisés, semblaient moulés sur un masque antique; l'autre buste représentait Philippe à l'âge de dix ans, ravissante figure d'enfant, dont la grâce ingénue contrastait avec le caractère auguste de l'image paternelle; un excellent piano (Philippe était aussi bon musicien que sa mère); plus loin, quelques orfévreries de la renaissance, des émaux de Limoges, des figurines d'ivoire, de petits bas-reliefs de buis d'un travail précieux, disposés avec goût sur des étagères d'ébène d'une extrême simplicité; enfin, au centre de ce salon, l'on voyait une grande table couverte d'albums curieux et de livres nouveaux. Parmi ceux-ci : *le Nouveau Chérubin*, roman du *major Fredène* (pseudonyme de madame Virginie Robertin), continuait de captiver l'attention de Clémence Hervé... Elle atteignait alors sa quarantième année : physionomie réfléchie, douce et résolue; tranquille et ferme regard; noble front; fin et bienveillant sourire; remarquable mélange de modestie et de dignité, où se révélait dans sa juste fierté la conscience de la femme de mâle vertu, de valeureux cœur, ne doutant pas de ce qu'elle vaut moralement, mais doutant sincèrement de son mérite d'écrivain et de la légitimité de son renom littéraire; parfaite distinction des manières dues à l'habitude d'une société d'élite, aristocratie de l'in telligence et du talent; bonne grâce naturelle ; taille élégante et élevée ; ajustements d'une extrême simplicité que n'exclut en rien l'élégance et une exquise recherche de soi-même, tel était l'ensemble physique et moral de la personne de Clémence Hervé, ensemble d'un attrait singulier, car elle charmait et imposait à la fois.

La physionomie de l'illustre femme de lettres exprimait, en ce moment, une tristesse mêlée d'angoisse, et à mesure qu'elle achevait la lecture du *Nouveau Chérubin,* son dégoût, son indignation allaient croissants; enfin, fermant le livre, elle s'écria en le repoussant loin d'elle :

— Voilà une œuvre infâme!.,. et j'ai trouvé ce roman dans l'atelier de mon fils... quoi... lui! élevé ainsi qu'il l'a été par son père et par moi! lui... jusqu'ici d'un goût si délicat et si noble! se complaire à la lecture de ce roman cynique où la perversité des plus mauvaises mœurs s'allie à un scepticisme hideux! mon fils qui, naguère encore, dans son enthousiasme pour les adorables poésies de Maria Saint-Clair, dont le nom cache, dit-on, un mystère... voulait renoncer à toute autre lecture? lui, digne enfin des beaux vers que cette muse nouvelle lui a adressés au sujet de la statue de la *Marseillaise,* et des tendances élevées dont il témoigne dans ses œuvres!

Et après un moment de silence réfléchi, Clémence Hervé ajouta :

— Aurais-je découvert le secret du changement que je remarque avec inquiétude dans la conduite de mon fils depuis huit jours, et dont je cherchais en vain la cause?... Philippe a dix-huit ans; l'éducation qu'il a reçue, ma sollicitude, sa tendre déférence pour mes conseils, notre douce intimité de tous les instants, la pureté de ses sentiments, des distractions salutaires, des plaisirs honnêtes l'ont, jusqu'ici, préservé d'une corruption précoce. Enfin, tel est son tact exquis, son scrupuleux respect pour la sainteté de la maison maternelle, que lui-même m'a demandé d'assister à ses travaux, lorsque, pour les nécessités de son art, il reçoit dans son atelier une jeune modèle! mais Philippe a dix-huit ans, son sang est vif, ardent, et ce livre odieux, non sans verve, sans talent, s'adresse à la fougue sensuelle de la jeunesse, et...

Puis, s'interrompant encore et réfléchissant de nouveau, Clémence Hervé ajouta :

— Peut-être je m'abuse?... le changement inexplicable que s'observe chez Philippe n'a sans doute pas la cause impure que je lui attribue?... ce livre, qu'un hasard m'a fait trouver dans son atelier, y aura été oublié par l'un de ses amis... il se peut que mon fils n'ait pas même jeté les yeux sur ce roman... — Et Clémence Hervé ajouta en se levant : Je veux éclaircir mes soupçons... mon fils est incapable de mentir,.

L'illustre femme de lettres sortit du salon et alla rejoindre le jeune statuaire dans son atelier.

VII

L'atelier de Philippe Hervé était, nous l'avons dit, construit au fond du jardin de la maison paternelle et séparé d'autres jardins par un mur à hauteur d'appui, garni d'une épaisse charmille; une porte à deux battants et d'un cintre très-élevé pouvait donner passage aux statues de grande dimension, dues au ciseau du jeune artiste, ou aux chevaux qui lui servaient parfois de modèles pour ses études équestres; l'intérieur de l'atelier, éclairé par un large châssis vitré encastré dans la toiture, offrait l'aspect d'un musée; des moules en plâtre reproduisant les chefs-d'œuvre de la statuaire antique ou de la renaissance, des groupes, des bas-reliefs ou des figures isolées étaient disposés le long des murailles, peintes d'un vert clair; de grands cartons largement dessinés par Philippe, au crayon noir et rouge, rehaussés de blanc, d'après les excellentes copies des *Loges* de Raphaël au Vatican, ou du *Jugement dernier* de Michel-Ange; un choix des magnifiques eaux-fortes de Rembrandt; une foule d'études d'après nature, peintes à l'huile ou estompées sur papier de couleur par le jeune artiste, couvraient presque entièrement les parois de l'atelier; des armes anciennes et quelques meubles du seizième siècle complétaient l'ornement de ce sanctuaire de l'art, de la méditation et du travail; un bas-relief, un groupe et une statue colossale, sorte de trilogie, révélaient la remarquable précocité du talent de Philippe Hervé, seulement âgé alors de dix-huit ans.

Ce bas-relief de grandeur demi-nature, modelé en argile, et placé sur un chevalet massif, dans un cadre de bois, représentait un MARCHÉ D'ESCLAVES GAULOISES visitées par des guerriers francs, *leudes* ou compagnons d'armes de Clovis, le premier de nos rois, ce bandit couronné, ce féroce conquérant de la Gaule, notre mère-patrie, baptisé, sacré, consacré à Reims par un évêque gaulois. Rien de plus gracieux, de plus touchant et d'une plus chaste beauté que les figures des jeunes captives; rien de plus varié, de plus profondément senti, étudié, que leurs poses, leurs gestes, l'expression de leurs traits à la vue des guerriers francs, qui venaient les marchander en compagnie d'un évêque, puisqu'en ce temps-là (ne l'oublions jamais) les prêtres du Christ, instigateurs de l'étranger conquérant, complices de l'asservissement de la nation égorgée, les prêtres du Christ achetaient, vendaient, possédaient des esclaves de leur sang, de leur race, et les successeurs de ces prêtres ont possédé des serfs ou des vassaux jusqu'au jour de notre immortelle révolution de 1789. Parmi les captives gauloises représentées dans le bas-relief modelé par Philippe Hervé, les unes, frappées d'une morne terreur, cachaient leur visage entre leurs mains ; d'autres tordaient de désespoir leurs bras enchaînés ; d'autres, agenouillées, tendaient leurs mains suppliantes vers l'évêque, homme grand et pansu, au visage patibulaire, à la carrure d'Hercule, qui semblait exhumé de la chronique de *Grégoire de Tours,* le jeune artiste ayant été frappé sans doute de l'étrange physionomie historique d'un grand nombre d'évêques de cette époque. « CAUTIN, dit la chronique, devenu évêque, se conduisait de manière à exciter l'exécration générale (1); SALONE et SAGITTAIRE, évêques d'Embrun et de Gap, une fois maîtres de l'épiscopat, commencèrent à se signaler, avec une fureur insensée, par des usurpations, des meurtres, des adultères et d'autres excès, etc., etc (2). »

L'évêque représenté dans le bas-relief se montrait le digne émule des *Cautin*, des *Salone*, des *Sagittaire* et autres dignitaires de l'Église aux cinquième et sixième siècles : loin de prendre en pitié les captives gauloises, ses sœurs par le sang, ses sœurs par le Christ, l'évêque leur montrait, d'un geste menaçant et solennel, le ciel d'une main, et de l'autre les guerriers francs, leur ordonnant ainsi, au nom du Seigneur, d'accepter humblement les exécrables iniquités de l'esclavage... et pourtant l'Homme-Dieu avait dit : « Les fers des esclaves seront brisés...»
— Enfin, dans l'un des angles du bas-relief, l'on voyait une jeune mère dont la mâle et superbe beauté réalisait le type des viriles matrones gauloises de l'antiquité, héroïnes sur le champ de bataille, après avoir délibéré aux conseils de guerre, avec leurs pères, leurs époux ou leurs fils... La fière Gauloise du bas-relief, jetant sur les guerriers francs un regard de farouche défi, se poignardait avec tranquillité, tandis que son enfant, un lacet serré autour du cou, gisait inanimé sur ses genoux; après l'avoir étranglé, elle se tuait afin de se soustraire elle et

---

(1) Grégoire de Tours, *Hist. des Francs*, L. IV, chap. XIII.
(2) Idem, *ibid.*, L. V, chap. XXI.

lui aux hontes, aux horreurs de l'esclavage, certaine d'aller renaître avec son enfant dans des mondes meilleurs. Les guerriers francs et l'évêque gaulois leur complice, revêtu de ses habits sacerdotaux, contrastaient merveilleusement avec le groupe d'esclaves ; ces Francs à tournure sauvage, les cheveux relevés sur les tempes, réunis au sommet de leur tête par une courroie, et flottant sur leurs épaules comme une queue de cheval, ces Francs vêtus de peaux de bêtes, couvrant à demi leurs membres athlétiques, s'appuyant sur la francisque ou la francie, avaient offert à Philippe des modèles d'une originalité puissante et merveilleusement appropriée à la statuaire.

Le groupe, d'un tout autre caractère que le bas-relief, montrait sous un nouvel aspect le talent du jeune artiste, déjà digne d'honorer par ses travaux le célèbre nom de son maître : *David (d'Angers)*.

Nous l'avons dit : le bas-relief, le groupe et la statue formaient, dans la pensée de Philippe Hervé, une sorte de trilogie historique: le bas-relief personnifiait pour ainsi dire la *conquête*, l'asservissement de la Gaule par les Francs au cinquième siècle, et le groupe personnifiait les effroyables conséquences de cette invasion étrangère, l'antagonisme acharné des deux races, la lutte sanglante entre les serfs descendants des Gaulois conquis et les seigneurs descendants des Francs conquérants ; car, en proie à toutes les horreurs du vasselage, les serfs se révoltèrent souvent à travers les siècles contre la seigneurie féodale. La plus formidable de ces révoltes fut la *Jacquerie*, au quatorzième siècle. GUILLAUME CAILLET, chef des Jacques, serf révolté, Spartacus du moyen âge, était le héros du groupe de grandeur naturelle modelé par Philippe Hervé.

Le chef des Jacques tenait sous son pied le corps d'un chevalier armé de toutes pièces, mais décasqué durant la lutte; le serf, à peine vêtu d'un sagou de peau de chèvre et de braies en lambeaux, sanglé à ses robustes reins par une ceinture de cuir, avait la poitrine, les bras, les jambes nu; appuyé d'une main au manche d'une faux emmanchée à revers, il levait son autre main vers le ciel, comme s'il eût voulu prendre Dieu à témoin de la légitimité des terribles représailles exercées par les Jacques, et symbolysées par le meurtre du chevalier : celui-ci se tordait, en proie aux convulsions de l'agonie; sa physionomie, effrayante de rage et de mépris farouche, révélait cette incurable haine de race, dont les Francs oppresseurs poursuivaient d'âge en âge les Gaulois opprimés. Ce chevalier, par un geste de défi suprême, montrait en mourant le poing à son vainqueur d'un jour, et semblait le menacer à son tour des représailles du lendemain.

Malgré cette menace, le chef des Jacques, Guillaume Caillet, les traits empreints de la sauvage exaltation du triomphe, personnifiait cette furie d'implacable vengeance accumulée dans l'âme des serfs par des siècles de tyrannie féodale... cette vengeance, il semblait la proclamer sainte, à la face du ciel, vers lequel il levait sa tête à demi renversée en arrière, par un mouvement plein de hardiesse, qui gonflait les muscles du cou du vassal, comprimés par son carcan de fer armorié, signe flétrissant de servage... L'énergique composition de ce groupe, son style mâle, sa large et savante exécution, prouvaient que le jeune artiste pouvait aborder avec un égal succès le bas-relief, ce poëme épique à nombreux personnages, écrit, pour ainsi dire, sur le marbre, et le *groupe*, où l'intérêt se concentre sur deux ou trois figures. Une statue, récemment exposée au Musée, achevait la trilogie conçue par Philippe, statue colossale de quinze pieds de hauteur... le sujet choisi par lui témoignait du moins de sa généreuse audace; car, pour donner à l'œuvre qu'il s'était proposée sa fougue, son éclat fulgurant, il eût fallu posséder l'immense génie du vieux Michel-Ange Buonarotti. Celui-là seul pouvait tailler des Titans dans une montagne de granit, ou asseoir Moïse au milieu des foudres du Sinaï; en un mot, la statue personnifiait et avait pour nom LA MARSEILLAISE, cette muse civique, l'effroi des tyrans, cette fière vengeresse de la patrie asservie depuis quinze siècles par ces royautés franques, étrangères au sang de la Gaule et issues de la conquête de Clovis... LA MARSEILLAISE, cette victoire ailée qui, le clairon aux lèvres et déployant les plis du drapeau révolutionnaire, conduisit à la sainte bataille de la liberté soldats et volontaires de la République!

LA MARSEILLAISE de Philippe Hervé, quoiqu'elle ne réunît pas toutes les qualités désirables, offrait néanmoins un ensemble remarquable. Belle vierge au front serein, aux bras forts, au sein robuste, largement drapée, coiffée du bonnet phrygien, elle semblait au moment de quitter la terre et s'élancer au milieu des fumées du combat, guidant les bataillons patriotes; emportée par ses ailes puissantes, elle approchait son long clairon de guerre de ses lèvres entr'ouvertes, frémissantes, d'où l'on croyait entendre s'échapper ce cri héroïque : *Aux armes, citoyens!!!* De l'autre main elle agitait un drapeau surmonté d'un coq gaulois, antique et national emblème!

Ce spécimen des hautes inspirations qui présidaient aux œuvres du jeune statuaire démontrera suffisamment que, fidèle aux nobles exemples de son père et de sa mère, il n'appartenait pas, heureusement pour l'avenir de son talent, à l'école dite *de l'art pour l'art,* dont le désolant matérialisme ne voit dans les lettres, la peinture ou la sculpture, qu'une question de forme, de style, et se soucie peu de demander à la pensée qui anime ou vivifie cette forme, ce style, une portée morale et féconde.

VIII

D'un mot nous caractériserons physiquement Philippe Hervé : il ressemblait d'une manière frappante à ce ravissant portrait de Raphaël peint par lui-même à l'âge de vingt ans, et que l'on admire au Musée ; mais depuis plusieurs jours, le gracieux enjouement des traits du fils de Clémence Hervé avait fait place à l'accablement, à la mélancolie, à de vagues anxiétés, au mécontentement de soi-même ; sa pâleur, ses yeux battus, annonçaient la fatigue des longues et brûlantes insomnies. Au moment où sa mère se disposait à venir le rejoindre, il se trouvait dans une petite pièce attenante à son atelier ; elle lui servait de bibliothèque, et sa fenêtre peu élevée s'ouvrait sur un ombreux quinconce de tilleuls dépendant d'un jardin voisin.

Philippe s'entretenait alors avec un jeune homme, à la fois son élève et son apprenti *praticien*, selon le langage de la statuaire. Ce jeune homme, nommé Julien, pauvre orphelin recueilli par Clémence Hervé, placé par elle en pension jusqu'à l'âge de quinze ans, avait témoigné d'heureuses dispositions pour le dessin. Cette vocation, l'affection presque fraternelle que lui portait Philippe, son aîné d'une année, engagèrent celui-ci (avec l'agrément de sa mère) à prendre Julien pour son élève et pour aide dans les travaux purement matériels de son art. La gratitude et le dévouement de l'orphelin pour ses bienfaiteurs, la bonté de sa candeur, la rectitude irréprochable de sa conduite, justifièrent l'acquiescement de madame Hervé aux désirs de son fils ; une étroite intimité s'établit entre les deux jeunes gens, cordiale et familière de la part du jeune maître, et mêlée d'une affectueuse déférence de la part de l'élève qui, malgré les amicales instances de Philippe, ne voulut jamais consentir à tutoyer celui dont il admirait le talent avec enthousiasme.

Le maître et l'élève s'entretenaient donc ensemble. Le premier ébauchait avec hésitation, embarras, peut-être même avec remords, un groupe allégorique, demi-nature, représentant l'*Amour* et la *Volupté*. L'Amour, bel adolescent, à demi couché sur un lit de forme grecque, effleurait de ses lèvres une coupe que lui présentait la Volupté, presque nue. Cette mythologie surannée ne semblait pas offrir à Philippe une heureuse inspiration ; autant dans le bas-relief, le groupe et la statue dont nous avons tenté de donner une esquisse, son talent s'était largement développé, tour à tour sévère et touchant, énergique et chaste, autant il se montrait amoindri, mignard et sans style dans l'œuvre voisine de la licence qu'il modelait d'ailleurs non sans de fréquentes distractions ; il était depuis quelques instants plongé dans l'une de ses rêveries silencieuses, laissant son ébauchoir inactif et appuyant son front sur sa main. Julien, jeune garçon très-laid, mais de l'une de ces laideurs naïves et douces qui inspirent plus d'intérêt que de répulsion, Julien, étonné du silence prolongé de son compagnon, lui dit d'une voix affectueuse et timide :

— Monsieur Philippe... vous avez donc quelque grand chagrin?... Vingt fois, depuis quelque temps, cette question m'est venue aux lèvres... mais de crainte d'être indiscret... je me suis tu...

— Julien, — répondit le jeune artiste, d'une voix émue, et prenant entre les siennes la main de son élève, — tu es pour moi presque un frère... je peux compter sur ta discrétion... il me semble que j'éprouverais quelque soulagement à te confier... ce que je ne confierais à personne...

— Pas même à votre mère !...

— A ma mère.. moins qu'à tout autre ! — répondit Philippe en secouant tristement la tête. — Tout ce que je crains... c'est qu'elle pénètre mon secret...

— Seigneur Dieu !... Il s'agit donc de quelque chose de mal ! — demanda Julien avec une sorte d'appréhension naïve, — sans cela... comment hésiteriez-vous à vous confier à votre mère?

— Ecoute-moi... Tu m'as souvent entendu parler avec enthousiasme, avec adoration des poëmes de Maria Saint-Clair?...

— Oh! oui... vous savez de mémoire presque tous ses vers... en me les récitant, les larmes souvent vous venaient aux yeux, et si ignorant que je sois, je sentais aussi mes yeux devenir humides... Ces vers exprimaient des pensées si tendres, si touchantes... son poëme DES ORPHELINS surtout... me remuait jusqu'au fond de l'âme... Que voulez-vous, monsieur Philippe... mon histoire eût été celle de ces pauvres enfants, si votre bonne mère n'avait eu pitié de moi... « Ah ! Julien, me disiez-vous... quelle âme... quel cœur, quel génie... Maria Saint-Clair est après ma mère la personne que j'admire... que j'aime le plus... cependant je ne l'ai jamais vue... je ne la connais que par ses œuvres... »

— Hé bien, apprends-le donc, Julien, j'étais devenu amoureux fou de Maria Saint-Clair.

— Bonté divine... vous... amoureux, monsieur Philippe... — s'écria le digne garçon dont l'innocence s'effarouchait un peu de cet aveu; puis, rougissant beaucoup, il reprit avec une sorte de *considération* mêlée d'une grave inquiétude :

— Vous... amoureux... déjà !

— J'ai été d'abord comme toi surpris, presque alarmé de cette découverte; mes études, ma tendresse pour ma mère, ma passion pour notre art... avaient jusqu'ici occupé tous mes instants, absorbé toutes mes pensées ; j'étais resté étranger à l'amour... sentiment divin qui souvent à nos âges s'éveille dans notre cœur.

— Vous croyez, monsieur Philippe?

— Je l'ai cru... lorsque je l'ai éprouvé... lorsque après

avoir admiré le génie de Maria Saint-Clair, que ma mère plaçait si haut dans son estime... répétant sans cesse qu'une âme adorable devait inspirer cet adorable talent... je me suis senti peu à peu conduit à l'amour de Maria par l'amour de ses œuvres... amour pur, idéal, comme les écrits de celle qui me l'inspirait... Que te dirai-je, Julien? à mesure que ce sentiment prenait possession de moi-même, un tourment vague et non sans attrait... me plongeait dans une douce mélancolie... mon sommeil jusqu'alors paisible devenait agité... j'avais involontairement envie de pleurer... mon esprit souvent se troublait... mon sang circulait plus chaud, plus rapide dans mes veines... de soudaines rougeurs couvraient mon front... Enfin, Julien... mon cœur avait parlé... J'étais homme... j'aimais... j'aimais Maria Saint-Clair... je prêtais à sa personne le charme céleste de son génie...

— Seigneur Dieu!!... que m'apprenez-vous là?... — dit le bon et naïf Julien, en joignant les mains.—A notre âge, éprouver déjà une grande passion... Après tout, vous avez déjà tant de talent, vous êtes si beau! vous n'êtes pas un jeune homme comme un autre... comme moi... par exemple, qui ai une si drôle de tête, et ne suis bon qu'à gâcher votre plâtre pour vos moulages... Et cette grande passion, votre mère l'ignore?...

— Sans doute... aurais-je jamais osé lui faire une amoureuse confidence?... Mais, hélas, ce n'est pas tout! écoute encore... tu te souviens que Maria Saint-Clair m'a adressé des vers dignes de son talent au sujet de ma statue de la *Marseillaise?*

— Si je m'en souviens, monsieur Philippe?... je les sais

par cœur, je me les récite moi-même... parce qu'il me semble qu'alors je vous loue comme vous le méritez et comme je ne saurais le faire... étant trop simple pour cela...

— Cher Julien, ta bonne amitié est la meilleure des louanges... mais pour revenir à Maria Saint-Clair, lorsque j'eus reçu ses vers, un désir incessant m'obséda... la voir... la connaître... tel fut mon vœu le plus ardent... Je tentai une démarche...

— Êtes-vous hardi, monsieur Philippe! une démarche... pour la connaître!

— L'éditeur de ses œuvres est aussi celui des livres de ma mère... Je me rendis chez lui... afin de lui demander l'adresse de Maria Saint-Clair, à qui je voulais écrire pour la remercier des vers qu'elle avait daigné m'adresser... Ah! mon pauvre Julien!!

— Hé bien!...

— L'éditeur de Maria Saint-Clair, non-seulement ne put me donner son adresse, mais il m'affirma que jamais il n'avait vu cette célèbre muse!

— Lui... son libraire! ce n'est pas croyable...

— Il est honnête homme, il m'a affirmé sur l'honneur qu'il ne la connaissait pas... ses relations avec elle avaient lieu par un intermédiaire qu'il ne pouvait pas nommer, s'étant engagé au secret...

— Quel mystère étrange, monsieur Philippe... et l'avez-vous enfin pénétré?

— Malheureusement...

— Comment?...

« — Monsieur Philippe — m'a dit le libraire, — je conçois parfaitement votre désir d'exprimer votre gratitude à Maria Saint-Clair, et le regret que vous cause ma réponse. Il ne se passe pas de jour sans que je sois assailli de questions au sujet de cette célèbre et mystérieuse inconnue, dont la renommée acquiert de jour en jour plus de retentissement, et dont la personnalité excite si vivement la curiosité ; un critique anonyme a prétendu il y a quelque temps dévoiler au public ce secret si vainement cherché jusqu'ici ; ce critique est-il dans le vrai ?... Je l'ignore. Quoi qu'il en soit, voici cet article... mais je vous le déclare, je ne puis ni admettre ni rejeter ses conclusions, puisque en réalité, pas plus que vous... je vous l'affirme, je ne connais personnellement Maria Saint-Clair. »

— Et cet article ?...

— Ah ! Julien !! quelle déception...

— Achevez...

— L'envie, la haine, le fiel semblaient avoir distillé cette diatribe contre ce génie si beau, si pur, que chacun admire...

— Quelle injustice... quelle indignité...

— Cette absurde et outrageuse appréciation m'a comme toi révolté... mais la gloire a toujours ses calomniateurs, et j'ai haussé les épaules de mépris. Malheureusement, ce n'est pas tout...

— Quoi donc encore ?

— Ce critique donnait ensuite une biographie, je l'avoue, très-vraisemblable de la fausse Maria Saint-Clair.

— Elle aurait donc pris un nom qui n'est pas le sien ?

— Hélas !... c'est bien pis...

— Que dites-vous?

— Maria Saint-Clair, selon le critique, est un homme...

— Seigneur Dieu! en voilà bien d'une autre... de sorte, monsieur Philippe... que votre cœur se serait éveillé pour... je n'ose achever... bonté divine! j'en ai la chair de poule!!...

— Juge... de ma stupeur! la prétendue Maria Saint-Clair serait un certain *M. Maurice-Albert Lemaheuc*, fils de Français, né à Boston en 1830, où il est resté pendant longtemps commis d'un magasin d'épicerie... après quoi, il est venu en France, à Paris, où il a écrit ses poésies... D'autres détails circonstanciés complètent cette biographie, et son auteur somme, au nom de l'honneur et de la vérité, la prétendue Maria Saint-Clair de démentir publiquement les faits qu'il affirme, déclarant que le silence qu'elle garderait devra être considéré comme un aveu de la complète réalité des renseignements contenus dans l'article... Or, il a paru depuis trois mois environ — m'a dit le libraire — et Maria Saint-Clair n'a pas réclamé...

IX

Les deux jeunes gens s'entre-regardèrent un moment, silencieux, et bientôt le bon Julien s'écria ingénument, avec une commisération sincère :

— Ainsi, mon pauvre monsieur Philippe, sans le savoir et sans le vouloir, vous avez été amoureux de *Maurice-Albert Lemaheuc*, garçon épicier... Ah! maintenant je comprends votre désespoir... quelle chute!!...

— Hélas! vraie ou fausse, cette découverte a tué mon amour... Tantôt je ne pouvais admettre qu'un homme fût doué du talent si pur, si chaste, si délicat, qui, dans le poëme *des Orphelins*, vous pénètre jusqu'au fond de l'âme... et j'accusais le critique de mensonge... tantôt, au contraire, me souvenant de l'énergie virile, de la puissante portée métaphysique de certains passages du *Voyage de deux âmes à travers les mondes*, et des stances sur une statue de la Marseillaise... je ne m'étonnais plus qu'on les attribuât à un génie masculin... mais ce qui dominait surtout mes perplexités, c'était la crainte du ridicule amer de cette passion, si, comme cela peut être, l'auteur de ces œuvres admirables est... en effet...

— ... Maurice-Albert Lemaheuc! Je crois bien... Il y aurait de quoi se cacher à cent pieds sous terre!! et cependant je me sens enclin à lui pardonner ce mauvais tour : de prendre un nom de femme, au risque de rendre les gens amoureux de lui!... lorsque je me rappelle les beaux vers qu'il vous a écrits, ce Lemaheuc!... D'un autre côté, je me dis comme vous, monsieur Philippe... il y a dans le poëme *des Orphelins* des pensées si tendres... si délicates, qu'il semble extraordinaire qu'un homme, et surtout un garçon épicier, ait pu...

— Mon Dieu! sans doute j'ai hésité... j'hésite encore souvent à croire à la réalité de cette biographie... mais ce doute seul a tué mon amour... sans étouffer en moi l'irrésistible besoin d'aimer, éveillé dans mon cœur par ma folle passion pour Maria Saint-Clair... et... — ajouta Philippe avec embarras et rougissant — je l'avoue, Julien... mon frère... le hasard a été secourable à cet irrésistible besoin d'aimer... qu'il m'est impossible de dominer... Celle que j'adore maintenant... je l'ai vue... je la connais...

— Que dites-vous ? — s'écria Julien ébahi, et non moins embarrassé, non moins rougissant que Philippe. — Quoi... vous en aimez déjà... une autre ?

Et le naïf garçon regardait son compagnon avec un redoublement de *considération* et d'inquiétude. Il voyait en lui un effréné séducteur.

Philippe reprit d'une voix émue :

— As-tu remarqué... une jeune femme qui souvent se promène sous le quinconce de tilleuls ?

— Non, monsieur Philippe...

— Oh ! Julien, qu'elle est jolie !... certes elle ne ressemble en rien au céleste idéal que je m'étais formé de Maria Saint-Clair, alors que j'ignorais que ce nom si doux... cachait...

— ... Le nom moins doux de Lemaheuc... et... cette... cette dame... vous avez osé la regarder en face, monsieur Philippe ?...

— J'ai fait mieux... j'ai répondu à son gracieux salut... à son sourire enchanteur...

— Seigneur Dieu !.., sans vous connaître, cette dame vous a salué... vous a souri...

— Oui, toutes les fois qu'elle est revenue se promener sous le berceau de tilleuls... je la guettais... oh ! Julien, le charme de son sourire... l'éclat de ses brillants yeux noirs... ont jeté dans mon cœur une ardeur... un feu... jusqu'ici inconnu, car je n'éprouvais rien de pareil, lorsque j'aimais Maria Saint-Clair d'un amour idéal... mais peut-être si je l'avais vue... telle que je me la figurais, aurais-je ressenti... ces émotions aujourd'hui si nouvelles pour moi... ces rêves insensés... cet ennui de tout... cet abattement qui m'énervent... Ah! Julien... posséder une belle maîtresse... courir avec elle de fête en fête, partager avec elle tous les enivrements de la vie... bals, spectacles, promenades ! charmants soupers qui durent jusqu'au jour, aux chants joyeux des folles maîtresses et des gais compagnons de nos plaisirs... vivre entouré d'un essaim de femmes charmantes qui se disputent vos regards... changer d'amour comme on change de coupe... prendre le caprice pour guide... boire... chanter... aimer, en laissant couler sa vie au flot changeant de la fantaisie... vivre enfin, surtout pour l'amour et pour la volupté... — s'écria le jeune statuaire s'enivrant de ses propres paroles et montrant le groupe mythologique qu'il modelait. — Amour! volupté! radieuses divinités de la verte jeunesse! je voulais vous élever un autel digne de vous... mais non... — ajouta Philippe en secouant la tête et contemplant son œuvre avec découragement. — Cette esquisse est froide... sans verve !! Ah! je ferais de ce groupe un chef-d'œuvre... si j'avais pour maîtresse cette femme séduisante... dont le souvenir m'obsède et me brûle...

Julien écoutait Philippe avec une stupeur croissante. Jusqu'alors les deux jeunes gens, élevés dans une communion de principes d'une moralité sévère, s'étaient, dans leur intimité, entretenus des choses de leur art, de leurs lectures, de leurs innocentes distractions, et souvent la franche et salubre gaieté de leur âge animait ces entretiens; mais jamais une pensée licencieuse n'était venue à leur esprit; aussi, rougissant comme une jeune fille à ces mots de — « folle maîtresse, d'amour et de volupté, divinités de la verte jeunesse » — le bon Julien se demandait comment son ami avait si vite appris tant de choses.

Philippe devina la secrète pensée de Julien et lui dit :
— Tu t'étonnes de me voir si instruit?...

— Excusez ma franchise, monsieur Philippe ; non-seulement je suis étonné, mais il me semble que je dois être effrayé pour vous.

— Peut-être as-tu raison, — répondit le jeune artiste d'un air pensif et soudain attristé, — car, depuis quelques jours, je suis parfois effrayé moi-même du changement incroyable que je remarque dans mes idées, dans mes goûts, que dirai-je... jusque dans les inspirations où je cherche le sujet de mes œuvres, — ajouta Philippe en montrant le groupe de l'*Amour* et de *la Volupté*. — J'aborde la mythologie pour la première fois, cet essai n'est pas heureux, avoue-le, Julien?

— Monsieur Philippe, je suis un écolier... vous êtes mon maître... je n'oserais juger...

— Tes impressions t'ont rarement trompé... j'en ai eu maintes fois la preuve... Je t'en prie..., parle-moi en ami... en frère...

— Eh bien! non, je ne retrouve pas là ce talent que j'aime tant à admirer en vous, mon maître; ces figures me semblent maniérées, sans style... Ah! quelle différence avec votre bas-relief des esclaves gauloises... à les voir, le cœur le plus endurci éprouverait de la compassion! et votre superbe groupe du Jacques et du Chevalier!! quel dommage... il est presque achevé... vous l'abandonnez...

— Ce sujet ne m'inspire plus... — répondit tristement Philippe... — J'ai voulu terminer cette œuvre sévère... le ciseau tombait de mes mains... la sombre énergie de ces figures me repoussait... mon esprit est maintenant rempli d'images riantes, voluptueuses... éveillées par la lecture de certain roman...

— Quel roman ?

— Il me reste à te faire un dernier aveu... sache donc que trois jours après avoir vu cette charmante jeune femme sous le berceau de tilleuls, j'ai par mégarde laissé ouverte, pendant la nuit, la fenêtre de ma bibliothèque... Le matin j'ai trouvé sur le parquet, auprès de la croisée, un volume...

— On l'avait lancé du dehors ici?

— Je le crois...

— Cette jeune dame, peut-être?

— Je l'espère.

— Vous l'espérez ?

— Oui, car vois-tu, Julien, la lecture de ce livre a été pour moi une révélation...

— Et quel était ce livre?

— Un roman... intitulé : *Le Nouveau Chérubin.*

X

Julien, peu versé dans la littérature dramatique, n'avait ni lu ni vu représenter le *Mariage de Figaro*, il ne comprit pas la signification du titre du roman cité par Philippe, et répéta d'un ton significatif:

— Le *Nouveau Chérubin?*

— Chérubin, jeune page amoureux, timide, est l'un des personnages d'une comédie de Beaumarchais, — répondit Philippe; — il a servi de type au héros du roman dont je te parle. La scène se passe de nos jours; le nouveau Chérubin s'appelle *Florestan de Monronval;* il a notre âge, dix-huit ans, une figure dont la plus jolie femme serait jalouse, autant d'esprit que de courage et une immense fortune; son père et sa mère sont morts...

— Cet abandon est ma seule ressemblance avec cet orphelin, — dit Julien en soupirant; — le voilà donc livré à lui-même?...

— Pas absolument; il a un tuteur, vieux homme ridicule, qui prêche à tout propos une morale ennuyeuse, et veut obliger son pupille à suivre les cours de l'école de droit... l'obliger enfin à travailler, à prendre un état. Florestan, dans une conversation étincelante d'esprit et de moqueries, fait l'éloge du *far niente*, bafoue son tuteur le plus plaisamment du monde, et, se sachant possesseur d'une grande fortune, il trouve des usuriers qui lui prêtent de l'argent...

— Quel mauvais sujet!! Voilà qui est bien commencé...

— Florestan loue un hôtel, achète des chevaux et se lance dans les plaisirs... Il est dévoré du besoin d'aimer... mais il est très-timide; aussi, trois femmes... toutes trois plus ravissantes les unes que les autres, se disputent son premier amour...

— Seigneur Dieu... trois femmes à ses trousses!! trois femmes!

4

— Une duchesse, une danseuse et la nièce de son tuteur, mariée à un notaire ! La duchesse a vingt-cinq ans, est pâle, brune et superbe... c'est une impérieuse Junon... La danseuse est fraîche et blonde comme une Hébé... La femme du notaire est non moins jolie que les deux autres; ses cheveux sont de ce châtain à reflets roux immortalisé par Titien dans le portrait de sa maîtresse... Ces trois figures de femmes sont tracées, étudiées par l'auteur avec une complaisance de détails intimes, une chaleur de description dont tu ne peux te faire une idée... Tiens, Julien... à ce souvenir, mon cœur bat plus vite... et, tu le vois, la rougeur me monte au front...

— Ainsi, ces trois charmantes femmes... aimaient à la fois Florestan ?... — dit Julien avec intérêt, et subissant malgré lui l'attrait corrupteur de ce récit. — Elles l'aimaient toutes trois... mais lui ?... comment se tirer de là... On ne peut pas aimer trois femmes à la fois... Seigneur Dieu ! il me semble que déjà c'est bien assez d'une !...

— Tu te trompes... Florestan les aime toutes trois...

— Toutes trois... à la fois?

— A la fois...

— Bonté divine !!

— Il s'est d'abord épris de la duchesse, chez laquelle il est venu passer l'été, dans un château voisin de Paris... mais Florestan est si timide qu'il n'ose avouer son amour à la grande dame... celle-ci le devine... et une nuit... Ah! Julien, quel tableau... Je l'ai relu dix fois .. et toujours il embrasait mon sang d'une flamme nouvelle...

— Quel livre... ça doit être... que ce livre !! s'écria Julien éprouvant une sorte de frayeur, de fascination et d'irrésistible curiosité.—Ensuite?... et les deux autres... femmes?... les deux autres femmes?

— J'y arrive... le mari de la grande dame... le duc... avait pour maîtresse, la danseuse... Il l'introduit un soir secrètement dans son château, situé, je te l'ai dit, aux portes de Paris...

— Est-ce croyable ! — reprit Julien. — Il ose introduire sa maîtresse dans la maison où est sa femme... qui, elle-même... — et l'honnête Julien, essuyant la sueur qui baignait son visage, murmura : — Mon Dieu! Seigneur mon Dieu !... en entendant de pareilles choses... je ne sais plus où j'en suis...

— Enfin, par suite d'un imbroglio nocturne, Florestan, au lieu de se trouver en tête à tête avec la duchesse, se trouve en tête à tête avec la danseuse... et elle devient folle de lui...

— Et de deux ! !

— Le lendemain, le notaire chargé des intérêts du duc vient au château avec sa femme, désireuse d'admirer les beautés du parc, où elle se rencontre avec Florestan... Le duc, par plaisanterie, les enferme tous deux dans un belvéder... et le sot notaire, complice de cette espièglerie, en est dupe... autant qu'il peut l'être... sa femme, dans cette scène du belvéder, n'est plus une femme... mais une bacchante... ses longs cheveux dorés flottent sur ses épaules... que te dirai-je... je me passionnais tour à tour pour les trois maîtresses de Florestan... sans pouvoir fixer mon choix... tant elles étaient enivrantes...

—Monsieur Philippe... il me semble que je fais un mauvais rêve... je respire à peine... un tel récit est-il donc croyable ?...

— C'est un roman... mais ses peintures sont si entraînantes... si vraies... dans leur fougue amoureuse... qu'en les lisant... leur chaude volupté me gagnait... toutes ces ivresses, je les partageais... j'admirais, j'enviais Florestan qui bientôt, dépouillant sa timidité de Chérubin, devenait un don Juan sceptique, railleur, étourdissant de verve d'esprit et d'insolence, narguant les amours sérieux, n'en respirant que la fleur, inconstant, volage, et toujours idolâtré de ses trois maîtresses... courant les fêtes, les plaisirs, cité par son luxe, son élégance, sa beauté, ses aventures, ses duels, prodiguant l'or à pleines mains, infatigable à l'orgie, joueur magnifique... ayant tous les vices... mais se les faisant pardonner, que dis-je? les faisan aimer, à force de grâce, de séduction et d'audace...

— Quel homme !... il m'éblouit, me fascine... et il me semble que si j'étais femme... ma foi... je... — puis, s'interrompant, Julien reprend : — Quel homme que ce Florestan ! quel heureux mortel !

— Enfin, le croirais-tu ? ses trois maîtresses ne lui suffisent plus, il en prend une quatrième?

— Bonté divine ! une quatrième...

— Et devine où sa fantaisie va la chercher ?...

— Où donc cela, monsieur Philippe ?

— Dans un bal public, dont cette fille était l'une des coryphées... on l'appelait *Serpentine*... vrai serpent de malice, d'esprit et de méchanceté, pervertie comme pas une de ses compagnes de la bohême de Paris... frêle, nerveuse et pâle, ni belle, ni laide, et douée cependant d'un tel attrait... que bien des gens s'étaient ruinés pour elle... En un mot, Florestan devient follement épris de cette sirène...

— Ah ! tant mieux ! Elle va venger les autres pauvres femmes des infidélités de ce monstre de Florestan !!

— Au contraire... elle fait d'elles ses victimes...

— Scélérate ! ! !

— *Serpentine*, sachant Florestan aimé de la duchesse, de la danseuse et de la femme du notaire, dit à ce don Juan qui croyait à une facile conquête : « Je serai à vous à une condition : sinon... non... »

— Quelle condition, monsieur Philippe...

« — Vous donnerez rendez-vous le même soir, à la même heure, dans votre hôtel, à vos trois maîtresses... » — dit Serpentine.

— Et pourquoi exigeait-elle ce triple rendez-vous ?...

— Tu vas le savoir... Florestan cède au désir de Serpentine. Il donne rendez-vous à ses trois maîtresses... Elles accourent...

— Pauvres femmes !! je tremble pour elles... ce serpent de Serpentine aura machiné quelque chose...

— Florestan les reçoit dans trois chambres séparées, dont les portes s'ouvrent sur une salle à manger où est dressé un brillant souper... Serpentine est debout près de la table... Florestan ouvre tour à tour les trois portes, les trois femmes entrent...

— Seigneur Dieu ! Elles vont se dévisager,... s'entre-dévorer.

« — Soupons, mesdames; je ne me suis jamais trouvée en si bonne compagnie, » — dit Serpentine avec une triom-

4.

phante insolence en faisant sauter le bouchon d'une bouteille de vin de Champagne, « soupons et buvons à mes amours... à Florestan ! Ceci est un souper d'adieux où je vous ai conviées, mesdames, pour vous apprendre que notre amant ne vous aime plus... lui et moi, nous partons ce soir pour l'Italie... »

— L'effrontée diablesse !!

— Ce n'est pas tout...

— Quoi donc encore...

— A ce moment entrent le notaire et le duc, mari de la duchesse et protecteur de la danseuse...

— Monsieur Philippe, je n'ai pas une goutte de sang dans les veines...

L'arrivée du duc et du notaire était un tour diabolique de Serpentine... Elle les avait instruits de la trahison de leurs femmes, ajoutant : — « qu'ils les trouveraient chez Florestan. »

— Bonté divine ! peut-on imaginer une atrocité pareille !!

—... Serpentine rit aux éclats de la confusion de ses rivales. Le duc, furieux, avait apporté des épées, il provoque Florestan, ils vont se battre dans un jardin... Florestan, après avoir tué le duc en duel, rentre au salon... Serpentine se jette à son cou lui disant : « Tu es aussi brave que beau, aussi perverti que séduisant... je t'adore !!

— Puis s'adressant à ses rivales épouvantées : — Adieu, mesdames... vous êtes jolies... vous vous consolerez... telle est la morale de l'aventure... — Et de l'aventure vous rirez, mes belles, avec vos nouveaux amants, » — ajouta Florestan. — Après quoi il part avec Serpentine pour l'Italie... c'est le dénoûment du roman...

— Monsieur Philippe — balbutia Julien d'un air égaré.
— Quel récit ! La tête me tourne...

— Oh ! moi aussi, j'éprouvais un éblouissant vertige en lisant et relisant ce livre empreint d'une volupté corrosive... la fiction prenait un corps... ces femmes si amoureuses et si cruellement sacrifiées par Florestan, je les plaignais, je les adorais ; j'aurais donné mon sang pour un baiser de l'une d'elles... Ce don Juan... je l'abhorrais, non ! je l'admirais... Oui, dans mes rêves... j'étais Florestan... et ma Serpentine à moi... était cette charmante inconnue... notre voisine...

— Monsieur Philippe... — reprit Julien d'une voix entrecoupée, en essuyant son front baigné de sueur, — ce que j'éprouve est bizarre... effrayant... vous allez rire de moi... cependant, c'est triste, allez !! Je suis un orphelin dont votre mère a eu pitié, je suis pauvre, laid, timide et bête... Je le savais et ne m'en souciais guère... J'étais heureux de ma position près de vous. Hé bien... le croirez-vous ?... pauvre, laid et bête comme je le suis, je me permets d'envier ce Florestan ! oui, moi qui n'ai pas plus de fiel qu'un pigeon ... je hais, j'abomine ce Florestan... non parce que c'est un débauché, un monstre auprès des femmes, mais parce que jamais je ne pourrai connaître ces plaisirs, ces voluptés, ces enivrements qui sont le partage de ces beaux jeunes gens riches, spirituels, charmants, dont ce Florestan est le modèle... Seigneur Dieu ! pour la première fois de ma vie... je maudis l'existence !!

— Hé... moi aussi... je la maudis...

— Vous ! monsieur Philippe !! vous, adoré de votre

mère... vous, jeune et beau... vous, dont le talent est déjà célèbre...

— Ma jeunesse... dit Julien, à quoi me sert-elle ma jeunesse ?... à quoi me sert ce que tu appelles ma beauté, mon talent ? Vivre dans la solitude de cet atelier... comme au fond d'un cloître !! manier le crayon ou le ciseau du matin au soir !!... est-ce vivre ? est-ce vivre ? Quels plaisirs me donnent donc ces statues, ces bas-reliefs longuement médités, exécutés avec tant de labeurs ? Si je leur dois parfois un moment de satisfaction de moi-même, n'est-elle pas bientôt empoisonnée par l'écrasante comparaison de mes œuvres à celles des maîtres... et quand même... après avoir usé au travail... ma jeunesse, mon âge mûr, je deviendrais... espoir insensé, un Phidias, un Michel-Ange ? que m'importe !! je donnerais leur immortalité pour un des jours de Florestan !

— Que voulez-vous que je vous dise, monsieur Philippe, il me semble qu'en ce moment je pense comme vous, et pourtant...

— Et pourtant ?... Voyons ? Julien... tu connais ma vie... quelle est-elle ? au point du jour, je m'enferme dans mon atelier... je me mets à l'œuvre... si l'inspiration me vient... sinon... et cela tant de fois, hélas, m'est arrivé déjà !!... je doute de moi-même... je doute de l'avenir !!... je me dis avec accablement : Jeune encore... j'ai produit tout ce que je pouvais produire... des essais... rien de plus ! Mon Dieu ! je le sais, après des jours de ce découragement amer... désespéré... l'inspiration soudain me revient; alors ranimé, réconforté, de nouveau j'espère... de nouveau je crois en moi; alors c'est la fièvre ardente, douloureuse de l'enfantement d'une nouvelle œuvre; mon sang bouillonne, mon esprit s'exalte... je pétris l'argile avec une sorte de fureur... j'oublie tout... Mon extase se prolonge; la nuit vient, j'allume ma lampe... et souvent à l'aube, épuisé, exténué... je tombe anéanti... mais en vain je cherche le repos dans le sommeil; non, non! la pensée de mon œuvre inachevée m'obsède, me poursuit encore... Jusque dans mes songes, je me réveille... et mon art, tyran implacable, me crie : « Assez de repos... reprends ta tâche incessante... ambitieux manœuvre! glorieux tailleur de marbre! travaille! travaille! » Ainsi... après avoir vécu tantôt... moments bien rares! plein de foi dans mes statues, tantôt dans l'agonie du découragement... je laisserai peut-être quelques statues desquelles on dira : « Philippe Hervé ne manquait pas de talent. » — Et poussant un éclat de rire sardonique, le jeune artiste ajouta : — Philippe Hervé ne manquait pas de talent... Usez donc votre vie à un travail sans merci... Résistez donc à tous les enchantements de la jeunesse... dans l'espoir que peut-être l'on dira de vous, lorsque vous serez vieux, chauve, édenté, cassé, à jamais éteint : — Il ne manquait pas de talent! — Oh! vaines aspirations à la gloire! Renom... célébrité... hochets puérils de grands enfants!!... avec quelle philosophie, à la fois joyeuse et profonde, l'auteur du *Nouveau Chérubin* bafoue votre néant par la bouche de Florestan... Ecoute, Julien... ces réflexions sont restées gravées dans ma mémoire :

— J'écoute... j'écoute :

« — Pour goûter la fugitive ivresse de la gloire... — dit Florestan, — que de soucis, que de labeurs! O niais sacrifices ! ô renoncements imbéciles ! Cette glorieuse ivresse en est-elle du moins plus durable que celle que l'on puise avec une voluptueuse indolence au fond d'une coupe ou sur les lèvres d'une maîtresse ? Non... non... la gloire vous est encore plus vite infidèle qu'une infidèle maîtresse !!... Même déception vous attend... et vous avez, ô niais, le sacrifice de plus... et le plaisir de moins !... Vous avez passé vos nuits, vos jours, vos années à courir éreintés, essoufflés après cette fière bégueule dont le sobriquet est : *la gloire !* Mais, à peine atteinte, elle vous échappe !... Moi, j'ai passé mes nuits, mes jours auprès d'enchanteresses... qui, vrai Dieu !... n'étaient pas bégueules... celles-là !! et ne m'échappaient pas ! O puissance de la volupté ! Les grands hommes ont aimé... comme un grand homme peut, sait et doit aimer... très-bêtement... L'amour de ces triomphants mais fort piteux novices, souvent édentés, faisait beaucoup rire leurs adorées... Ah ! qu'ils eussent tôt et vite échangé leurs lauriers jaunissants sur leur crâne pelé contre la chevelure noire et parfumée du riche, fringant et beau jeune homme, *grand homme de volupté*... lui ! dont le regard lascif, brûlant et hardi, troublait, enivrait, domptait les plus rebelles !... et qui, le rire aux lèvres, la joie au cœur... la coupe en main... sa charmante sur ses genoux, chantait, entre deux baisers, la jeunesse, le vin, l'or et l'amour ! Evohé... Evohé... gai ! mes compagnons ! gai ! mes folles compagnes ! foin de la gloire ! vieille fille sèche et revêche, boudeuse et quinteuse, laissons-la courtiser par les sots, les vieux, les laids, les pauvres, les affamés de viande creuse, et à nous la *jouissance* aux lèvres de rose, au rire éclatant, aux yeux lascifs, au sein rebondi... et, de par le diable et ses cornes, répétons notre antienne : — Vivent la jeunesse, le vin, l'or et l'amour ! »

— Oui, oui ! — s'écria le pauvre Julien étourdi, fasciné par cette ignoble philosophie sensuelle — oui, vivent la jeunesse, le vin, l'or et l'amour !! Je ne posséderai jamais d'or... je ne connaîtrai jamais l'amour ! mais, c'est égal !! je crie ça pour l'honneur !!... Ah ! monsieur Philippe ! la belle devise !! quelle découverte ! Comment la lumière est-elle restée si longtemps pour nous... sous le boisseau ?

— Ah ! Julien... ce qui m'étonne... c'est que cette gaie lumière, couleur de rose et argent... ait pu dissiper si vite mon aveuglement ! ne semblait-il pas devoir être incurable... Songe donc ! moi élevé comme je l'ai été par mon père, par ma mère... je n'accuse que leur ambitieuse tendresse... élevé, dis-je, dans une âpre convoitise de ces hochets qu'on appelle : Gloire et renom ! Moi ! élevé dans une glaciale austérité, négation sacrilége de tous les instincts chaleureux de la jeunesse ? Mais, ô puissance de ce livre... en deux heures, les principes de toute ma vie... se sont évanouis comme un triste songe !

— Voilà ce qui me confond... voilà ce qui me semble incroyable... impossible ?

— Impossible... Est-ce qu'un vif rayon de soleil ne suffit pas à fondre en un instant la neige lentement amassée par les mois de l'hiver ? Ainsi de moi, Julien ; ma verte jeunesse était ensevelie sous une épaisse couche de neige... elle a soudain fondu à la pénétrante influence d'un rayon divin ! mille fleurs vont éclore dans ma vie... Doux prodige opéré par ce livre brûlant et le feu des regards de ma belle voisine ! Ah ! de l'idéal que je poursuis, elle est le corps... ce livre est l'âme...

— Oh ! ce livre... — reprit Julien avec une curiosité haletante, — ce livre... monsieur Philippe... de grâce... prêtez-le-moi...

— Je ne l'ai plus...

— Où est-il donc ?

— Je ne sais... il a, depuis hier, disparu d'ici... Peut-être le portier, en mettant mon atelier en ordre et séduit par le titre de ce roman...

Puis, s'interrompant, la rougeur au front, l'œil étincelant, Philippe se pencha vivement à la fenêtre près de laquelle il se trouvait, et s'écria :

— Julien... la voilà... la voilà... vois comme elle est jolie !!

Julien s'approchait de la croisée, lorsqu'il entendit frapper à la porte de l'atelier, fermée contre l'habitude, et dit tout bas :

— Monsieur Philippe... c'est votre mère... je reconnais sa voix.

Les deux jeunes gens prêtèrent l'oreille. On frappa de nouveau à la porte de l'atelier, et ils entendirent ces mots prononcés par Clémence Hervé :

— Philippe... ouvre-moi...

— C'est ma mère !... — reprit le jeune statuaire avec un accent d'impatience et de regret en s'éloignant de la fenêtre. — Va ouvrir, Julien...

Puis, avisant le groupe commencé, représentant l'*Amour* et la *Volupté*, Philippe le couvrit en hâte d'une toile verte, se disant :

— Ma mère ne doit pas voir cette ébauche...

— Julien, je vous prie, laissez-nous — dit Clémence Hervé en entrant dans la bibliothèque, où elle resta seule avec son fils.

XI

Philippe, à l'aspect de sa mère, tressaillit de surprise et d'inquiétude, remarquant qu'elle tenait à la main le volume intitulé : *Le Nouveau Chérubin.*

— Mon enfant, dit Clémence Hervé d'une voix douce et grave, — hier, en ton absence, je suis venue ici, afin de renouveler les fleurs des vases de cette cheminée... j'ai trouvé par hasard... ce livre... — ajouta-t-elle en montrant le volume qu'elle tenait à la main. — Le titre seul de ce roman intitulé : *Le Nouveau Chérubin,* m'a donné une fâcheuse opinion de cet ouvrage... Le voyant chez toi, j'ai supposé que tu l'avais lu... j'ai voulu le lire à mon tour; mon indignation a égalé mon dégoût, et je me suis demandé, avec une pénible surprise, comment un pareil livre pouvait être en ta possession?...

— Ma mère, je n'en sais rien, — répondit le jeune homme en baissant les yeux et en rougissant; — je t'assure que je n'en sais rien.

— Philippe, — reprit Clémence Hervé avec un accent de reproche amical, — une pareille réponse n'est pas sérieuse...

— Cependant, ma mère, elle est sincère. I y a trois

jours, en entrant le matin dans cette bibliothèque... dont par mégarde j'avais laissé la fenêtre ouverte durant la nuit, j'ai trouvé ce volume sur le parquet.

Clémence Hervé savait son fils incapable de mensonge; mais, frappée de la singularité de sa réponse, et après un moment de réflexion, elle s'approcha de la croisée ouverte, ne remarquant pas d'abord un mouvement de crainte involontaire, échappé à Philippe, jeta les yeux dans le jardin voisin et dit en examinant les localités.

— Cette croisée n'est pas très-élevée, l'on a pu, en effet, jeter du dehors ce livre ici... Cependant, la maison dont dépend ce jardin est depuis longtemps inhabitée... mais non!! — ajouta Clémence Hervé, — les persiennes sont ouvertes... et je viens de voir une femme traverser là-bas cette allée... — Puis, se retournant vers Philippe, dont le trouble augmentait à chaque instant : — cette maison est donc occupée maintenant?

— Je... le crois, ma mère.

— Quels sont les nouveaux locataires?

— Je l'ignore...

Philippe disait vrai. Néanmoins son embarras croissant prouvait que, s'il ignorait le nom des nouveaux locataires, ils ne lui étaient point indifférents. Il garda le silence. Sa mère resta pensive un instant.

— Mon enfant, — reprit-elle, — sais-tu quelle est la date du jour où nous sommes? — Et voyant son fils lever les yeux en cherchant à rassembler ses souvenirs, elle ajouta gravement : — Mon fils... je porte aujourd'hui une robe de deuil...

— Pardon... pardon. ma mère, répondit vivement le

jeune homme avec un accent de regret, — j'avais oublié...

— C'est la première fois depuis que nous avons perdu ton père... que tu oublies l'anniversaire de cette perte...

— Ah! ma mère... douteriez-vous...

— Non! je ne doute pas des sentiments de tendresse, de vénération que tu conserves pour la mémoire de ton père... nous sommes allés, il y a quinze jours encore, visiter le lieu où il repose... nous entretenir de lui... sans amertume, sans désespoir, et ainsi que l'on s'entretient pieusement d'un ami absent que l'on doit aller rejoindre un jour dans d'autres sphères; jamais, durant l'entretien dont nous parlons, je n'avais été davantage frappée de cette élévation de pensées qui semblent être en toi l'héritage paternel... mais depuis quelques jours, je remarque en toi... certains changements dont je suis alarmée.

— Que veux-tu dire, ma mère...

— Tu es soucieux, distrait, préoccupé...

— Je songe à un sujet que je veux traiter en bas-relief... cette pensée... m'absorbe... et...

— Ordinairement, je suis confidente de tes travaux, de tes projets, nous discutons ensemble les sujets qui t'inspirent...

— Il est vrai...

— Pourquoi cette fois, ne pas m'avoir confié l'objet de tes préoccupations; tu sais pourtant avec quel bonheur je m'associe à tes études.

— Je ne voulais te consulter que plus tard... et...

Philippe s'interrompit, apercevant, avec une inquiétude croissante, sa mère attacher d'abord ses regards sur l'éébauche qu'il avait prudemment voilée d'une toile verte, puis s'approcher, découvrir le groupe en disant :

— Ceci sans doute est la nouvelle œuvre dont tu t'occupes?...

Mais, soudain, et à l'aspect de ce groupe presque lascif représentant l'*Amour* et la *Volupté,* Clémence Hervé tressaillit, ses traits s'attristèrent, son cœur se navra, ses inquiétudes s'accrurent ; non-seulement cette ébauche était évidemment très-inférieure aux autres productions de Philippe, mais sa mère voyait une révélation dans le choix licencieux du sujet, il prouvait la perverse influence du roman dont la lecture avait révolté l'illustre femme de lettres. Certes elle eût été en d'autres circonstances assez surprise de voir son fils, habitué à toujours chercher dans son art le symbole d'une aspiration généreuse ou la personnification d'un fait héroïque, descendre au sensualisme mythologique. Cependant elle eût considéré comme une fantaisie d'artiste cette déviation de la voie jusqu'alors suivie par son fils ; malheureusement il n'en était pas ainsi ; sa profonde sagacité maternelle s'effrayait à juste titre de la tendance du génie de Philippe vers des sujets voluptueux, en la rapprochant de la lecture d'un livre voisin de l'obscénité, livre peut-être jeté à dessein dans l'atelier du jeune artiste par cette femme dont Clémence Hervé avait entrevu les traits et qui, depuis peu de temps, occupait la maison voisine.

Profondément versée dans l'étude du cœur humain, éclairée par sa sollicitude, connaissant le caractère, l'organisation de son fils, et sachant combien les premiers entraînements de la jeunesse, quelque éducation qu'elle ait reçue, sont parfois brusques et irrésistibles, Clémence Hervé, nous le répétons, fut et dut être sérieusement alarmée de la soudaine transformation morale qui se manifestait dans son fils, elle ne put dissimuler ses angoisses, dont le ressentiment se peignit sur ses traits, et voilant de nouveau le groupe sous la toile, elle dit en soupirant :

— Mon enfant... je te sais gré d'avoir du moins voulu dérober à mes yeux... une ébauche dont tu rougis toi-même...

XII

Philippe Hervé abattu, mécontent de lui, était, en effet, devenu pourpre de confusion, tandis que sa mère jetait un regard douloureusement étonné sur le groupe de l'*Amour* et de la *Volupté*; il gardait un silence embarrassé, n'essayant pas même de justifier son œuvre.

— Ah! mon pauvre enfant, — reprit Clémence Hervé avec amertume — il est déjà loin ce temps où la pureté, l'élévation de tes œuvres inspiraient cette muse mystérieuse... Maria Saint-Clair, qui célébrait tes travaux en vers dignes de son talent et du tien! Alors la sainte passion du beau, du bien, du grand, t'emportait vers l'idéal... et te voici tombé dans un matérialisme grossier... Mon Dieu! — ajouta madame Hervé frémissante d'une généreuse colère, — telle peut donc être l'exécrable influence d'un livre infâme!!

— Ma mère... que dis-tu?

— Ce livre... tu l'as lu...

— Oui — répondit Philippe en baissant les yeux — je l'ai lu...

— Sois sincère... quelle impression t'a laissée cette lecture?

— Je ne saurais te répondre précisément à ce sujet, ma mère... N'attaches-tu pas d'ailleurs trop d'importance à un roman frivole... tombé par hasard sous ma main ? Enfin... — ajouta le jeune homme, contenant à peine un mouvement d'impatience, — je ne suis plus un enfant...

— Non... mais tu es toujours mon enfant! — répondit Clémence Hervé avec un accent d'ineffable tendresse, — aussi dois-je veiller sur toi avec ma sollicitude habituelle. Je te l'assure... je n'exagère pas la funeste portée de ce livre... et puisque tu hésites à m'avouer l'impression qu'il t'a causée... je vais te le dire... presque certaine de ne pas me tromper...

— Ma mère... cette insistance...

— Écoute-moi, tu auras dans quelques mois dix-neuf ans. Ton éducation, ta délicatesse native; l'ardeur passionnée que tu apportes à tes études, à tes travaux; les délassements d'esprit que tu trouves auprès de moi, ou les distractions salutaires que nous cherchons dans la musique, au théâtre, ou dans le charme d'une société intime et choisie; enfin cette constante aspiration vers l'idéal que je te voyais avec tant de bonheur transporter du domaine de l'art dans les choses de la vie... toutes ces causes t'ont jusqu'ici préservé de ces écarts, de cette corruption précoce qui dépravent tant de jeunes gens de ton âge : aussi qu'apportent-ils un jour à la jeune fille qu'ils choisissent pour épouse?... un cœur blasé, flétri! Oui... car depuis longtemps en eux a été étouffé, desséché dans son germe, l'un des plus divins sentiments qui puissent faire battre le cœur, l'*amour*...

Philippe tressaillit, regarda sa mère avec surprise. Elle poursuivit :

— Oui, l'amour!... Ce sentiment est à mes yeux si saint... si sacré... que moi, ta mère... j'aborde avec toi un pareil sujet... J'avais toujours espéré, j'espère encore pour ton bonheur, pour le mien, te voir épouser très-jeune une personne de ton âge, digne de toi par le cœur, par la beauté, par l'esprit, et qui serait ton premier amour, ainsi que tu serais le sien... Ton père et moi, nous nous sommes unis dans ces conditions, notre vie n'a été qu'un long jour de félicité... Te voir contracter un pareil mariage, telle était, telle est encore mon espérance, mon enfant; car, en la cherchant, nous trouverons, je n'en doute pas, cette épouse que j'ai rêvée pour toi, et je crois, je veux croire que la déplorable impression que t'a causée ce livre sera éphémère...

— Toujours ce livre... ma mère... — murmura Philippe avec une impatience chagrine. — Ne suis-je donc pas d'un âge à savoir discerner le bien... du mal?...

— Mon enfant, grâce aux leçons de ton père, aux miennes, aux principes qui jusqu'ici ont guidé ta vie... tu es capable de discerner le bien du mal... si tu conserves ta ferme et droite raison; si le bouillonnement de dangereux ferments ne la trouble pas... mais tout me le prouve, ce livre... oui, toujours ce livre... en éveillant en toi des passions mauvaises... a jeté dans ton esprit une perturbation profonde... En lisant ces pages licencieuses... l'indignation d'une âme honnête, la révolte de la pudeur blessée... ont rougi mon front... cette lecture a fait aussi rougir ton front... mon fils... mais, avoue-le, la chaleur du sang et non la honte empourprait ton visage?

— Ma mère...

— Ah! je ne m'abuse pas!... ce livre infâme cherche à pervertir l'esprit, en excitant les sens par d'immondes tableaux; il s'adresse aux yeux, afin de pénétrer jusqu'à l'âme; ce livre... c'est la glorification de tous les grossiers appétits; c'est un défi insolent et railleur, jeté aux sentiments délicats et chastes; c'est le ridicule et le fiel déversés à pleines mains sur l'innocence du cœur, sur ses plus nobles aspirations; ce livre, enfin, il faut le reconnaître, et c'est là son danger, est écrit avec une sorte de verve joyeuse, sardonique et sensuelle qui supplée au talent! L'ironie est souvent acérée, le paradoxe spécieux; le vice est peint sous d'attrayantes couleurs : il doit séduire les jeunes gens qui, ainsi que toi, pauvre cher enfant, ont conservé la noble candeur de leur âge; car, hélas! l'enivrement de ces lectures malfaisantes est comme celui des breuvages capiteux, d'autant plus puissants, que l'on est resté jusqu'alors plus sobre!... Aussi, ne le nie pas, Philippe, tourmenté, obsédé de vagues et brûlants désirs, tu as jeté un regard de dédain, de colère sur le passé; un monde nouveau s'est offert à ton esprit, tu as ardemment rêvé amours faciles et effrontés, folles aventures, bruyantes orgies, une vie de plaisir, de mollesse et de volupté? Tu as pris en dégoût, en pitié, la solitude austère et sereine de cet atelier où tu demandais à l'étude, au travail de chaque jour, la gloire future de ton nom!... tu as dit, ainsi que le héros de ce livre : « La gloire ne vaut pas le baiser d'une maîtresse ! vi-« vent la jeunesse, le vin, l'or et l'amour ! » Pauvre enfant ! — ajouta Clémence Hervé avec un accent de commisération profonde et les yeux humides de larmes — pauvre malheureux enfant! tu as eu honte de l'innocence de ta jeunesse! tu as eu honte de la beauté de ton âme... tu as eu honte de ton génie... tu as eu honte de ta mère... Tu m'as accusée de te sacrifier à l'orgueil de mon ambitieuse tendresse!!

— Oh! ne le croyez pas... ne le croyez pas! — s'écria Philippe, atterré de la pénétration de Clémence Hervé. — Mais, je l'avoue avec regret, avec douleur, avec remords, oui, j'ai cédé à un moment de vertige!... oui, cette fatale lecture m'a fait douter de moi-même... du bien... du juste, du vrai! oui, j'ai senti s'éveiller en moi des désirs effrénés... oui, j'ai maudit le passé... oui, j'ai souffert... et je souffre encore... — ajouta Philippe, ne pouvant retenir ses larmes et se jetant dans les bras de Clémence Hervé : — oh! ma mère... je suis bien malheureux!!

Clémence Hervé serra passionnément son fils contre son sein. Elle n'en pouvait douter ; les larmes qu'il versait, son émotion, ses aveux, témoignaient de son repentir; déjà presque certaine du succès de son influence maternelle dans cette lutte contre les tentations du mal, l'illustre femme de lettres voulut achever, consolider son triomphe; et baisant avec effusion son fils au front :

— Philippe... mon enfant bien-aimé... ce jour, crois-moi... datera dans notre destinée... il est solennel... Il sera marqué par ton retour au bien... Allons célébrer cette victoire remportée par toi... sur toi-même... viens, mon enfant... viens!!

— Où cela, ma mère? — dit le jeune homme surpris;— où allons-nous?

— Sous ce berceau fleuri, près de cette pierre sacrée, devant laquelle, émus, recueillis, pleins de foi dans l'immortalité des êtres, nous sommes allés si souvent, toi et moi, retremper, rasséréner notre âme dans ces entretiens où ton père, invisible aux yeux de notre corps, nous semblait assister; nos regrets, nos projets, nos espérances, il entendait tout!! selon notre consolante et chère croyance!... Aujourd'hui encore, il entendra tout!... les encouragements de ma tendresse, ta promesse de rester fidèle à ton glorieux passé, de vaincre désormais de funestes entraînements. Ah! si j'en crois mon cœur et le tien, mon enfant, un pareil entretien... en ce lieu vénéré, en ce jour de pieux anniversaire... aura sur ta carrière une influence décisive... rendra invincibles tes généreuses résolutions... Viens... viens, ton père et moi, nous serons là tous deux à tes côtés, moi visible à tes yeux... ton père visible à ton âme...

Bientôt Philippe accompagna sa mère au cimetière Montmartre. Peu d'instants après leur départ, M. Robertin et sa femme, auteur du *Nouveau Chérubin*, écrit sous le pseudonyme du MAJOR FREDÈNE, se présentaient chez Clémence Hervé. La servante ayant répondu que sa maîtresse était absente, madame Robertin répondit délibérément qu'elle attendrait le retour de l'illustre femme de lettres.

XIII

La servante de madame Hervé croyant devoir, en l'absence de sa maîtresse, céder à l'insistance de madame Virginie Robertin, la conduisit ainsi que son mari dans le salon du rez-de-chaussée, d'ou le mari de la femme de lettres sortit presque aussitôt précipitamment, afin de réparer un oubli que lui reprocha sa compagne, et dont on saura tout à l'heure la cause.

Madame Virginie Robertin, connue dans le monde littéraire sous le pseudonyme du *Major Fredène*, appartenait à cette classe (heureusement exceptionnelle) de femmes auteurs, qui, en raison de la prétendue supériorité de leur intelligence, se croient déliées de tout devoir, de toute retenue et presque de toute pudeur ; leurs écrits, leurs maximes et surtout la façon dont elles pratiquent la vie, semblent être de leur part d'insolents défis jetés à tout ce qui est et doit être respecté; filles, mères ou épouses, elles se plaisent à braver les plus simples convenances, les plus touchantes obligations de leur sexe ; sous couleur de s'élever au-dessus des préjugés vulgaires, elles prennent en suprême et ironique dédain ces modestes femmes de bien, souvent remarquables par leur bon goût, leur bonne grâce, leur bon sens et leur esprit, mais qui ne jouissent point du glorieux privilége de voir leur nom étalé aux carreaux des cabinets de lecture.

Les littératrices dont nous parlons, parfois ont du talent, jamais de génie, car génie oblige encore davantage que noblesse; le profond sentiment du beau, du bien, du juste, sentiment essentiel, inséparable du génie, se révèle dans ses actes autant que dans ses écrits ; et si l'on a vu des femmes illustres céder à certains entraînements auxquels cèdent les plus obscures, elles avaient du moins conscience de leur faiblesse, la cachaient, tâchaient de la faire oublier, excuser par leur modestie, par leur douceur, par leur délicate et exquise bonté, au lieu d'élever impudemment l'adultère sur le pavois de leur renommée...

Un autre trait saillant, primordial de la physionomie morale de ces littératrices de bas étage dont madame Virginie Robertin offrait le type achevé, est la jalousie haineuse qu'elles ressentent à l'endroit des succès d'autrui et qui va s'accroissant, se déchaînant, en proportion de la célébrité de la femme dont le génie les exaspère, les torture. Aussi lorsque sa gloire brille pure et rehaussée de l'éclat de la vertu, les envieuses deviennent féroces et leur haine est implacable !

Ainsi, et sans autre cause, madame Virginie Robertin poursuivait de sa haine Clémence Hervé, sans que celle-ci soupçonnât les ressentiments qu'elle inspirait. Ces ressentiments demeurèrent longtemps, pour ainsi dire, à l'état théorique ou latent; l'auteur du *Nouveau Chérubin* et d'autres romans plus ou moins licencieux se bornait à exécrer, sans la connaître personnellement, Clémence Hervé, par cela seulement que ses écrits jouissaient d'une légitime et immense réputation, et que la noblesse de son caractère, la rigidité de ses mœurs, lui méritaient la sympathie et le respect des honnêtes gens de tous les partis. Un hasard vint offrir au *Major Fredène* l'occasion de faire passer de la théorie à la pratique son envie haineuse contre le peintre des *misères sociales*.

Madame Virginie Robertin portait son désordre moral dans les choses matérielles de la vie, et quoique la vente de ses livres lui rapportât, bon an mal an, six à sept mille francs, et que son mari, employé d'une compagnie d'assurance, gagnât de son côté une somme annuelle de deux mille francs, madame Robertin, coquette, gourmande, dépensière, dédaignant les soins du ménage, toujours criblée de dettes, toujours aux expédients, pouvait à peine, selon l'expression consacrée : « joindre les deux bouts, » — payait rarement, sans menaces réitérées d'assignation, les termes de son loyer; ces bélîtres de propriétaires, n'entendant point loger gratis chez eux le major Fredène, auteur pseudonyme de tant de romans graveleux, se piquaient assez peu de littérature pour exiger de lui, comme d'un simple mortel, le prix de ses loyers; d'où il suit que l'auteur du *Nouveau Chérubin*, expulsée de l'appartement qu'elle occupait peu de temps avant l'époque où commence notre récit, loua d'aventure, non loin de la barrière Montmartre, un rez-de-chaussée contigu à celui de la maison de Clémence Hervé, s'étendant jusque sous les fenêtres de l'atelier de Philippe. La mère du jeune artiste était trop célèbre pour que ses voisins ne fussent pas très-curieux de détails intimes sur son existence, sur ses habitudes, sur sa famille, et à peine établie dans son nouveau domicile, Virginie Robertin apprit par la voix publique : « — Que Clémence Hervé et son fils vivaient dans une stu-
« dieuse retraite, où ils recevaient seulement un petit nom-
« bre d'amis choisis. La mère idolâtrait son fils et il ado-
« rait, vénérait sa mère, ne sortant guère de son atelier,

« où il passait ses jours en cénobite, malgré ses dix-huit
« ans, ses éclatants succès d'artiste et sa ravissante figure,
« où se peignaient sa candeur et son innocence, innocence
« phénoménale pour un jeune Parisien de cet âge, et qui
« devait lui être singulièrement pesante, — ajoutaient les
« psychologistes du voisinage, reprochant presque à Clé-
« mence Hervé d'élever son fils comme une demoiselle...»

L'auteur du *Nouveau Chérubin* recueillit avidement ces renseignements, et tressaillit d'une joie méchante, entrevoyant le moyen de frapper au cœur la femme illustre qu'elle enviait, qu'elle détestait, et de satisfaire à un caprice amoureux, si véritablement Philippe Hervé était le ravissant ingénu dont les voisins retraçaient le portrait! elle eut bientôt, selon les termes de sa profession, *charpenté le plan* d'un nouveau roman en action, dont le jeune statuaire serait le héros. Elle se réservait le fructueux avantage de l'écrire et de le publier, plus tard, en un ou deux volumes in-octavo, car cette littératrice, de mœurs plus que faciles, écrivait ainsi qu'elle le disait effrontément : — les passions sur nature ; — presque tous les héros de ses romans avaient été dans ses bonnes grâces, et elle comptait déjà une dizaine de romans.

Le plan de madame Robertin était fort simple : rendre follement amoureux d'elle le candide Philippe en lui lançant d'abord d'agaçantes œillades ; porter ensuite le feu dans ses veines, grâce à la lecture incendiaire du *Nouveau Chérubin*; puis, certaine d'avoir causé une profonde impression au jeune artiste, se présenter audacieusement chez sa mère, sous prétexte d'une visite de voisinage, preuve de déférence bien due à l'éclatante position littéraire de Clémence Hervé ; ainsi introduite au cœur de la place ennemie, et sans nul scrupule sur les moyens et les fins de ses projets, où la haine envieuse l'emportait peut-être encore sur le caprice amoureux, madame Robertin comptait disputer le fils à sa mère, le lui enlever peut-être, en le dépravant, et frapper ainsi cruellement cette femme illustre.

XIV

Le plan tramé par l'auteur du *Nouveau Chérubin* témoignait d'une repoussante et horrible perversité, mais il était malheureusement praticable, ainsi qu'on l'a vu dès le commencement de ce récit. Le lecteur devine aisément que la charmante inconnue dont le souvenir brûlant, encore avivé par la lecture d'un livre incendiaire, poursuivait Philippe, n'était autre que Virginie Robertin, dont le jeune artiste ignorait le triste renom littéraire ; complétement étrangère aux sentiments généreux et élevés, elle avait le profond instinct des passions mauvaises, connaissait leur puissance, leurs ressorts, et pleine de confiance dans sa jeunesse, dans sa beauté, dans son esprit, dans sa corruption, dans son effronterie et surtout dans la vigueur de la jalousie qu'elle nourrissait contre la célèbre femme de lettres, elle n'hésita pas, lorsque les voies lui parurent suffisamment préparées, à entrer en lutte avec la mère de famille irréprochable dont le génie l'écrasait, et ne douta pas du succès de ses desseins basés sur ce raisonnement odieux, mais trop souvent justifié par les faits ;

« — Un jeune homme de dix-huit ans, candide, impres-
« sionnable, qui ressent pour la première fois l'ardeur
« d'une passion sensuelle, sacrifiera presque toujours pas-
« sagèrement, il est vrai (mais le major Fredène se souciait
« peu des longues amours), sacrifiera presque toujours
« l'austère influence d'une mère à l'influence d'une maî-
« tresse, belle, jeune, séduisante et hardie... »

Or, Virginie Robertin était jeune, hardie, séduisante, et devait surtout paraître telle à un enfant de l'âge de Philippe qui, pur jusqu'alors, était par cela même plus inflammable.

L'auteur du *Nouveau Chérubin* atteignait alors sa vingt-sixième année; sa taille, malgré son léger embonpoint, réunissait de notables perfections; sa chevelure était très-brune, son teint très-blanc; ses lèvres, très-rouges et quelque peu charnues, laissaient voir, lorsqu'elle riait, l'éclatant émail de ses dents; ses sourcils nettement arqués surmontaient ses yeux d'un noir velouté, hardis, pénétrants, lascifs; son nez droit et fin, aux narines roses et mobiles; ses joues rondes marquées de fossettes, ainsi que son menton, donnaient à sa physionomie un attrait piquant et prime-sautier, capable de charmer les yeux, non le cœur, car en scrutant à fond cette physionomie, on y découvrait les indices de l'astuce, de l'effronterie, d'un haineux orgueil et d'une luxurieuse perversité. Virginie Robertin, très-recherchée dans sa parure, témoignait d'une extrême incurie de soi-même; ses mains petites, d'un galbe parfait, étaient malpropres, et leurs ongles, tellement rongés, que l'extrémité de chaque phalange formait au-dessus d'eux un bourrelet de chair répugnant à voir (le major Fredène ayant coutume, en écrivant, de se ronger les ongles jusqu'au vif).

Virginie Robertin, lorsqu'elle eut examiné, d'un regard curieux et jaloux, l'intérieur du salon de l'illustre femme de lettres, ce salon où se révélaient le bon goût, l'aisance et les habitudes d'ordre de la maîtresse de la maison, Virginie Robertin, comparant dans sa pensée, à cet élégant sanctuaire du génie et des vertus domestiques, son appartement toujours dépenaillé, à demi meublé, sordide, où se révélaient le désordre et la gêne, se disait :

— Doit-elle être heureuse, cette Clémence Hervé ! Mais, patience... me voici... assez longtemps j'ai été fatiguée du tapage de son insolente renommée... des exclamations des niais qui s'extasient sur ce qu'ils appellent : le caractère antique de cette bégueule!!... Autrefois, dans un article anonyme, je l'ai *éreintée*, vilipendée, ainsi que feu son époux, le fameux historien ! mais cela ne me suffit pas; je me sens d'humeur amoureuse et batailleuse, je veux attaquer cette femme en face, à outrance, et le gentil Philippe Hervé paiera les frais de la guerre!!!

Les réflexions de l'auteur du *Nouveau Chérubin* furent interrompues par le retour de son mari, M. Robertin.

XV

M. Anténor Robertin, âgé de dix années de plus que sa femme, et employé dans une compagnie d'assurance, était un petit homme blondasse, fadasse, grassouillet, imberbe, et abritant sous ses bésicles d'argent ses gros yeux myopes à fleur de tête; d'une extrême facilité de caractère, invinciblem nt porté à la paresse, parfois crédule jusqu'à la stupidité; cependant très-jaloux et susceptible d'un entêtement indomptable, il avait toujours contenu ou dissimulé les soupçons et les ressentiments de sa jalousie, rompu au joug qu'il subissait depuis longtemps, et éprouvant pour sa femme trop de crainte et d'admiration pour oser jamais récriminer. A lui seul étaient dévolus les soins domestiques, mais son incurie, sa crasse indolente, égalaient le désordre du *major Fredène*, qui tenait d'ailleurs, ainsi qu'on le dit, les cordons de la bourse, traitant avec ses libraires, recevant d'eux le prix de ses œuvres, et exigeant que chaque mois M. Robertin lui remît fidèlement ses appointements. Enfin, ce débonnaire époux avait parfois charge de bonne d'enfant, car souvent les servantes de ce ménage désordonné, lasses d'être grondées à tout propos, mal nourries, rarement payées de leurs gages, quittaient la *baraque*, selon leur terme vulgaire; le bonhomme, suppléant alors à la servante, devait bercer, dorloter, coucher, etc., etc., sa fille *Athénaïs*, agée de dix-huit mois, madame Robertin dédaignant de condescendre à ces grossiers devoirs de la maternité.

M. Robertin entra tout essoufflé dans le salon de Clémence Hervé, essuya son front, et remettant à sa femme deux volumes enveloppés de papier, il dit d'une voix haletante :

— *Major!!...* — (l'époux débonnaire appelait toujours ainsi sa femme, afin de lui rappeler incessamment ses succès littéraires par cette allusion délicate) — major, voici ces volumes que j'avais oubliés à la maison ; lorsque j'y suis rentré, Athénaïs criait comme une brûlée dans son berceau... Notre satanée bonne avait déjà pris sa volée... dame! quand les chats sont partis, les rats dansent!!! Il est bien heureux que ce soit aujourd'hui jour de fête, grâce à quoi je ne suis point allé à mon scélérat de bureau que j'abhorre!! Ah! si tu voulais, quel coq en pâte je serais... et... — Puis, s'interrompant de crainte d'entendre sa femme lui reprocher encore ses incurables velléités de paresse — Enfin, toujours est-il que notre satanée bonne étant sortie un instant après nous, avait laissé Athénaïs toute seule; elle criait à devenir bleue... je lui ai fait avaler coup sur coup une douzaine de cuillerées de bouillie bien épaisse... ça a calmé les cris de cette pauvre petite chérie... mais j'en reviens là... si, comme à l'ordinaire, j'étais allé aujourd'hui à mon monstre de bureau, Athénaïs était capable d'étrangler, car assurément, lorsque tu sors en mon absence, la bonne ne doit guère garder la maison... car... mais à quoi penses-tu... major? est-ce que tu ne m'entends pas?

Madame Robertin, mère sans entrailles, songeant à la lutte qu'elle allait entreprendre contre Clémence Hervé, restait rêveuse, sans répondre à son mari; celui-ci, habitué aux distractions de la femme de lettres, se dit:

— Probablement le major compose!!... quel génie... elle compose partout!! En dînant, en marchant, en parlant, en rêvant... toujours elle compose!!... — Puis se frappant le front: — Ah! major, ton feuilleton de modes, dans le journal du soir, l'a échappé belle... sans moi le magasin de cette madame Tournemine n'était pas *démoli*... comme tu dis... Encore un service que je t'ai rendu, parce que je ne suis pas allé à mon abominable bureau... Ah! si tu voulais... je...

— Comment? — reprit vivement Virginie Robertin, distraite de ses rêveries par le nom de madame Tournemine.

— Comment... mais aussitôt après notre départ, Julie devait porter le manuscrit au bureau du journal?

— Et c'est la première chose qu'elle a oubliée.

— La sotte!

— J'achevais de donner la bouillie à Athénaïs, lorsque j'aperçois le manuscrit sur ton bureau, à côté d'une paire de bottines... Je n'ai eu que le temps de courir jusqu'au journal.

— Et tu n'es pas arrivé trop tard?

— Non, non! on a envoyé tout de suite ton feuilleton à l'imprimerie, il paraîtra ce soir, et madame Tournemine aura *son compte*... ça lui apprendra à t'avoir indécemment relancée pour le paiement du tien!

— L'insolente!!... oser me menacer du juge de paix pour un méchant mémoire de deux cents francs pour fournitures de chapeaux!

— Elle! qui devrait se trouver trop heureuse d'être la marchande de modes du célèbre major Fredène!

— Oh! elle paiera cher son impertinence!... Je gagerais qu'après mon feuilleton de modes de ce soir, elle perdra la moitié de sa clientèle...

— Hi... hi... hi... ne m'en parle pas, major, j'en ris encore... j'en rirai longtemps! — reprit M. Robertin, donnant cours à son hilarité; — je vois la figure de cette drôlesse de Tournemine lorsqu'elle lira dans le journal:

« — Nous recommandons aux amateurs de curieuses anti-
« quités le magasin de madame Tournemine (hi... hi...
« hi...) Les archéologues désireux par état d'étudier les
« modes des anciens temps sur des spécimens aujourd'hui
« introuvables... les jeunes femmes intéressées à savoir
« comment se coiffaient nos bisaïeules et surtout comment
« l'on ne se coiffe plus... (hi... hi...) sont instamment priés
« d'aller visiter l'incroyable magasin de madame Tourne-
« mine... c'est le musée des modes fossiles... antédilu-
« viennes... c'est l'ossuaire des vieux chapeaux... c'est l'a-
« cropole des vieux bonnets. » (Hi... hi... hi...) As-tu de
l'esprit, major! gare à ceux qui tombent sous ta petite
griffe!... La boutique de la Tournemine est démolie... tu l'as
dit... elle sera ruinée du coup...

— Je l'espère...

— Et pourtant sans moi, major... sans moi, ta madame
Tournemine échappait ce soir à ta vengeance... et demain
matin... tu ne la goûtais pas... toute chaude... ta vengeance
en lisant ton feuilleton...

— Qu'est-ce que cela veut dire?

— Dame... si j'étais allé à mon scélérat de bureau, ainsi
que j'ai le malheur d'y aller tous les jours... je ne...

— Encore! — dit Virginie Robertin fronçant ses noirs
sourcils. — Toujours ces ignobles idées de paresse... de
far niente? sur ma parole, vous souffririez que je vous
nourrisse comme un bœuf à l'engrais!

— Allons, major... ne te fâche pas... tu ne saisis pas
ma pensée...

— Je la saisis du reste... ainsi que votre arrière-pensée...

— Tu me crois capable de...

— D'abord, je vous crois d'une mollesse inouïe, d'une paresse révoltante, et de plus fort têtu, car chaque jour, quoi que je vous en aie dit, ce sont des lamentations sans fin au sujet de ce *monstre de bureau* où vous allez à neuf heures du matin et dont vous revenez à cinq heures...

— Hélas ! ton Anténor avoue son faible ; oui, j'aimerais à dormir la grasse matinée, à prendre mon café dans mon lit... et à me dorloter ensuite ; mais surtout je serais ravi de passer tout mon temps près de toi, major, sans te quitter plus que ton ombre... Peux-tu me reprocher mon excès de tendresse?

— Vous êtes un fourbe !

— Moi... fourbe?...

— Cette arrière-pensée, dont je vous parlais tout à l'heure, et qui vient si fort en aide à votre paresse... c'est une pensée d'insultante jalousie.

— Oh ! major...

— Vous niez? c'est violent... et dernièrement encore... Sylvio?

— Hem... hem... Sylvio...

— Ne vous êtes-vous pas permis de me dire que vous trouviez bizarre que j'allasse chez Sylvio ?...

— Toi... non... certainement... parce qu'enfin une femme de lettres... hem... hum... une femme de lettres, surtout aussi haut placée que toi, jouit de certaines franchises... mais je disais... que si tu avais été une simple femme... comme une autre... tes visites à ce jeune chanteur auraient semblé... un peu singulières...

— Il ne s'agit pas de ce que je pourrais être, mais de ce

que je suis... vous avez l'honneur d'être l'époux d'une femme d'un talent remarquable... Ce n'est pas moi qui dis cela... c'est le public.

— Et il a fièrement raison.

— Soit; or, pour faire œuvre de talent, il me faut étudier certains personnages, afin de les reproduire avec vérité dans mes romans ; il était donc parfaitement nécessaire que je connusse les habitudes, les mœurs, le caractère de Sylvio, puisque j'avais à mettre en scène un chanteur célèbre ; j'ai donc dû souvent, fort souvent, visiter Sylvio, et il faut être aussi dénué de bon sens que vous l'êtes, pour vous mettre martel en tête à propos de visites purement littéraires et tellement innocentes que j'étais la première à vous dire que j'allais fort souvent chez ce jeune homme.

— Ta confiance, major, m'honorait sans doute... mais...

— Tenez, monsieur, soyez sincère, vous êtes certainement d'une paresse ignoble, mais si je n'y mettais ordre, vous seriez d'une jalousie féroce, et dans votre entêtement à vouloir quitter votre bureau, le désir de fainéantiser est peut-être moins vif encore que celui de ne pas me quitter d'un instant afin de m'espionner.

— Je te jure... sur la vie d'Athénaïs... que...

— Taisez-vous, ne me rebattez pas davantage les oreilles de vos absurdités: vous continuerez, s'il vous plaît, d'aller à votre bureau, d'abord, parce que vos deux mille francs d'appointements sont bons à toucher, puis parce que votre continuelle présence me serait insupportable, m'agacerait les nerfs à ce point qu'il me serait impossible d'écrire une ligne... or, comme nous vivons en grande partie du produit de mes œuvres, cette source de revenu serait tarie.

— A Dieu ne plaise... que...
— Assez... monsieur Robertin, assez...
— A la bonne heure, major... n'en parlons plus, j'irai donc à mon exécrable bureau... Où la chèvre est attachée, il faut qu'elle broute...
— Broutez donc... et me laissez en paix.

M. Robertin baissa la tête, soupira, ne dit mot, mais certain regard sournois lancé par lui sur la femme de lettres témoignait de l'opiniâtreté de ses ressentiments contenus par la crainte et par l'habitude de la soumission.

XVI

Virginie Robertin, retombant bientôt dans ses préoccupations à l'endroit de sa lutte prochaine contre Clémence Hervé, prit les deux volumes que son mari venait de lui apporter, les tira de la feuille de papier où ils étaient contenus et se dit :

— Il sera plus convenable d'offrir ces livres sans leur enveloppe...

— Major, — hasarda timidement M. Robertin, — me sera-t-il permis, si tu n'es pas fâchée, de te demander ce que tu comptes faire de cet exemplaire de ton dernier roman : *L'amour au galop ?*

— Je veux offrir mon livre à cette bégueule de Clémence Hervé... C'est pour cela que j'ai voulu l'attendre ici...

— Diable de major — reprit M. Robertin, oubliant déjà ses derniers ressentiments et plein d'admiration pour l'insolence de sa femme.

Es-tu supérieure... es-tu crâne! Tout le monde parle de madame Clémence Hervé avec admiration et respect... Bast! toi, tu vous la traites comme rien du tout!

— Parce que les grands mots, les admirations de commande ne m'imposent pas, à moi! Qu'a-t-elle donc écrit, cette fameuse Clémence Hervé? Des livres dits moraux, philosophiques, socialistes, où elle se pose en réformatrice et prétend dévoiler les plaies de la société, donner les moyens de les guérir... c'est tout simple!....Ne prétend-elle pas que les hommes étant médecins, les femmes doivent être *médecines!* Aussi prêche-t-elle d'exemple en débitant aux niais ses *drogues* littéraires... ainsi que je l'ai dit dans l'article anonyme où je l'ai éreintée, démolie!!

— Article que tu as eu la scélératesse de lui envoyer par la poste... Diable de major!

— Parbleu! si l'on démolit les gens, il faut bien du moins qu'ils le sachent! Cette Clémence Hervé surtout est si intolérable! Elle a toujours à la bouche ces grands mots de vertu, de devoir, d'honneur... et cela parce que probablement elle est laide et qu'aucun homme ne se sera donné la peine de s'occuper d'elle! Allons donc... sa morale... c'est sa laideur!! sa vertu... c'est son âge... ses principes... ce sont ses rides!!

— A-t-il du venin! ce petit major, a-t-il du venin! — reprit M. Robertin ravi de l'esprit de sa femme. Ah çà... puisque tu juges si bien cette bégueule... pourquoi viens-tu lui faire hommage de ton dernier roman : *L'amour au galop?*

— Pour deux raisons.

— Lesquelles... sans indiscrétion?

— La première pour lui demander, à la faveur de cet hommage, la permission de lui dédier le livre que je viens de finir.

— Ton : *Tout pour le plaisir*.

— Oui...

— Je trouve cela joliment crâne

— Comment?

— Ton : *Tout pour le plaisir* est un petit chef-d'œuvre de gaillardise... et tu crois que cette bégueule en acceptera la dédicace?

— Il le faudra bien... il est de ces choses que l'on n'ose refuser, lorsqu'on vous les demande en face...

— C'est juste... mais enfin, tu l'abomines... et pourtant, major... tu lui dédieras un de tes romans?

— Tiens! je crois bien, puisque cette dédicace me rapportera deux ou trois cents francs!

— Deux ou trois cents francs! Et par quel moyen?

— Rien de plus simple... en lui demandant l'autorisation de lui dédier mon nouveau roman, je prierai Clémence Hervé... (cette bégueule ne saurait non plus me refuser cela...) de m'écrire en réponse à ma dédicace une lettre de quelques lignes, et de me permettre de la faire imprimer en tête du mon volume; le public est si stupidement engoué du talent de cette socialiste, qu'une lettre d'elle a une double valeur; cela *pose* un livre auprès de certains niais et augmente son débit : mon éditeur m'a dit : « Si vous « obtenez une lettre de Clémence Hervé en réponse à vo- « tre dédicace, je paierai votre manuscrit deux ou trois « cents francs de plus, selon la longueur de la lettre. »

— Peste ! tu as raison, major... cette dédicace a son prix ! Maintenant, quelle est la seconde raison de l'hommage de ton roman : *L'amour au galop*, à ton ennemie mortelle ?

Cette seconde raison ou plutôt la cause principale de la démarche de Virginie Robertin, était de s'introduire, ainsi qu'elle le disait, dans la place ennemie, afin de juger de l'effet produit sur Philippe par les agaçantes œillades qu'elle lui lançait depuis huit jours, et de reconnaître si, comme elle n'en doutait pas, la lecture du *Nouveau Chérubin* avait porté ses fruits ; mais, malgré son superbe dédain des velléités jalouses de son mari, ne jugeant pas à propos de l'instruire du motif qni la conduisait chez l'illustre femme de lettres, madame Robertin répondit ce qui d'ailleurs était vrai :

— Le hasard veut que nous soyons voisins de Clémence Hervé, il nous faut profiter de ce hasard ; le monde est si bête, si moutonnier dans ses admirations, que cette femme-là est très-considérée : nous nous introduisons chez elle, grâce à l'hommage de mon livre, il en résultera entre nous et elle des relations suivies ; or, aux yeux des imbéciles, ça a toujours très-bon air de pouvoir jeter dans la conversation : « — L'autre jour, Clémence Hervé me disait « cela... ou bien Philippe Hervé, le jeune statuaire, déjà « si célèbre, me disait ceci... » La considération, le respect dont on entoure si stupidement ces gens-là rejaillit sur vous, et les gobe-mouches de se dire en vous regardant avec déférence : — Virginie Robertin va chez Clémence Hervé. — Cela pose... et impose !

— Satané major ! es-tu roué ! es-tu roué ! Quels profits tu auras tirés de cette dédicace... et surtout de la réponse de Clémence Hervé... Ah dame! c'est que cnaque ligne de celle-là et de quelques autres, c'est de l'or en barre... Te rappelles-tu que ton libraire nous disait l'autre jour: *Clémence Hervé, George Sand,* madame *Emile de Girardin, Daniel Stern* et *Maria Saint-Clair,* voilà, chacune en son genre, cinq princesses de la littérature!! On leur envoie, à celles-là, des traités en blanc tout signés; elles fixent elles-mêmes le prix de leurs œuvres... Maria Saint-Clair surtout... — Et se mettant à rire aux éclats, M. Robertin ajouta : — Ah... ah... ah... quand je pense que, grâce à ton feuilleton où tu l'as encore démolie, Maria Saint-Clair passe pour un ex-garçon épicier... *Maurice Albert Lemaheuc!* quelle bonne farce!! Et surtout quel aplomb! car enfin, major, entre nous, tu ne sais pas plus que moi si cette Maria Saint-Clair est un homme ou une femme... puisque personne ne la connaît!

— Je suis certaine, moi... que c'est une femme.

— Et d'où diable peut te venir cette certitude?

— Elle me vient de l'antipathie, de l'aversion que m'inspire cette mystérieuse fabricante de rapsodies! Ai-je été assez longtemps impatientée, révoltée, tympanisée par les louanges décernées au génie de cette maniaque! Sans compter les suppositions à perte de vue sur sa sagesse, sur sa beauté... une pareille muse devant être évidemment jeune et ravissamment belle... aussi ai-je donné nn coup d'épingle dans le ballon de ces sottes imaginations et de ces non moins sottes admirations, en affirmant que cette muse au front étoilé, que cet ange aux ailes d'azur n'avait aucun talent, et n'était autre qu'un certain Lemaheuc, ex-garçon épicier: j'ai mis de plus au défi la prétendue Maria Saint-

Clair de nier le fait, déclarant d'avance que je regarderais son silence comme une preuve de la réalité de ce que j'avançais.

— C'était adroit, car Maria Saint-Clair, ayant sans doute de graves motifs pour rester inconnue, n'a soufflé mot et t'a donné gain de cause... Les uns croient à l'existence de Maurice-Albert Lemaheuc... et les autres n'osent dire ni oui ni non...

— Mon feuilleton n'eût-il eu pour résultat que de jeter le doute dans les esprits, j'en serais satisfaite — répondit madame Robertin avec un sourire d'envie haineuse et triomphante. — J'ai jeté un soupçon de ridicule sur l'ange de poésie!! Les crétins pourront l'admirer comme poëte... quoique je l'aie outrageusement démolie; mais l'idéaliser comme femme?... je les en défie maintenant!!... ils craindront toujours, malgré eux, de voir l'adorable muse de leurs rêves se métamorphoser en un gaillard joufflu, barbu... dont les grosses pattes rouges sont encore imprégnées des suaves parfums du savon et de la chandelle qu'il débitait naguère à Boston...

— Ah! ah! ah! major, quelle dent tu as! amour de vipère! Personne n'échappe à tes morsures ni... les Maria Saint-Clair, ni les Clémence Hervé... Ce qu'il y a de plus drôle, c'est que celle-ci sera ta dupe... — Et M. Robertin ajouta d'un ton parfaitement dégagé en jetant sur sa femme un coup d'œil furtif et sournois : — A propos... le fils de cette bégueule... dont tu te moques si joliment, a déjà, quoique fort jeune... un grand talent... car il me semble t'avoir entendu dire qu'il était jeune... notre voisin?

— Oui — répondit Virginie Robertin, jetant sur son

mari un regard pénétrant — il a dix-huit ans, et il est, dit-on, beau comme un ange...

— Hum... — fit M. Robertin, d'un air de plus en plus indifférent. Et il ajouta, s'efforçant de rire : — Ce gaillard-là te servira peut-être un jour de héros pour un nouveau roman? Hé hé... qui sait?

— Cela pourrait bien arriver, car je n'ai pas encore mis en scène un jeune statuaire, uniquement épris de son art... mais, — ajouta la femme de lettres, regardant fixement son mari — pourquoi cette question, s'il vous plaît?

— Pourquoi?... afin de me préparer à admirer un nouveau chef-d'œuvre sorti de la plume de mon major adoré... qui enfonce et enfoncera toutes les femmes de lettres, à commencer par Clémence Hervé ! Avec quel orgueil je vois ta renommée aller toujours grandissant... Tu as six pieds, major !! tu en auras douze... tu deviendras une géante, un colosse... Hélas, pourquoi faut-il...

— Achevez...

— Tu vas te fâcher?

— Achevez... achevez.

— Ce que j'en dis... major... ce n'est pas pour moi.

— Enfin... voyons... expliquez-vous clairement.

— Eh bien, je te le jure... il est véritablement humiliant pour toi, que l'on dise dans le public : « Est-il croyable, « est-il possible que le mari de ce fameux major Fredène, « qui écrit chef-d'œuvre sur chef-d'œuvre, soit un misérable « employé de bureau... c'est honteux, c'est dégoûtant !! »

— Ah ! — reprit madame Robertin, se contenant — ah !... vous croyez que l'on dit cela?

— Si je le crois?... mais figure-toi donc que c'est un *tolle* général! cela te fait un tort immense... ton génie n'empêche pas que tu sois la femme d'un malheureux employé... toi!! toi qui devrais avoir un prince pour époux... si le ciel était juste... il y aurait donc pour ton amour-propre un énorme avantage, sous toutes sortes de rapports, à ce que je ne mette plus les pieds dans cet affreux bureau où je... me...

— Je vous attendais là, monsieur; en vérité, la ténacité de votre paresse égale seule votre outrageante jalousie... Voyez comme... à la pensée que le fils de Clémence Hervé deviendra peut-être pour moi un sujet d'étude littéraire... vous revenez, par mille détours hypocrites, à votre chimère favorite : ne plus aller à votre bureau... afin de m'épier honteusement!

— Major... tu te méprends... je... ne...

— Taisez-vous... voilà Clémence Hervé — dit impérieusement à son mari Virginie Robertin, en voyant entrer dans le salon Philippe et sa mère.

XVII

Le grave et tendre entretien de Clémence Hervé et de son fils près du tombeau paternel avait eu les résultats qu'elle espérait; la sagesse, la douceur pénétrante de ses paroles, la solennité du lieu, le profond attachement de Philippe pour sa mère, l'habitude de voir en elle un guide suprême, les touchants souvenirs qu'elle évoquait, le ramenèrent à de saines idées ; son esprit troublé, ses sens agités par les ferments d'une lecture dangereuse, s'apaisèrent ; il parvint à chasser de sa pensée la séduisante image de l'inconnue que, plusieurs fois, il avait vue depuis quelques jours dans le jardin voisin, et qui lui semblait personnifier le sensualisme de cette folle vie d'aventures retracée avec tant de verve dans le *Nouveau Chérubin*. Philippe, rougissant de son entraînement passager, éprouva donc la salutaire influence des conseils de Clémence Hervé ; réconforté, rasséréné, il se promit résolûment, sincèrement, de chercher, de trouver l'oubli des tentations perverses dans ses travaux habituels, dans l'affection de sa mère, et un jour peut-être de goûter le charme de ce chaste et digne amour dont elle lui peignait les ravissements.

Mais, hélas ! Philippe sentit ses bonnes résolutions chanceler à l'aspect de Virginie Robertin qu'il rencontrait inopinément dans le salon de sa mère, et qui, vue de près, lui paraissait encore plus jolie que de loin ; le jeune homme rougit, en recevant le choc électrique d'un coup d'œil hardi que lui lança madame Robertin, lorsqu'il entra sur les pas de Clémence Hervé. Celle-ci surprit ce coup d'œil dont l'expression ne put échapper à sa sagacité de femme et de mère ; puis soudain, elle se souvint d'avoir, le matin, entrevu à travers les arbres du jardin sur lequel s'ouvrait la fenêtre de l'atelier de Philippe, une femme dont elle ne put distinguer les traits ; l'embarras croissant de son fils, le regard qu'elle venait de surprendre furent pour elle presque une révélation, et, soupçonnant Philippe d'être épris de cette voisine inconnue, Clémence Hervé sentit ses alarmes renaître, augmenter à mesure qu'elle remarquait l'effronterie à peine contenue de cette jeune et jolie femme dont elle ignorait le nom, et de qui l'attitude décidée, ce je ne sais quoi qui se trahit aux yeux exercés de l'observateur, semblaient annoncer une extrême facilité de mœurs et les habitudes de la mauvaise compagnie.

— Ah! — se disait Clémence Hervé — tout à l'heure encore, j'étais certaine de soustraire mon fils à l'influence d'une funeste lecture, mais maintenant je tremble, en découvrant combien le péril de cette lecture s'aggrave, si elle a pour auxiliaire une femme séduisante et dépravée. Mais quelle est cette femme? et si le jugement que je porte sur elle ne me trompe pas, comment-a-telle l'audace de se présenter chez moi!

XVIII

Les réflexions précédentes, rapides comme la pensée, s'étaient offertes à l'esprit de Clémence Hervé durant le court intervalle qu'elle mit à s'avancer du seuil du salon jusques auprès de Virgine Robertin; celle-ci, suivie de son mari, qui attachait sur Philippe un regard curieux, attentif et sournois, alla au-devant de la maîtresse de la maison.

— Madame, — dit froidement Clémence Hervé, — puis-je savoir à qui j'ai l'honneur de parler?

— Madame, — répondit madame Robertin en faisant une profonde révérence, tandis que son mari placé derrière elle saluait coup sur coup, — j'ai pris la liberté de me présenter chez vous, en qualité de nouvelle voisine, et j'oserais ajouter de collègue... s'il n'existait pas une incommensurable distance entre mes modestes essais et les œuvres si justement illustres dues à votre génie, célèbre dans le monde entier ; aussi me faut-il, madame, compter beaucoup sur votre indulgence, pour vous prier de vouloir bien agréer l'hommage de l'un de mes derniers ouvrages.

Ce disant, Virginie Robertin remit à l'illustre femme de lettres les deux volumes qu'elle prit des mains de son mari qui, saluant de nouveau coup sur coup, et ne cessant d'examiner Philippe, gonfla ses joues, et dit avec un triomphant orgueil en désignant les livres que Clémence Hervé venait de recevoir et qu'elle déposait sur une table placée près d'elle :

— Madame, ce roman est intitulé : *L'amour au galop*, par le major Fredène, née Virginie Dutillet... femme Robertin ; — et se rengorgeant, il ajouta avec complaisance : — le major est ma femme.

XIX

Un moment de silence expressif succéda, parmi les acteurs de cette scène, à l'hommage du livre offert par Virginie Robertin à Clémence Hervé. Celle-ci, d'abord frappée de stupeur, tressaillit bientôt de dégoût, d'indignation et de crainte. Cette jeune femme qui s'introduisait si cavalièrement dans une maison étrangère, sous prétexte de voisinage et de confraternité littéraire, était l'auteur de l'ouvrage immoral dont Philippe avait déjà ressenti l'action malfaisante; cette jeune femme, dont sans doute il ignorait jusqu'alors le nom et la triste illustration littéraire, l'avait séduit par les charmes de sa personne, et elle osait audacieusement pénétrer dans une maison respectée, respectable, afin de faciliter sans doute ses amours adultères, et rendait son mari témoin, complice ou dupe de tant d'impudeur.

Cependant un seul espoir restait à Clémence Hervé : son fils, ainsi qu'il venait de l'en assurer quelques moments auparavant, fermement résolu de revenir aux habitudes de sa vie passée, après un moment de dangereuse ivresse, devait, en reconnaissant dans Virginie Robertin l'auteur du *Nouveau Chérubin*, ressentir dès lors pour elle autant de mépris que de répulsion. Il n'en fut pas malheureusement ainsi.

Philippe, apprenant que cette femme charmante dont la vue et les provocantes œillades l'avaient si vivement impressionné, était l'auteur de ces pages tour à tour joyeuses, libertines ou brûlantes, pensait, en la jugeant d'après ses œuvres, qu'elle devait joindre à ses attraits un esprit original plein de sel, de mordant et de gaieté ; un caractère hardi, follement aventureux ; aussi, dans son ardeur amoureuse, de nouveau l'esprit du jeune homme se troubla, son sang de nouveau s'embrasa ; les sages résolutions éveillées naguère en lui, à la voix de sa mère, s'évanouirent comme un songe attristant, et se livrant dès lors au plus doux espoir, cherchant à s'excuser, ou plutôt à s'abuser à ses propres yeux, il vit, dans la démarche de la femme de lettres auprès de Clémence Hervé, une preuve de respect et d'admiration, dont il fut profondément touché. se félicitant surtout des rapports suivis qui se noueraient sans doute entre sa mère et madame Robertin, ensuite de leur voisinage et de leurs relations littéraires, oubliant déjà, dans le ravissement de son espoir, avec quelle énergie Clémence Hervé avait flétri le *Nouveau Chérubin* et l'auteur de ce livre érotique.

Madame Robertin triomphait ; elle remarquait l'indignation et l'alarme à peine contenues que sa présence inspirait à la mère de Philippe ; elle remarquait aussi l'ineffable et amoureuse espérance dont brillaient les yeux du jeune homme ; enfin, M. Robertin, tantôt se réjouissant des avantages littéraires et matériels que devait procurer au major Fredène sa démarche auprès de Clémence Hervé, se souriait à lui-même avec complaisance ; tantôt, s'abandonnant au contraire aux invincibles pressentiments d'une jalousie dont il osait à peine témoigner le ressentiment, il observait Philippe avec une pénible appréhension ; la physionomie ridicule de M. Robertin, ordinairement craintive, débonnaire ou stupide, prenait alors une expression si douloureuse, qu'il pouvait inspirer quelque pitié.

XX

Clémence Hervé, trop pénétrée de ce qu'elle se devait à soi-même pour donner librement cours, devant son fils, aux vives émotions que lui inspiraient la présence et les projets de madame Robertin, déposa sur une table les deux volumes intitulés *L'amour au galop*, et, restant debout, afin de ne pas engager cette étrange visiteuse à s'asseoir, elle lui répondit avec une froideur glaciale :

— Je ne saurais, madame, refuser le livre que vous prenez la peine de m'apporter, mais mes occupations ne me permettront pas de le lire.

— Ah! madame, quel dommage pour vous! — reprit M. Robertin, tour à tour dominé par ses instincts jaloux et par son admiration pour sa femme ; — vous trouveriez, madame, dans l'*Amour au galop* un certain coquin de *capitaine Grand-Manche*, qui...

— Ah! madame, je me reprocherais comme un crime d'apporter la moindre distraction à vos travaux, qui font l'admiration du monde... — reprit humblement Virginie Robertin, interrompant son mari... — permettez-moi cependant d'espérer encore que peut-être, un jour, vous daignerez jeter les yeux sur l'œuvre bien imparfaite que je m'estime si heureuse de vous offrir; alors vous daignerez me dire ce que vous pensez de ce livre; l'approbation d'un génie aussi illustre que le vôtre, si toutefois, madame, j'avais le bonheur de la mériter, serait pour moi une récompense et un encouragement; si, au contraire, vous portiez, madame, sur mon livre un arrêt sévère, j'accepterais vos critiques avec la déférence, avec la docilité qui leur sont dues, et nos relations de bon voisinage deviendraient pour moi doublement précieuses, en me permettant de profiter de vos bienveillants et excellents conseils...

— Madame, — dit vivement Clémence Hervé, — je ne...

— Pardon, mille fois pardon, madame, de la liberté que je prends de vous couper la parole — se hâta de dire Virginie Robertin; — de grâce, un mot encore, si vous le permettez : je ne suis pas au bout de mes indiscrétions; il faut, madame, que vous m'autorisiez à vous d dier... à placer, en un mot, sous votre haut patronage un livre actuellement sous presse, et intitulé : *Tout pour le plaisir.*

— *Tout pour le plaisir* — ajouta M. Robertin, glorieux de se montrer confident des œuvres de s . femme. — *Tout pour le plaisir* est le refrain d'une petite diablesse de *Turlurette* qui...

— Madame — ajouta Virginie, interrompant de nouveau son mari — j'ose espérer qu'en acceptant la dédicace de : *Tout pour le plaisir*... vous daignerez me favoriser de quelques lignes de réponse, qui, placées en tête de mon livre, seraient pour moi une illustration, et pour mon ouvrage un gage certain de succès.

Madame Robertin prononçait ces derniers mots d'une voix insinuante, lorsque Philippe, qui l'avait écoutée avec un vif intérêt, et ajoutait ingénument foi aux sentiments d'admiration et de respect dont elle offrait le témoignage hypocrite à Clémence Hervé, crut que celle-ci, par oubli involontaire, négligeait d'inviter son admiratrice à s'asseoir; il avança poliment deux siéges, où s'empressèrent de prendre aussitôt place M. et madame Robertin; celle-ci, d'un coup d'œil enchanteur, remercia le jeune homme, et lui dit d'une voix caressante :

— Mille remercîments, monsieur; cette prévenance de la part d'une personne dont j'aime si passionnément le talent, m'est doublement agréable. — Puis, souriant, elle reprit à demi-voix et d'un ton familier : — Tenez, monsieur Philippe, puisque je suis en train d'être outrageusement indiscrète, je solliciterai de vous une grâce, après en avoir sollicité une de votre illustre mère... je serais heureuse et fière que vous voulussiez bien modeler mon portrait en buste...

— Hem!... hem!... — fit à cette proposition M. Robertin, dont les traits se rembrunirent soudain ; puis ils parurent s'épanouir sous un rapide et impérieux regard de la femme de lettres, et il reprit avec un sourire forcé : — Cette gloire manquait au major... son buste se vendra sur les quais... aussi, monsieur Philippe, vaudrait-il mieux, ce me semble, que le major posât pour vous habillé en homme... hem... hem... et non comme femme... car...

Un nouveau regard de Virginie Robertin interrompit son mari, et Philippe, rougissant de bonheur, répondit à la femme de lettres :

— Madame, l'œuvre que vous me faites la grâce de me demander sera peut-être au-dessus de mes forces... mais, du moins, je la tenterai...

— Combien vous êtes aimable... A demain donc, notre première séance... je serai dans votre atelier à dix heures du matin — répondit vivement madame Robertin. Et, affectant de céder à un mouvement de cordiale reconnaissance, elle tendit sa main nue au jeune statuaire, qui la prit en tremblant et tressaillit lorsqu'il la sentit presser doucement la sienne.

XXI

Clémence Hervé, voyant avec un vif et secret mécontentement son fils, cédant d'ailleurs à un sentiment de politesse convenable, offrir un siége aux époux Robertin, et ainsi les mettre à même de prolonger un entretien dont elle voulait, pour mille raisons, hâter le terme, Clémence Hervé pouvant à peine croire à ce qu'elle voyait, à ce qu'elle entendait, avait d'abord gardé le silence. Certes, sa modestie égalait son génie, mais cependant elle avait assez conscience de la valeur morale de ses œuvres pour se demander par quelle aberration d'esprit ou par quel excès d'impudence l'auteur du *Nouveau Chérubin*, après avoir provoqué Philippe à la lecture de ce livre érotique en le lançant dans son atelier, osait lui proposer à elle, Clémence Hervé, la dédicace d'un roman intitulé : *Tout pour le plaisir*, et solliciter, en retour de cet hommage, une lettre publique de félicitation et remercîments; enfin, l'effronterie de cette femme osant, en présence de son mari, donner au jeune statuaire, sous prétexte de lui servir de modèle, un rendez-vous pour le lendemain, obligea l'illustre femme de lettres d'abord stupéfaite de voir, si cela se peut dire, les choses s'engager si vite et marcher si rapidement, de se montrer durement explicite; elle hésita d'autant moins devant ce parti décisif, que son silence fut étrangement interprété par madame Robertin qui, s'adressant très-délibérément à Philippe :

— J'ose espérer que, selon ce vulgaire adage : « Qui ne dit rien consent, » madame Clémence Hervé, daignant me témoigner autant de bienveillance que son fils, acceptera la dédicace de mon nouveau roman, et qu'elle y répondra par quelques précieuses lignes de sa main; cette réponse, rendue publique, serait pour moi, je me plais à le répéter, un sûr garant de succès pour mon nouveau roman : *Tout pour le plaisir*.

— Madame, — répondit Clémence Hervé d'une voix haute et ferme, en jetant sur Virginie Robertin un regard sévère, — je ne saurais accepter la dédicace de votre livre et vous donner une preuve publique de sympathie ou de considération.

— Serait-il indiscret, madame, de vous demander la cause d'un refus dont je suis aussi surprise qu'affligée !... — reprit madame Robertin, feignant un profond étonnement et cachant sa secrète irritation sous une apparence de tristesse résignée dont Philippe fut dupe, car il se dit :

— Pauvre femme!! son chagrin, sa confusion me navrent! Avec quelle dureté ma mère, ordinairement si polie, si bienveillante, accueille une marque de déférence toujours flatteuse pour qui en est l'objet...

— Madame, — reprit Clémence Hervé, — vous désirez connaître la cause du refus que je viens de vous exprimer?

— Oui, madame, — répondit Virginie Robertin en s'inclinant avec respect et jetant sur Philippe un long regard dont il se sentit profondément attendri.

— Madame, — dit Clémence Hervé, — vous êtes l'auteur d'un livre intitulé : *Le Nouveau Chérubin?*

— C'est l'un de mes derniers ouvrages, madame.

— Un... hasard avait jeté ce livre dans l'atelier de mon fils, — reprit Clémence Hervé en lançant un regard significatif à la femme de lettres, — et, par hasard, j'ai ouvert ce livre...

— Peut-être avez-vous daigné y jeter les yeux, madame?

— J'ai fait mieux, j'ai eu le courage de lire cet ouvrage jusqu'à la fin...

— Mon œuvre très-imparfaite aura sans doute déplu à...

— Imparfaite?... Non, madame, — dit Clémence Hervé, interrompant Virginie Robertin ; — votre œuvre, en son espèce, est de tout point accomplie... Elle bafoue tous les généreux sentiments, elle glorifie tous les instincts pervers, elle exalte tous les appétits grossiers ; quant à la licence des tableaux dont cette œuvre fourmille... je ne saurais en parler... une honnête femme, devant certaines peintures, rougit, détourne la tête, passe et ne dit mot...

— Mon Dieu, madame, — dit Virginie Robertin avec une surprise hypocrite, — j'aurais donc, à mon insu, écrit un livre terriblement dangereux?

— Oh! rassurez-vous, madame... Si flatteuse que soit, pour certains esprits, cette créance : qu'ils sont doués d'un génie malfaisant, devant lequel la raison, la vertu, avouent en tremblant leur impuissance, il ne faut point laisser ces esprits-là dans une erreur si chère à leur méchant et ridicule orgueil. Certes, l'organisation la plus saine peut subir momentanément l'influence d'un breuvage vénéneux ou aspirer les miasmes d'une exhalaison fétide ; mais, grâce à Dieu, tout poison a son contre-poison : un souffle d'air pur suffit à désinfecter l'atmosphère ; or, le poison ou le miasme doivent, madame, renoncer à la prétention d'exercer une influence durable, et, modestement résignés, se contenter de donner des nausées, de causer quelques instants de vertige et autres accidents éphémères, d'une guérison certaine. Mais revenons, madame, à votre roman : *Le Nouveau Chérubin*, et afin de vous rassurer complètement sur la dangereuse influence qu'il vous plaît de lui supposer, je vous citerai un fait très-significatif. Mon fils a lu ce livre...

— Vraiment, monsieur Philippe? — reprit impudemment Virginie s'adressant au jeune homme. — Vous avez lu le *Nouveau Chérubin*; hé bien!... franchement, que pensez-vous de cette œuvre qui, à mon insu, et je le regrette profondément, exhale une si vénéneuse corruption?

Philippe, très-embarrassé, rougit, baissa les yeux, balbutia, et sa mère répondit à Virginie Robertin :

— Voilà, madame, ce que mon fils me disait tout à l'heure: « En vérité, ma mère, en me souvenant que j'ai subi l'in« fluence de ce roman sans talent, sans style, sans obser« vation, où tout est faux, impossible, passions, caractères, « événements... de ce roman d'un sensualisme grossier, « où s'étalent à chaque page ces banalités sceptiques, ces « vieilleries cyniques, dont le plus simple bon sens a fait « depuis longtemps justice, je me demande comment un « pareil livre a pu exercer, non sur mon cœur, mais sur « mon esprit, une certaine action, et je crois avoir été le « jouet d'un mauvais rêve... Heureusement, pour le dissi« per, pour me rappeler aux principes de toute ma vie, il a « suffi de quelques-unes de vos paroles. »

— Ah! ma mère ! — s'écria Philippe, pourpre de dépit et de confusion — c'est abuser de...

— Abuser d'un aveu qui honore ton esprit et ton cœur, cher enfant?... Loin de regretter nullement mon indiscrétion, je m'en applaudis; madame comprendra maintenant sans doute les motifs qui s'opposent à ce que j'accepte la **dédicace de son nouvel ouvrage**, dont le titre seul: *Tout* *pour le plaisir* est parfaitement significatif; madame, enfin, comprendra qu'elle et moi suivons dans notre carrière littéraire des voies tellement opposées, qu'aucun sujet de rapprochement ne saurait jamais exister entre nous... malgré notre voisinage...

— Ah! ma mère est impitoyable — se disait Philippe, de plus en plus touché de l'humble résignation avec laquelle Virginie Robertin, silencieuse et triste, semblait écouter les paroles sévères de Clémence Hervé, tandis que M. Robertin pensait à part soi:

— Je n'en reviens pas, le major reste coi! Il se laisse adresser les reproches les plus durs par cette bégueule... ça va se gâter... le major, à bout, va montrer ses griffes. A bon chat bon rat... — Et, après un moment de réflexion: — Nous perdons les deux ou trois cents francs que le major espérait tirer de la lettre de Clémence Hervé... mais ce joli garçon... Tout compte fait, j'aime mieux cela !!

XXII

Clémence Hervé, après avoir signifié à madame Robertin que, malgré leur voisinage, aucune relation ne pouvait exister entre elles, s'attendait au départ de cette effrontée créature; mais celle-ci ne bougea, et dissimulant sa rage et sa haine exaspérées jusqu'à leur dernière puissance par la juste flétrissure dont la mère de Philippe venait de la stigmatiser, Virginie Robertin reprit avec un redoublement de déférence hypocrite :

— Hélas ! je le reconnais, madame, après le jugement porté sur mes œuvres par vous et par M. Philippe..;

— Madame — dit vivement le jeune artiste — de grâce, ne pensez pas que...

— Ne récusez pas votre jugement, monsieur, reprit Virginie Robertin avec un doux sourire. — Ce jugement... je l'accepte... parce qu'il est aussi celui de votre illustre mère. Oui, je l'avoue, ce que j'oserai appeler mon talent... seulement par nécessité de comparaison, s'est montré jusqu'ici, botté, éperonné, l'épée au côté, le plumet sur l'oreille; hardi, galant, il ressemblait assez à un page échappé... cherchant de loin, de bien loin, à marcher sur les traces de LORD BYRON, dans son *don Juan*, d'ALFRED DE MUSSET, dans ses *Contes d'Espagne et d'Italie*, ou bien encore de MÉRIMÉE, dans son théâtre de *Clara Gazul*... et...

— Il est inutile, madame, d'entreprendre ici une discussion littéraire — dit impatiemment Clémence Hervé. — Je vous ai dit, et vous m'obligerez à vous répéter, madame, qu'il m'est impossible d'accepter la dédicace de votre roman, et puisque cette offre était l'unique motif de la visite que vous avez bien voulu me faire... — ajouta Clémence Hervé en adressant à Virginie Robertin une demi-révérence qui signifiait : « Votre visite n'ayant plus de mo-« tif, veuillez me laisser seule, » — je terminerai cet entretien, peut-être trop prolongé, en vous assurant, madame, que, sans la circonstance que vous avez fait naître et que je n'aurais jamais cherchée, il ne me serait pas venu à la pensée de critiquer vos œuvres.

— Ah ! madame... ne regrettez pas cette critique si franche, si salutaire ! — répondit Virginie Robertin, ne bougeant de son fauteuil et lançant un regard expressif à Philippe qui semblait au supplice. Puis elle reprit d'un ton pénétré de reconnaissance : — Combien, au contraire, madame, je vous sais gré de votre franchise... ce noble apanage du génie... Elle me frappe, m'éclaire... elle est pour moi une révélation... Oui, depuis que je suis ici, dans ce sanctuaire des plus nobles inspirations, il me semble que je me suis transformée. — Ce disant, la femme de lettres jeta de nouveau un regard expressif à Philippe. — Oh ! merci à vous, madame ! merci ! vous l'avez dit : rien de plus éphémère que la durée de ces aspirations perverses que vous compariez avec une saisissante énergie à un breuvage empoisonné ou à des miasmes méphitiques... Vous l'avez dit : tout poison a son contre-poison, un souffle d'air pur suffit à désinfecter l'atmosphère ! Moi aussi, à la voix irrésistible du génie, de la vertu, je crois, ainsi que M. Philippe, sortir d'un mauvais rêve en me rappelant le déplorable emploi de mes modestes facultés littéraires... Ah ! je le jure, mettant désormais à profit vos critiques, madame, je chercherai mes inspirations dans l'amour du bien, du juste et de la morale éternelle. Tout à l'heure, je comparais mon talent à un jeune page amoureux du plaisir... mais votre heureuse influence a pénétré l'âme du jeune page, plus étourdi, plus mal élevé que méchant, croyez-le bien, madame ; aussi, confus, repentant, il rougit de ses folies passées... n'a plus qu'un seul désir... mériter votre estime... j'oserai dire votre affection — ajouta Virginie Robertin, appuyant sur ces derniers mots et jetant à Philippe un regard furtif et passionné. — Vous m'avez métamorphosée, madame, je ne m'appartiens plus...

— Je tombe de mon haut — disait M. Robertin stupéfait;
— le major est converti, il va se faire capucin... c'est sûr!!

XXIII

Clémence Hervé, devinant le motif de la feinte conversion de Virginie Robertin, s'alarmait en remarquant sur les traits de son fils l'intérêt croissant que l'adroite hypocrite lui inspirait, car bientôt celui-ci s'écria d'une voix émue :

— Oh! ma mère, peut-il être pour vous un plus doux triomphe que celui dont vous jouissez aujourd'hui en entendant madame...

— Mon cher enfant... tu t'abuses — reprit froidement Clémence Hervé interrompant son fils; — madame ne pense pas un mot de ce qu'elle vient de dire... — Et jetant sur l'auteur du *Nouveau Chérubin* un regard dédaigneux et sévère : — Cette triste comédie a trop duré, madame... Je sais le véritable but de votre visite ici... Je sais pourquoi vous simulez un retour à des sentiments meilleurs... je sais quel espoir vous fondez sur ce semblant... mais votre espoir sera déçu, je vous l'affirme... vous devez me comprendre?

— Non, madame, non, à mon grand regret, je ne vous comprends pas — répondit doucement madame Robertin avec un accent de surprise parfaitement jouée ; — aussi, j'oserai vous supplier de vous expliquer plus clairement.

— Madame — répliqua l'illustre femme de lettres, contenant à peine son indignation — c'est pousser loin l'audace.

— Ah! ma mère! — s'écria Philippe d'un ton de douloureux reproche — cette parole est cruelle... Quoi! madame accepte vos critiques avec la déférence qu'elles méritent... elle s'empresse de reconnaître la justesse de vos conseils et vous promet de les suivre... cependant vous semblez douter de...

— Mon fils... je crois à ce qui est croyable, j'estime ce qui est estimable... je méprise ce qui est méprisable... fiez-vous à mon jugement.

— J'ai toujours respecté vos jugements, ma mère, parce que toujours ils étaient basés sur la vérité, sur la justice; mais, je vous le déclare avec douleur, je ne reconnais pas aujourd'hui votre équité habituelle... — reprit Philippe, cédant à une irritation croissante et ajoutant une foi ingénue à la soudaine métamorphose de madame Robertin, dont il subissait de plus en plus le charme décevant. — Je vous en conjure, ma mère — reprit le jeune homme — renoncez à des préventions inexplicables, qu'il m'est impossible de partager.

— Mon fils... mieux éclairé, vous regretterez ces paroles.

— Je ne le pense pas... ma mère...

— De grâce, monsieur Philippe, pas un mot de plus — dit vivement et en se levant madame Robertin. — Je me reprocherais toujours d'avoir été, même involontairement, la cause du plus léger désaccord entre votre noble mère et vous... Et s'adressant à Clémence Hervé avec un redoublement de respectueuse humilité: — En vain, madame, j'ai cherché la cause de la défiance que vous me témoignez... il me reste un seul espoir, c'est qu'un jour peut-être vous reconnaîtrez combien vos soupçons étaient peu fondés... Quoi qu'il en soit, croyez-le, madame, et vous en aurez bientôt la preuve, le bien que vous avez fait ne sera pas stérile; mes œuvres prochaines, à défaut de talent, seront du moins, par la pensée qui les aura inspirées, dignes de vos conseils... je n'oublierai jamais que cette transformation morale dont je m'enorgueillirai toujours, je l'aurai due à une femme illustre, dont le génie est l'une des gloires de la France, et dont l'admirable caractère honore l'humanité.

Au moment où madame Robertin achevait ces paroles et s'apprêtait à se retirer, la servante entra et dit à haute voix :

— Mademoiselle Héloïse Morand désire parler à madame.

Bientôt Héloïse entra timidement dans le salon de Clémence Hervé.

XXIV

L'expressive et remarquable beauté d'Héloïse Morand, le charme et la modestie de son maintien, frappèrent à la fois, mais à un point de vue différent, madame Robertin et Clémence Hervé; Philippe, absorbé par de pénibles pensées, ne jeta sur la jeune fille qu'un regard distrait. Ce regard qu'elle rencontra la fit légèrement rougir. Elle baissa les yeux, non sans remarquer la noble et attrayante figure du jeune statuaire, quoiqu'elle fût assombrie par de secrètes préoccupations ; enfin, si étrange que cela semble peut-être, Clémence Hervé, dans la disposition d'esprit où elle se trouvait, éprouva, sans se rendre clairement compte de ce sentiment, une sorte de satisfaction confuse en voyant apparaître aux yeux de Philippe cette jeune fille inconnue, dont la beauté céleste, l'attitude timide, pleine de grâce, de distinction naturelle, éclipsaient complétement le minois piquant et effronté de madame Robertin. Celle-ci examinait la nouvelle venue avec une expression de vague et de jalouse inquiétude.

— Madame — dit Héloïse en s'adressant à Clémence Hervé d'une voix délicieusement timbrée — je viens vous apporter mon offrande en faveur de la famille de *Claude Erard...* J'ai saisi avec un empressement peut-être indiscret cette occasion de vous remercier, madame, de m'avoir mise à même de venir en aide à cette grande infortune, dont vous retracez un tableau si navrant et si vrai...

— Mademoiselle — répondit affectueusement Clémence Hervé — je m'honorerai toujours de recevoir des personnes amenées chez moi par des sentiments aussi généreux que celui qui vous guide. — Et l'illustre femme de lettres ajouta séchement en se tournant vers Virginie Robertin :
— Pardon, madame... je désire donner à mademoiselle quelques détails particuliers sur la famille à laquelle elle veut bien s'intéresser...

— Adieu, madame — répondit l'auteur du *Nouveau Chérubin,* en accompagnant ces mots d'une profonde révérence. Puis, regardant Philippe avec tristesse : — Adieu, monsieur... Je vous rends votre aimable promesse au sujet de mon buste...

— Ah! madame, s'il en était ainsi, vous me causeriez un profond chagrin... — dit le statuaire, bravant un coup d'œil expressif de sa mère. — Je vous supplie, au contraire, de vous rappeler que je vous attends demain à dix heures dans mon atelier... Veuillez, madame, me faire l'honneur d'accepter mon bras jusqu'à la porte du jardin...

Virginie Robertin, triomphante, s'empara du bras de Philippe, et, contemplant Clémence Hervé avec une expression de défi haineux à peine dissimulé, elle reprit d'une voix doucereuse :

— En vérité, madame, je n'ai pas le courage de résister à l'aimable insistance de monsieur votre fils... — Et elle sortit, s'appuyant avec affectation sur le bras du jeune homme en se disant : — Malgré moi, la présence de cette belle fille blonde m'inquiète... quoique Philippe ait à peine paru la remarquer... il n'importe... Pour m'emparer sûrement de lui, il me faut brusquer mon dénoûment. Allons de ce pas chez cet huissier retiré, espèce d'usurier qui escompte les billets de mes libraires...

— Au diable le buste! —grommelait M. Robertin, sortant à son tour du salon. — C'est demain lundi... je reprends le collier de misère... je retourne à mon scélérat de bureau... et pendant mon absence, ma femme *posera* pour ce beau garçon... Me voilà derechef le cœur noyé de fiel... Ah! si je n'étais pas si craintif et si bête... mais je le suis craintif et bête... ça ne m'empêche pas de comprendre... hum... hum... qu'il y ait des monstres d'hommes qui s'oublient jusqu'à administrer à leur tendre moitié... un petit peu de mort-aux-rats... ah! dame oui!!!

XXV

Clémence Hervé s'était sentie blessée au cœur de la conduite de son fils. Non-seulement il avait pris la défense de madame Robertin, mais il lui donnait pour le lendemain rendez-vous dans son atelier, oubliait ainsi ses sages résolutions, et, dupe de l'adroite hypocrisie de cette femme corrompue, il en subissait de nouveau la dangereuse influence. Héloïse Morand, ignorant la cause des pénibles préoccupations de la mère de Philippe et du silence qu'elle gardait, lui dit timidement en faisant un pas pour se retirer :

— Je crains, madame, de m'être présentée chez vous... dans un moment inopportun...

— Non, non — reprit presque involontairement l'illustre femme de lettres. — Restez, de grâce, mademoiselle ! je vous l'avoue... je souffre... et il me semble que votre présence... me calme... me fait du bien... — Puis, répondant à un geste de surprise de la jeune fille : — Mes paroles doivent vous paraître étranges, mademoiselle ? pourtant elles sont sincères... oui, quoique j'aie le plaisir de vous voir pour la première fois... les circonstances où je me trouve sont telles, que la présence d'une personne de cœur m'apaise, me repose... Que voulez-vous... — ajouta Clémence Hervé avec un sourire douloureux — je subis la loi des contraires.

— Mais, madame — reprit Héloïse, à la fois interdite et

touchée de cette demi-confidence — je n'ai pas l'honneur d'être connue de vous,

— Le sentiment généreux qui vous conduit ici, mademoiselle, me prouve la bonté de votre cœur.

— Ah ! madame, ne me jugez pas d'après cet acte de charité. Les cœurs les plus endurcis ne sauraient résister à votre appel.

La jeune fille fouillant alors à sa poche en tira les quarante francs que lui avaient remis M. et madame Morand, et de plus, un billet de cinq cents francs. Elle remit cette somme à l'auteur des *Misères sociales*, lui disant :

— Voici, madame, mon offrande et celle de mes parents en faveur de Claude Érard et de sa famille...

— Ah ! mademoiselle, — s'écria Clémence Hervé, les yeux humides de larmes — si quelques âmes généreuses suivent votre exemple, cette pauvre famille est sauvée !

Mais bientôt, frappée de certaine particularité qu'elle remarquait dans le billet de banque dont Héloïse venait de lui faire offrande, Clémence Hervé le contempla très-attentivement, réfléchit, tressaillit soudain, et jetant un regard profondément étonné sur la jeune fille, elle parut lutter contre un doute secret, continua d'examiner silencieusement avec une curiosité croissante le billet de banque ; très-froissé, très-délabré par un long usage, il était parfaitement reconnaissable en cela que, précédemment lacéré, ses deux fragments avaient été réunis, collés et juxtaposés sur une étroite bande de papier fin, d'un rose vif et qui leur servait de suture : ce papier provenait de l'un de ces prospectus satinés, que les libraires placent parfois dans l'intérieur de livres qu'ils vendent ; or, par un hasard singulier, ce prospectus avait été celui des œuvres de Clémence Hervé dont on pouvait encore lire le nom, sur l'étroite bande rose, visible au verso du billet de banque.

Héloïse très-surprise, presque confuse de l'examen attentif, muet et prolongé auquel se livrait l'illustre auteur des *Misères sociales*, rougissait d'embarras ; cet embarras augmenta, lorsque Clémence Hervé lui dit, en la regardant fixement :

— Mademoiselle... daignez me permettre une question, très-singulière et plus qu'indiscrète peut-être ?

— Quelle question, madame ?

— En vérité, j'hésite à vous l'adresser, mais si vous saviez quels souvenirs la vue de ce billet de banque éveille en moi.

— Quoi ! ce billet ?

— J'étais d'abord presque certaine de l'avoir reconnu à ses deux fragments collés sur cette bande de papier rose... mais en retrouvant mon nom, imprimé sur ce débris d'un prospectus de mes œuvres, il m'est impossible de conserver le moindre doute... et...

— Madame — dit Héloïse ne pouvant concevoir quel intérêt Clémence Hervé attachait aux remarques qu'elle signalait — achevez, de grâce !

— Encore une fois, mademoiselle, excusez l'extrême inconvenance de ma question... et si, toutefois, vous jugez convenable d'y répondre... pourriez-vous me dire... comment ce billet de banque se trouve en votre possession ?

Héloïse tressaillit à son tour ; son céleste visage s'empourpra d'abord, puis il pâlit ; elle baissa les yeux, parut en proie à une vive angoisse et balbutia d'une voix tremblante :

— Je... je... ne me souviens pas, madame... de qui j'ai reçu ce billet.

— C'est elle ! — s'écria Clémence Hervé avec un accent d'enthousiasme — plus de doute ! son trouble la trahit... c'est elle !...

XXVI

A ces mots : *c'est elle !* mots qui semblaient échappés à la surprise et à l'admiration de Clémence Hervé, la jeune fille pâlit, rougit de nouveau, et ne put contenir un mouvement de frayeur; mais s'efforçant de dominer son émotion, elle reprit d'une voix assez ferme :

— Pardon, madame... je ne comprends pas le sens de votre exclamation?

— Mademoiselle, — dit l'illustre femme de lettres, — il y a peu de jours, je me trouvais chez mon libraire, M. Dubreuil... Il est aussi l'éditeur des œuvres d'une personne dont le génie s'est dernièrement révélé dans deux publications qui ont eu un retentissement extraordinaire... je veux parler des poésies de *Maria Saint-Clair* — ajouta Clémence Hervé en regardant fixement Héloïse qui baissait les yeux. — Déjà plusieurs fois, cédant moins encore à la curiosité qu'à une profonde sympathie pour l'admirable talent d'un poëte dont le renom était devenu si célèbre, j'avais en vain demandé sur lui des renseignements à M. Dubreuil, toujours impénétrable à ce sujet; mais un jour, me trouvant dans son cabinet, nous causions; et tout en causant, il ajustait et collait sur une bandelette de papier rose, empruntée à l'un des prospectus de mes ouvrages... les fragments d'un billet de banque déchiré en son milieu. Cette circonstance, très-insignifiante en apparence, m'est tout à l'heure revenue à la pensée, mademoiselle, lorsque j'ai reçu de vous ce papier-monnaie si parfaitement reconnaissable... Mes soupçons se sont alors éveillés... car, croyez-le... en lisant avec pénétration certaines œuvres où l'âme de l'écrivain se révèle souvent à son insu dans sa beauté native, l'on peut presque sûrement préjuger du sexe, du cœur, du caractère, je dirais même de l'âge du poëte : aussi... selon mon jugement, la personne qui écrivait sous ce glorieux pseudonyme devait être une jeune fille, d'une âme ferme, élevée, éprouvant la plus tendre commisération pour les souffrances des déshérités... souffrances morales et physiques, dont le poëme des *Orphelins* est le cri déchirant. Cette jeune fille devait aussi avoir une foi profonde à l'immortalité de la créature, esprit et matière, corps et âme, foi puissante traduite en vers sublimes, dans le *Voyage de deux âmes à travers les mondes*. Vos traits, mademoiselle, sont le miroir de votre âme, car je vous voyais pour la première fois, et leur expression, l'acte de touchante solidarité qui vous conduisait ici, m'inspiraient une vive sympathie. Enfin, lorsque vous m'avez eu remis ce billet de banque, vu par moi entre les mains de mon éditeur, et destiné sans doute à entrer dans la rémunération des œuvres de *Maria Saint-Clair*, toutes ces circonstances m'ont donné, me donnent la conviction que cette jeune fille est devant moi... Me suis-je trompée, mademoiselle?...

— Madame...

— Je n'insisterai pas... Si, grâce au hasard, j'ai pénétré votre secret, mademoiselle, il sera respecté, je vous en donne l'assurance ; si je suis dans l'erreur, je garderai de vous le meilleur souvenir, mademoiselle, car si vous n'avez pas le génie de Maria Saint-Clair... vous avez son généreux et noble cœur.

XXVII

Héloïse Morand, émue des cordiales paroles et de la délicate réserve de Clémence Hervé, réfléchit un moment, et cédant à un élan d'expansion charmante :

— Non, je ne serai pas ingrate!! A vous, madame, et à M. Hervé, je dois l'inspiration de mes premiers essais... pourrais-je vous exprimer ma reconnaissance... sans vous avouer qui je suis...

— Ainsi c'est vous ! — reprit l'illustre femme de lettres, de qui les yeux devinrent humides, — c'est vous... — répéta-t-elle en tendant ses deux mains à la jeune fille — vous... dont les vers, tant de fois lus et relus, m'ont causé de si doux ravissements ? c'est vous... qui avez adressé à mon fils sur sa statue de la *Marseillaise* ces stances où il trouvait alors... — et Clémence Hervé étouffa un soupir, — où il trouvait alors la récompense la plus flatteuse de ses travaux et de précieux encouragements pour l'avenir... Ah !

si vous saviez avec quel salutaire orgueil il se rappelait, il citait ces vers... quelle force il y puisait pour persévérer dans la voie où, fière, heureuse... je le voyais marcher... hélas... pourquoi faut-il... — Mais, s'interrompant afin de cacher ses peines secrètes, Clémence Hervé ajouta : — Merci pour moi, merci pour mon fils... ah ! je le plains... il doit toujours ignorer le véritable nom de celle dont les louanges le charmaient et seront l'une des gloires de sa vie...

— En écrivant ces vers, juste hommage rendu au talent précoce de M. Philippe Hervé, j'éprouvais, madame, à le louer, autant de plaisir que j'en aurais eu à louer un frère, puisque je m'enorgueillis d'être un peu sa sœur...

— Que voulez-vous dire... mademoiselle ?

— N'ai-je pas cherché mes inspirations aux mêmes sources où il cherchait les siennes... dans les travaux de son illustre père et dans les vôtres, madame ?... n'est-ce pas enfin à vos œuvres que j'ai dû la pensée première de demander au travail l'indépendance et le moyen de m'affranchir d'obligations toujours pesantes à une personne qui se respecte et se voit malheureusement privée de ses soutiens naturels...

— Quoi, mademoiselle... votre père... votre mère ?

— J'étais enfant, lorsque je les ai perdus...

— Ne vous reste-t-il aucun parent ?

— Je demeure avec mon oncle et ma tante.

— Peut-être n'ont-ils pas pour vous la tendresse, les égards que vous deviez attendre d'eux ?...

— Je leur serai toujours attachée par les liens de la reconnaissance ; orpheline et pauvre, ils ont, jusqu'ici, pourvu à mon éducation, à mes besoins ; si parfois ils blessent ma susceptibilité, sans doute exagérée, c'est, je le crois, à leur insu... cependant ces blessures réitérées me sont tellement sensibles, que j'ai résolu de renoncer à une position devenue pour moi presque intolérable...

— Vos parents ignorent donc que vous publiez vos poésies sous le pseudonyme de *Maria Saint-Clair?*

— Oui, madame, personne au monde, sinon vous et l'un de nos amis communs, ne sait qu'Héloïse Morand écrit sous le nom de Maria Saint-Clair... mon éditeur lui-même ignore qui je suis...

— Entre lui et vous... quel est donc l'intermédiaire?

— L'ami commun de qui je vous ai parlé, madame...

— Son nom, je vous prie?

— M. le docteur Max?...

— Il est, en effet, l'un de mes meilleurs et plus vieux amis...

— Je lui dois la connaissance de vos œuvres, madame, qui ont eu sur ma vie une influence décisive.

— Comment cela?

— Le docteur Max m'a vue naître. Il venait souvent me visiter à la pension où j'avais été placée après la mort de mes parents ; je les regrettai cruellement ; ma situation d'orpheline me navrait, je contenais mes larmes devant mes compagnes, et je pleurais la nuit ; je souffrais beaucoup de cette contrainte. Le docteur Max me conseilla d'épancher mes chagrins en lui écrivant presque chaque jour ; je suivis son avis ; ces épanchements soulagèrent mon cœur... j'avais alors environ douze ans, et, par une singulière faculté naturelle, mes regrets exprimés avec l'abandon de mon âge se formulaient, très-souvent et à mon insu, en vers non rimés, mais qui parfois, selon le docteur Max, ne manquaient ni de rhythme, ni de mesure.

— Vous êtes née poëte, mademoiselle ; vous possédez le don naturel de la forme, de l'harmonie et du nombre... Je ne m'étonne plus du charme inexprimable de vos vers... Ainsi, notre ami, le docteur Max, frappé sans doute de vos dispositions pour la poésie... les encouragea?

— Oui, madame, il m'indiqua quelques sujets à traiter; son goût délicat et élevé fut mon seul guide, guide sévère mais sûr, et à qui je dois, ainsi qu'à vous, madame, le peu que je suis...

— Votre modestie égale votre mérite... mademoiselle... Un mot encore, de grâce... notre ami était-il le seul confident de vos premiers essais?

— Oui, madame. Et toujours j'ai gardé, je veux garder le même secret... J'étais et suis encore d'une timidité insurmontable... si, malgré l'excessive bienveillance dont mes débuts ont été favorisés, il me fallait écrire sous mon nom... la crainte de le voir, quoique obscur, tomber dans le domaine public, exposé aux jugements, aux railleries, aux cruautés de la critique... éteindrait en moi toute inspiration. Cette crainte ne naît pas, croyez-le, madame, d'un sentiment d'orgueil ou d'amour-propre...

— Non... mais d'une délicatesse extrême... Vous avez, mademoiselle, l'un des plus grands charmes du talent : vous en avez la pudeur exquise... Ce n'est point aux rigueurs de la critique, mais à l'éclat du succès, que vous voulez vous dérober...

— Je n'ai pas le droit de m'enorgueillir de ces succès,

madame, je les ai dus aux inspirations puisées dans vos œuvres et dans celles de M. Joseph Hervé ; j'ai appris de notre ami à le connaître, à méditer ses écrits. Enfin, madame, j'ai adopté pour principe de ma vie, et je m'efforce de pratiquer cette profonde vérité affirmée par vous : — « La femme qui suffit à ses besoins par son travail assure « sa dignité, conquiert l'indépendance, et devient vérita- « blement maîtresse d'elle-même. »

— Cette pensée vous a peut-être d'autant plus frappée, mademoiselle, que l'espèce de sujétion où vous viviez chez vos parents vous a semblé plus pénible ?...

— Oui, madame, et sans oublier jamais les soins qu'ils ont pris de mon enfance, mon unique désir est de ne plus leur être à charge ; quoiqu'ils jouissent d'une grande aisance, ils ne regretteront en moi qu'une servante de moins... leurs sentiments sont en complète discordance avec les miens ; chaque jour, je suis froissée, blessée ; enfin, je me verrais en butte à de continuelles obsessions au sujet d'un mariage ridicule... et... mais pardon, madame, vous daignez me témoigner tant d'intérêt, que, malgré moi... je...

— De grâce, mademoiselle, achevez... Je suis glorieuse de la confiance que vous voulez bien me témoigner... Ainsi, vous espérez pouvoir bientôt, à l'aide du fruit de vos travaux, vous affranchir d'une tutelle pénible à tant de titres ?

— Oui, madame, mes vœux sont modestes... je vivrai de peu. Ce que je possède déjà... environ vingt-cinq mille francs, dont le docteur Max est le dépositaire, pourrait suffire à mes besoins.

— Parmi les motifs qui vous décident à vous séparer de vos parents, mademoiselle... — reprit Clémence Hervé avec une sorte d'hésitation — vous m'avez parlé d'obsessions relatives à un mariage ridicule?...

— Je me reproche cette expression, — dit Héloïse avec un doux accent où se révélait la bonté de son cœur. — La personne qui a songé à moi, et que je ne connais pas... cède sans doute à une pensée de commisération, me sachant orpheline, et me croyant très-pauvre; mais cette personne a plus du double de mon âge... cette unique raison rend à mes yeux cette union impossible...

— Ainsi, mademoiselle... vos idées sur le mariage?...

— Sont absolument celles que vous avez plusieurs fois développées dans vos livres, madame, avec une irrésistible puissance de conviction, de justice et de vérité : un mariage basé sur un INTÉRÊT D'ARGENT me semble honteux ; un mariage de CONVENANCE n'offre aucune garantie morale pour l'avenir... Si je dois me marier un jour... cette union ne sera que la consécration d'un amour mutuel, l'un de ces nobles amours nés d'une attrayante conformité d'âge, de goûts, de caractère et d'esprit... enfin, digne de celle qui le ressent et de celui qui l'inspire...

— Mademoiselle, — reprit Clémence Hervé, d'une voix émue, où se décelait une secrète anxiété, — autorisez-vous une question... qu'une mère seule pourrait adresser?...

— Je vous l'ai dit, madame, je m'enorgueillis... grâce aux inspirations que j'ai puisées dans vos ouvrages, d'être un peu la sœur de M. Philippe Hervé... Au nom de cette fraternité intellectuelle et de mon admiration pour ses œuvres, déjà si remarquables, j'ai cru pouvoir lui envoyer quelques vers d'une sœur inconnue... N'est-ce pas aussi m'enorgueillir d'être un peu votre fille?... — répondit Héloïse avec un sourire enchanteur. — Daignez donc, madame, me parler... en mère... ce sera pour moi une preuve de plus de votre touchante bienveillance !

— Quel charme ! quel cœur ! ! — pensait Clémence Hervé, profondément attendrie de la réponse d'Héloïse. Puis elle dit tout haut : — Puisque vous autorisez ma question, mademoiselle... permettez-moi de vous demander si vous avez eu jusqu'ici quelque projet de mariage ?

— Non, madame.

— Ainsi... vous n'avez arrêté votre pensée sur personne... en un mot... vous n'avez jamais aimé ?

— Jamais — répondit la jeune fille, en levant vers Clémence Hervé son candide et beau regard, où se reflétait la sincérité de son âme.

La mère de Philippe ne put contenir un tressaillement de joie secrète, garda un moment le silence, et, désirant donner à la question qu'elle venait d'adresser à la jeune muse un motif plausible, mais autre que le véritable, elle reprit :

— Croyez-le bien, mademoiselle, ce n'est pas une curiosité indiscrète, mais une vive sollicitude qui m'a engagée à obtenir de vous une confidence... dont je sens tout le prix... Vous êtes résolue, n'est-ce pas ? bien résolue de vous séparer de vos parents ?

— Oui, madame... les circonstances sont telles, que je dois même hâter le moment de cette séparation...

— Il y a en vous, mademoiselle, trop à louer en ce qui touche le caractère, l'esprit et le talent, dons supérieurs à tous les autres, pour que j'hésite à vous dire que vous êtes belle... remarquablement belle, et si après avoir quitté votre famille, il entrait dans vos desseins, vos projets de vivre seule ?...

— Telle est mon intention, madame...

— J'avais supposé cette éventualité ; aussi en vous demandant si vous aviez formé quelque projet de mariage, je désirais savoir si vous ne songiez pas à les réaliser, aussitôt après avoir quitté votre famille ; en ce cas, vous sachant incapable d'un choix non digne de vous, j'eusse été parfaitement rassurée sur votre avenir. Mais il n'en est pas ainsi : vous ne pensez pas à vous marier ; vous êtes résolue de vivre seule, or, permettez-moi de vous le dire, au nom du tendre intérêt que vous m'inspirez, vous pourriez un jour, quelle que soit la rectitude, la fermeté indubitable de vos principes, regretter une détermination que je comprends parfaitement, mais qui semblerait étrange aux yeux du monde... Or, ayez foi dans mon expérience, il faut toujours, sinon pour lui, du moins pour soi-même... compter, dans une certaine mesure, avec ce qu'on appelle les préjugés du monde... A tort ou à raison, les préjugés ont force de loi... et la braver serait vous exposer au péril sans résultat utile...

— Malgré ma résolution très-arrêtée de vivre désormais indépendante et seule, j'ai senti, madame, combien cette position serait difficile et fausse pour une personne de mon âge ; j'ai confié mes appréhensions au docteur Max ; il m'a promis, lorsque serait venu le moment de me séparer de mes parents, de trouver parmi ses amis une famille auprès de laquelle je pourrais me retirer en pleine sécurité de convenance... car là... j'aurais mon *chez moi*, mon indépendance, sans braver en rien les lois du monde, qu'il faut toujours respecter, ainsi que vous me le faites si justement observer, madame.

— Pardonnez-moi, mademoiselle, de m'être un instant méprise sur vos intentions, — reprit Clémence Hervé avec un accent affectueux et pénétré ; — je n'aurais pas dû, ensuite de cet entretien, où il m'a été donné de si bien apprécier la droiture, l'élévation de vos sentiments, oublier que vous êtes de ces personnes d'élite qui ne sauraient manquer d'un tact parfait dans toutes les circonstances de leur vie. — Et après un moment de réflexion, Clémence Hervé ajouta : — Verrez-vous bientôt le docteur Max?

— Je compte, en sortant de chez vous, madame, me rendre chez lui...

— Auriez-vous l'obligeance, mademoiselle, de le prier de ma part de venir ici le plus tôt possible... et d'ajouter que ce rendez-vous... vous concerne?...

— Moi, madame?...

— Oui... et permettez-moi, quant à présent du moins, de vous taire les motifs de l'entrevue que je désire avoir avec notre vieil ami... quoiqu'elle vous intéresse... — Et après un moment de réflexion, l'illustre femme ajouta : — Je puis, n'est-ce pas, apprendre au docteur par quel hasard j'ai pu pénétrer votre secret?... Ce secret, d'ailleurs, mademoiselle, sera, je vous en donne ma parole, religieusement gardé...

— Je n'en ai jamais douté, madame, et de mon côté, je m'empresserai d'apprendre au docteur Max avec quelle extrême bonté vous m'avez accueillie...

— Je serai non moins empressée, mademoiselle, de confier à notre ami les espérances que je fonde sur la continuité de nos rapports... car maintenant nous nous verrons souvent, très souvent, n'est-ce pas ?

— Ce serait, madame, mon plus vif désir... si je ne craignais d'être importune...

—De grâce, traitez-moi... en vieille amie... mon âge, du moins, autorise cette prétention de ma part... aussi je vous demanderai sans plus de façons de venir, demain matin, prendre une tasse de thé avec moi... nous causerons longuement. J'aurai vu le docteur, et peut-être... — Mais, s'interrompant à l'aspect de Philippe, qui, sombre et préoccupé, rentrait lentement dans le salon, Clémence Hervé dit tout bas à Héloïse : — A demain matin, n'est-ce pas ? Vous acceptez mon invitation ?

— Oh ! madame... avec le plus grand plaisir.

— Maintenant, c'est à mademoiselle Héloïse Morand que je vais présenter mon fils, reprit à demi-voix l'illustre femme de lettres, en s'adressant à la jeune muse. Puis elle ajouta tout haut :

— Mademoiselle, permettez-moi de vous présenter mon fils... — Et se tournant vers Philippe : — Mon enfant... tu joindras tes remercîments à ceux que j'ai déjà adressés à mademoiselle Héloïse Morand, lorsque tu sauras qu'elle a bien voulu m'apporter une généreuse offrande pour Claude Érard et sa famille...

— Je remercie mademoiselle de son offrande, — reprit Philippe Hervé avec distraction. Et s'inclinant devant la jeune fille, sans arrêter son regard sur elle, il s'éloigna et alla feuilleter des albums placés sur une table, témoignant ainsi son désir de ne pas prolonger l'entretien avec une inconnue.

Héloïse, frappée de la sombre tristesse qu'elle remarqua sur les beaux traits du jeune statuaire, dit tout bas à Clémence Hervé avec un accent de vif intérêt :

— Mon Dieu, madame, combien monsieur votre fils paraît accablé... Est-ce qu'il est souffrant?

— Oui... depuis quelques jours, il n'est pas dans son état habituel... — répondit aussi tout bas Clémence Hervé étouffant un soupir. — Mais j'espère que bientôt... son malaise se dissipera... — Et tendant sa main à la jeune fille : — A demain...

— A demain, répondit Héloïse serrant avec un affectueux respect la main que lui offrait Clémence Hervé. — Adieu, madame.

— N'oubliez pas, de grâce, de prier le docteur Max de venir me voir le plus tôt possible...

— Je vais de ce pas chez lui... madame, — répondit Héloïse. Et elle sortit après avoir jeté un nouveau regard de tendre compassion sur Philippe, qui resta seul avec sa mère.

XXVIII

Clémence Hervé, après le départ d'Héloïse, s'approcha de Philippe, qui, de plus en plus soucieux, embarrassé, semblait pressentir la gravité de la conversation qu'il allait avoir avec sa mère. Celle-ci lui dit d'une voix grave et tendre :

— Mon enfant... tout à l'heure, et pour la première fois de ta vie, tu m'as... je ne voudrais pas dire blessée, mais profondément affligée...

— C'est donc à mon insu... ma mère?

— Je le crois.

— Qu'ai-je fait?

— Ce matin, dans un entretien dont il est inutile de te rappeler la solennité, tu regrettais, tu détestais un enivrement passager? Tu étais alors sincère... ou plutôt tu te croyais sincère... J'ai partagé ton illusion... cela ne m'est plus permis maintenant...

— Pourquoi cela, ma mère?

— Parce qu'il a suffi de la vue d'une femme dont l'hypocrisie égale la corruption, pour mettre à néant tes sages résolutions... et t'influencer à ce point... que toi... toi... mon enfant, tu m'as bravée presque jusqu'à l'outrage...

— Que dites-vous?

— Contenant autant que possible l'indignation, le dégoût soulevés en moi par l'astuce et l'impudence de madame Robertin... je venais de lui signifier qu'aucunes relations ne pouvaient exister entre nous, lorsque, sous prétexte de commencer son buste... tu lui donnes rendez-vous en ma présence, rendez-vous, ici... dans la maison paternelle?

— Non, ma mère... je l'ai engagée à venir dans mon atelier... — répondit Philippe en baissant les yeux, — je ne me serais pas permis de...

— Philippe... cette réponse est-elle sérieuse? Ne vais-je pas sans cesse dans ton atelier? Voudrais-tu m'exposer à rencontrer... Puis, s'interrompant, Clémence Hervé reprit avec un accent douloureux :

— Mon Dieu... ces paroles me brûlent les lèvres... et cependant tu dois entendre la vérité... voudrais-tu m'exposer à rencontrer chez toi... ta maîtresse ?...

— Ma mère...

— Sois sincère. En te rendant avec empressement à la demande effrontée de madame Robertin, tu avais une arrière-pensée, dont en ce moment tu rougis devant moi... Tu espérais... tu espères être aimé de cette femme?... et pourtant... ce matin, regrettant un égarement passager, tu t'indignais du cynisme des pages dont elle est l'auteur!

— Ne l'avez-vous pas entendue déplorer le funeste usage qu'elle faisait de son talent, vous promettre de suivre vos avis, reconnaissant leur élévation, leur justesse?

— Oui, elle a feint de se transformer à ma voix, de se reprocher l'immoralité de ses œuvres passées... parce que cette apparente déférence à mes conseils devait t'abuser, te séduire!

— Ah! ma mère... vous dont l'âme est si droite, si généreuse... pourquoi ne pas croire au bien? Pourquoi douter de l'irrésistible influence de votre génie, admiré, révéré de tous?

— Plus expérimentée que toi dans la connaissance du cœur humain... j'observais cette femme : j'ai surpris les regards de défi qu'elle me jetait en te voyant dupe de l'adroite hypocrisie... dont elle masquait son envie, sa haine...

— Son envie... sa haine! Quoi! elle venait spontanément rendre hommage à votre gloire... et vous concevez de pareils soupçons...

— Philippe, réponds-moi franchement. Tu ignorais le nom de madame Robertin, mais tu l'avais déjà vue plusieurs fois dans le jardin voisin du nôtre?... Tu ne réponds pas... ton silence confirme ma présomption : ainsi... tu as remarqué cette femme ?... ses œillades t'ont provoqué?... Elle est de ces créatures qu'aucun scrupule n'arrête... Elle a espéré te pervertir... en jetant dans ton atelier ce livre incendiaire.

— Qu'en savez-vous, ma mère?

— Qui donc, sinon cette femme, avait intérêt d'agiter ton sang, de troubler ta raison? Aussi, comptant sur cet enivrement, sur l'impression que sa beauté t'avait causée, madame Robertin, afin d'achever son œuvre de séduction, songe à s'introduire ici, afin de se rapprocher de toi... il lui faut un prétexte... elle le trouve dans nos rapports de voisinage et dans ce prétendu désir de me dédier son nouveau roman !...

— Ma mère, je ne puis croire à une combinaison si perfide... et d'ailleurs quel serait son but?...

— Pauvre enfant!! cette femme me hait cent fois plus encore qu'elle ne t'aime... si l'on peut profaner le mot amour en l'appliquant à de honteux caprices.

— Elle vous hait... dites-vous... et pourquoi?

— Parce que je suis Clémence Hervé et qu'elle est madame Robertin... parce que quelque célébrité entoure mon nom... et surtout parce que mon nom, mon caractère, sont justement considérés; elle me hait enfin de cette haine instinctive, inexorable, dont les gens médiocres et méchants poursuivent les honnêtes gens dont ils jalousent la renommée. Aussi cette femme espère-t-elle me porter un coup cruel, en jetant entre toi et moi des germes de désunion qui pourraient, non pas altérer ma tendresse maternelle... elle est inaltérable... mais porter quelque atteinte à ton affection filiale !

— Mon Dieu... vos paroles... me troublent, m'alarment... mais non, non, tant de noirceur est impossible.

— Philippe... mon Philippe, crois-en ma pénétration, ma sollicitude et l'aversion invincible que m'inspire cette femme; ses projets sont funestes et froidement médités : vois déjà les résultats de son influence fatale ! Quel malaise, quel trouble, quel mécontentement dans ton âme si satisfaite si sereine, il y a huit jours encore ?... Dis, mon enfant bien-aimé, le moindre nuage avait-il jusqu'alors obscurci, je ne dirai pas notre tendresse, grâce à Dieu, elle défie les méchants... mais nos douces relations de tous les instants ? Le plus léger désaccord avait-il surgi entre nous ? jamais, n'est-ce pas ? Et voilà qu'aujourd'hui... Mais, non... chassons ces tristes pensées ; je le vois, je le sens, mes paroles te touchent, t'émeuvent ! Ah ! je l'ai dit à cette femme... tout poison a son contre-poison, le réveil nous délivre des mauvais songes, la raison succède à l'éphémère ivresse... cette ivresse, tu l'as subie... mais cette fois, tu la prendras pour jamais en dégoût, en horreur ; tu reviendras à tes sentiments naturels, l'amour du bien, du beau, du juste ; enfin qui sait si tu ne trouveras pas ta récompense dans un trésor de bonheur inattendu ? Mes paroles te surprennent ?

— Je l'avoue.

— Ce matin encore, ne t'ai-je pas confié mon espoir le plus cher et tant de fois caressé ?

— De quel espoir parlez-vous, de grâce?

— Te voir marié très-jeune à une personne digne de toi, et à qui tu apporterais un cœur pur comme le sien.

— Ma mère — répondit Philippe rougissant et baissant les yeux — ces projets sont vains... il est trop tard...

— Trop tard!—s'écria Clémence Hervé se méprenant sur la pensée de son fils. — Trop tard... Parce que ton esprit et tes sens ont été un instant troublés par des agitations mauvaises? Est-ce que ton cœur n'est pas resté à l'abri de cette fièvre passagère... et cette fièvre, tu la confondrais avec l'amour! Tu crois peut-être avoir aimé... innocent enfant! non, oh! non, tu n'as pas aimé... va, le véritable amour, ce sentiment divin, tu le reconnaîtras aux ineffables ravissements de ton âme, à la sécurité de ta conscience, à de nouvelles aspirations vers l'idéal, à un redoublement de tendresse pour moi... car, vois-tu, Philippe... l'amour digne de ce nom nous améliore, nous élève, nous grandit... et ce sentiment divin, tout me fait espérer que tu dois bientôt... le connaître... pour ton bonheur... pour le mien... pour celui de... — Et s'interrompant, radieuse d'une secrète espérance, l'illustre femme de lettres ajouta en embrassant son fils avec effusion : — Non, tu n'as pas aimé... non... et répondant de toi, cœur pour cœur, je dirais à l'épouse que j'ai rêvée pour toi... si je la rencontrais: « Mon fils est digne de vous... vous serez son premier « amour... »

— Ma mère...

— Écoute-moi... sans te livrer un secret qui ne m'appartient pas... je peux te confier la cause de mes espérances... mais avant, il faut effacer jusqu'au souvenir d'une aberration dont tu as honte, il faut écrire un mot à cette madame Robertin, afin de la prévenir que tes travaux t'empêchent de t'occuper de son buste et qu'elle s'épargne la peine de se présenter ici demain. — Puis, plaçant devant Philippe une plume et du papier... — Écris... je vais dicter...

— Y pensez-vous?..

— Fie-toi à moi... cette lettre sera telle qu'elle doit être : froide et polie...

— Excusez-moi, ma mère... je ne saurais écrire cette lettre... je dois, je veux tenir la promesse que j'ai faite à madame Robertin.

XXIX

Clémence Hervé, entendant son fils déclarer d'une voix ferme son refus de rompre toute relation avec Virginie Robertin, reconnut la vanité de ses paroles, que, dans l'illusion de sa tendresse, elle avait crues si convaincantes ; le cœur navré, elle garda pendant un moment le silence, mais, tentant un dernier effort :

— Philippe... s'il ne te convient pas d'écrire cette lettre sous ma dictée... écris-la selon ton inspiration... peu m'importe... pourvu que mon but soit atteint... et que tu ne revoies jamais cette femme.

— Je vous en supplie, ma mère... renoncez à vos fâcheuses préventions... Il m'est impossible de les partager.

— Qu'entends-je !..

— Non, je ne puis croire... je ne croirai jamais qu'une

personne qui, en ma présence, vous a témoigné tant de déférence, tant d'admiration, cache son envie, sa haine, sous un masque hypocrite... et mérite d'être traitée par vous si durement... Ma mère... ma bonne mère, — ajouta Philippe attendri, — l'inquiète sollicitude dont vous m'entourez... trouble à votre insu... votre jugement, ordinairement si équitable...

— Mais, malheureux enfant, tu t'abuses...

— Non, je crois à l'irrésistible influence de votre noble caractère... mon Dieu ! pourquoi nier l'évidence du bien que vous faites ?... madame Robertin vous l'a dit : à votre voix, elle s'est sentie transformée !

— Mensonge, hypocrisie, te dis-je! tu es dupe de cette fourbe !

— Terminons cet entretien, ma mère... il m'est trop pénible de voir traiter ainsi une femme de cœur...

— Une femme de cœur ! cette misérable !

— Je ne saurais entendre injurier davantage une personne que je respecte, — dit sèchement Philippe en faisant un pas vers la porte, — ma mère,.. je me retire...

— Ainsi vous persistez à vouloir donner séance à cette femme, demain, dans votre atelier?

— Oui.

— Retenez bien ceci... mon fils... si madame Robertin ose se présenter chez moi... car vous êtes chez moi, ne l'oubliez jamais... ma porte lui sera refusée... je donnerai les ordres en conséquence.

— Ah! ma mère... un tel outrage...

— Je n'outrage pas... je chasse une femme éhontée qui veut apporter ici le désordre et l'adultère.

— Soit... madame Robertin ne viendra pas chez vous ; une insulte imméritée lui sera épargnée...

— Est-ce à dire... que vous la verrez ailleurs?

— Ma mère... que vous importe, pourvu que jamais... je ne manque à mes devoirs envers vous... envers moi-même?

— Le premier de vos devoirs envers vous, envers moi, c'est de m'obéir...

— Je remplirai toujours religieusement mes obligations filiales... ne me demandez rien de plus.

— Seule... je juge au nom de votre intérêt, de votre honneur, de votre avenir, ce qui, pour vous, mon fils, est obligatoire...

— Ma mère, — répondit Philippe avec une irritation croissante et difficilement contenue, — sans sortir des bornes du respect que je vous dois... il me sera permis de vous faire observer que j'ai atteint l'âge... du discernement... j'ai conscience de n'avoir en rien démérité votre affection... souffrez que cette conviction me suffise et me guide!

Clémence Hervé, après un moment de réflexion, dit à son fils d'une voie ferme et sévère :

— Demain vous quitterez Paris.

— Quitter Paris!

— Vous m'accompagnerez dans un voyage de quelques mois...

— Ce brusque départ...

— ... Vous enlèvera aux dangers que pour vous je redoute...

— Mais...

— Vous refusez de m'accompagner?

— Permettez...

— Vous hésitez?...

— Le seul but de ce voyage étant de m'enlever à des dangers qui, selon moi, ma mère, ne sont pas à craindre...

— Vous me désobéirez?

— Si ce voyage vous était utile à vous... je regarderais comme un devoir de vous suivre... mais encore une fois, il s'agit de me soustraire à des périls imaginaires... je ne saurais donc vous accompagner...

— Lors même que je vous l'ordonnerais formellement, moi... votre mère?... vous me désobéiriez!

— Oui... quoi qu'il dût m'en coûter.

— Dieu juste! — s'écria l'illustre femme de lettres avec désespoir, — en vain, je voulais en douter... Mon fils me sacrifierait à cette créature!...

— Et vous, s'écria douloureusement Philippe, — vous me sacrifieriez à votre jalousie maternelle! L'affection que l'on me témoigne vous inquiète, vous alarme, vous irrite à ce point que, malgré la noblesse de votre caractère, vous descendez jusqu'à la calomnie pour dégrader, pour flétrir une pauvre jeune femme, dont le seul crime à vos yeux... serait de ressentir de l'attachement pour moi!

— Malheureux enfant!... s'il croit que je cède à la jalousie maternelle... il est perdu... — pensait Clémence Hervé au moment où le docteur Max entrait dans le salon.

— Ah! mon ami! — s'écria-t-elle en allant vivement à lui, le ciel vous envoie... venez, venez.

Philippe, à la vue du docteur, qu'il accueillait ordinairement avec une cordiale déférence, le salua et quitta précipitamment le salon où Clémence Hervé demeura seule avec le médecin et s'entretint avec lui.

De cet entretien, le lecteur devine le sujet : récit des divers événements de cette triste journée ; épanchement douloureux des angoisses, des alarmes de Clémence Hervé, demandant aide et conseil à son vieil ami, déçue qu'elle était des douces espérances un moment éveillées en elle lors de la visite d'Héloïse Morand, et s'épouvantant de voir son fils lui échapper afin de courir au-devant du joug d'une femme méchante, corrompue, qui voulait et pouvait le dépraver, le perdre !

—Hélas ! ma pauvre amie, — dit le docteur en quittant après cette conversation prolongée l'illustre femme de lettres, — en résumé : Philippe est un naïf adolescent... Héloïse Morand est un ange, la Robertin est un démon... or... quoi que je tente... et je tenterai... comptez-y... je crains fort... en raison des circonstances et de la nature des choses, que le naïf adolescent et que l'ange ne soient victimes du démon...

XXX

Madame Robertin, en quittant la maison de Clémence Hervé, rentra chez elle, la rage et la haine au cœur, plus que jamais résolue de poursuivre par tous les moyens possibles son œuvre de séduction, comptant beaucoup sur les discords qui, après son départ, devaient éclater entre Philippe et sa mère : aussi, pressentant qu'en proie à de pénibles préoccupations, il rechercherait sans doute la solitude de son atelier, Virginie Robertin, vers la fin du jour, envoya son mari jouer sa partie de domino à *son café*, comme il disait, Puis éloignant sa servante, en la chargeant d'une commission, l'auteur du *Nouveau Chérubin* se rendit sous le quinconce de tilleuls qui, impénétrable aux regards, limitait le jardin du côté de l'atelier du jeune statuaire ; elle le vit, selon sa scrète espérance, sombre et rêveur, accoudé à l'appui de la fenêtre et le salua de la main, accompagnant d'un regard enchanteur ce salut coquet et provocateur. Philippe sentit se raviver ses angoisses en songeant aux menaces de sa mère, décidée de faire désormais outrageusement fermer sa porte à madame Robertin. Il lui fit signe d'attendre un moment, sous les arbres du quinconce, courut à sa table et traça rapidement au crayon le billet suivant, qu'il lança par la fenêtre à sa jolie voisine.

« — Madame, je suis bien malheureux ; ma mère, dont
« je ne saurais trop déplorer l'injuste prévention contre
« vous, s'oppose à ce que je vous reçoive dans mon atelier.
« Hélas ! j'ose à peine achever... Elle a poussé l'oubli de
« toute convenance jusqu'à donner l'ordre de vous refuser
« demain la porte de sa maison, si vous vous y présentiez...
« L'aveu de cette mesure inqualifiable me cause autant
« de chagrin que de honte... mais je dois vous épargner
« une humiliation qui me mettrait au désespoir. Pardon,
« madame, pardon, je vous écris la rougeur au front, la
« douleur dans l'âme et les larmes aux yeux...

« J'irais... si vous m'accordiez cette précieuse faveur...
« ou plutôt cette consolation peut-être méritée... modeler
« votre buste chez vous... Oh ! de grâce, madame..., ne me
« rendez pas responsable d'un procédé dont je suis aussi

« malheureux que révolté... mon seul espoir est dans votre
« indulgence.
« Philippe. »

Madame Robertin, après avoir lu ce billet, fit signe au jeune homme de lui jeter un crayon. Elle écrivit sa réponse sur le verso de la lettre dont elle enveloppa un caillou et lança le tout fort dextrement à Philippe, qui lut ce qui suit :

« Cher et aimable voisin, je ne renonce pas si facilement
« que vous à cette espérance dont je suis ravie : vous don-
« ner séance dans votre atelier, sanctuaire du génie pré-
« coce que j'admire en vous, dans cet atelier où s'est écou-
« lée votre studieuse jeunesse...

« Oh ! ne fût-ce que pendant une heure... être là... où vous
« avez toujours été !! voir vos dessins, vos ébauches, tou-
« cher ce glorieux ciseau qui, sous votre main, fait vivre
« et palpiter le marbre !... récolter ainsi une ample mois-
« son de chers et précieux souvenirs dont je vivrai long-
« temps, dont je vivrai toujours... si je ne dois plus vous
« revoir... tel est mon seul vœu... ne m'aiderez-vous pas
« à le réaliser ?

« D'inexplicables préventions me ferment la porte de
« votre atelier... eh bien ! j'y entrerai, s'il le faut, par la
« fenêtre !... Excusez ce ressouvenir du *Nouveau Chérubin*...
« Votre croisée est peu élevée, facilitez-moi les moyens d'y
« monter demain matin ; l'épais ombrage de ce quinconce
« protégera mon ascension du côté de chez moi ; et dussé-
« je me briser les os... je serai *dans votre atelier à dix*
« *heures*, ainsi que je vous l'ai promis...

« Vous le voyez, je n'ai qu'une parole et je la tiens...
« Tiendrez-vous la vôtre ?

« Rien ne m'arrête... *rien ne m'arrêtera*... qui pourrait
« vous arrêter ?...

« V. R. »

Philippe tressaillit à la lecture de cette lettre ; il vit dans l'étrange et romanesque proposition de l'auteur du *Nouveau Chérubin* une preuve de courage qu'il devait égaler, à moins de se montrer le plus lâche des hommes. Il réfléchit, dévorant du regard Virginie Robertin qui lui dardait ses plus ardentes œillades ; puis il écrivit rapidement et lança ce billet par la même voie que le précédent.

« Madame, les termes me manquent pour vous exprimer
« combien je suis profondément touché de votre résolu-
« tion. Demain matin, vous pourrez sans danger monter
« dans mon atelier ; tout sera préparé cette nuit...
« Mon Dieu ! qu'ai-je donc fait pour mériter tant de bon-
« heur ?...

« PHILIPPE. »

Virginie Robertin ramassa ce billet, le lut, et, pour toute réponse, approcha sa main de ses lèvres, envoya une volée de baisers au jeune statuaire et disparut dans la pénombre du crépuscule nocturne..

XXXI

Le lendemain du jour où madame Robertin avait promis à Philippe d'aller le retrouver dans son atelier, en montant par la fenêtre, au risque de se briser les os, elle obligea son mari de se rendre à son bureau d'assurances une heure plus tôt que de coutume, entassa les objets d'habillements dans une malle, emballa son plus frais chapeau dans une caisse, donna ordre à sa servante, étonnée de ces préparatifs de départ, de prendre un fiacre et d'aller l'attendre avec ses bagages à la gare du chemin de fer de Lyon ; puis, demeurée seule en son logis, elle attendit une visite à laquelle elle attachait une grande importance.

Rien de plus désordonné, de plus malpropre que l'intérieur de l'appartement occupé par madame Robertin. Elle avait choisi pour cabinet de travail et pour chambre de toilette un grand salon s'ouvrant sur le jardin. Cette pièce offrait l'aspect d'un véritable Pandœmonium où se voyaient çà et là, traînant à terre ou étalés, ici sur des chaises, là sur une grande table, les objets les plus disparates : des livres, de vieux bonnets fanés, une cuvette, une écritoire, des bas sales, des bouteilles vides, des bottines éculées, des assiettes fêlées, dans lesquelles la servante apportait le déjeuner de l'auteur du *Nouveau Chérubin*, qui, souvent entraînée par le feu de la composition, tardait longtemps à réfectionner ; enfin, séchant au soleil sur l'appui de la croisée, flottaient au gré de la brise matinale les langes d'Athénaïs, fille des deux époux ; une vieille barcelonnette d'osier, placée dans un coin, servait de niche aux chats favoris de la maison, et répandait dans l'appartement cette odeur aigre et nauséabonde particulière à la race féline.

Madame Robertin se promenait pensive, ses mains croisées derrière son dos, attitude virile qu'elle affectionnait; puis, s'arrêtant un moment, afin de contempler avec une ironie amère le désordre repoussant et sordide de la pièce où elle se trouvant, elle se dit:

— Combien je m'applaudis de ma résolution de m'introduire chez Philippe par la fenêtre de son atelier! Non-seulement cette crânerie frappera l'imagination de ce bel ingénu, mais j'échappe ainsi à l'inconvénient de le recevoir ici, lui habitué au luxe, à l'élégance, à l'ordre qui règnent dans la maison de sa mère; il eût ressenti une impression désagréable, répugnante, en entrant dans mon taudis... Non! non! un premier amour doit être encadré... ce cadre, je l'aurai, si ce M. Morand consent...

Et s'interrompant après un mouvement de réflexion :

— Quels rapports peuvent donc exister entre cet usurier et cette belle fille blonde qui m'a ouvert la porte, lorsque hier je suis allée chez lui, et que j'avais déjà vue le matin chez cette Clémence Hervé? Elle affectait d'accueillir cette jeune fille avec une bienveillance d'autant plus impertinente pour moi, qu'elle contrastait avec l'insolence hautaine, l'écrasant dédain dont venait de m'accabler cette illustre bégueule! Ah! Clémence Hervé! en présence de ton fils, tu m'as bafouée, tu m'as flétrie, tu m'as criblée de sarcasmes sanglants! Ah! j'ai dû feindre de subir tes insultes avec une lâche et piteuse résignation! ah! j'ai dû devant toi humilier ma superbe! ah! j'ai dû te flatter, t'admirer, t'encenser, alors que, sans la nécessité d'assurer ma vengeance, je t'aurais, Dieu me damne, craché à la face le fiel qui me noyait le cœur!! Mais patience... patience... tu pleureras aujourd'hui et demain, et longtemps, des larmes de sang... Clémence Hervé, si ce M. Morand consent à...

Virginie Robertin s'interrompit en entendant le tintement d'une sonnette et s'écria triomphante :

— C'est sans doute l'usurier !... S'il refusait l'affaire en question... il me l'eût écrit, au lieu de venir ici ! Pauvre Philippe ! pauvre *candide !* tu ne te doutes pas des folles joies qu'à ton insu je ménage à ta verte jeunesse et à notre flamboyant amour ! ! Tu n'imagines pas le roman d'aventures que nous allons mettre en action ! Victoire ! c'est l'usurier... victoire ! !

Madame Robertin, en jetant cette exclamation triomphante, courut ouvrir la porte extérieure de l'appartement et introduisit bientôt dans son cabinet M. Morand, l'oncle d'Héloïse, l'ex-huissier, actuellement escompteur à énormes intérêts.

XXXII

Monsieur Morand, nous l'avons dit, professait une admiration fanatique pour le graveleux talent du *major Fredène*, et plusieurs fois, sans connaître personnellement Virginie Robertin, il avait, par l'intermédiaire d'un agent d'affaires, escompté les billets à longs termes qu'elle recevait en paiement de son libraire. Elle savait par cet agent d'affaires que l'ex-huissier, ne se bornant pas à escompter le papier de commerce à un taux à peu près légal, prêtait parfois, à un taux usuraire, de l'argent aux fils de famille mineurs : aussi la veille, l'auteur du *Nouveau Chérubin* avait, à l'insu de Philippe, ourdi la trame qui se va dérouler.

Monsieur Morand partageait, ainsi que tant d'autres, le préjugé stupide : à savoir, qu'une *femme auteur* doit toujours vivre dans le désordre et la complète incurie des soins domestiques. Aussi, loin d'éprouver un sentiment de surprise ou de répugnance à la vue du Pandœmonium où il pénétra sur les pas de madame Robertin, il s'écria en s'arrêtant au seuil de la porte :

— Comme c'est bien ça... l'intérieur d'une femme auteur ! Comme on voit qu'ici tout est sacrifié à la littérature, qui se moque pas mal du ménage... Comme c'est bien là le désordre du génie ! Car il n'y a pas de génie sans désordre ! Une femme auteur, morbleu ! n'est pas une femme de pot-au-feu ! morbleu !

Et l'ex-huissier, plongé dans un recueillement admiratif, ajouta :

— C'est donc ici... qu'ont été écrits ces délicieux romans Les *cinq baisers de Cydalise... L'amour au galop... le Nouveau Chérubin* et autres chefs-d'œuvre guillerets, croustilleux et gaillards, qui vous mettent la puce à l'oreille et émoustilleraient un mort ! Ah ! madame Robertin... ce jour sera le jour le plus charmant de ma vie... j'aurai contemplé face à face ce ravissant mauvais sujet, si spirituel, si malin, si gai, si tapageur, si amoureux, si libertin... qui a nom : le *major Fredène*... et je le déclare, je le constate, je le proclame, — s'écria galamment M. Morand, — maintenant que je l'ai vu, cet adorable major, je ne m'étonne plus de ce qu'il tourne toutes les têtes, et la mienne serait à cette heure diablement à l'envers si elle n'était sauvegardée par mes vénérables cheveux gris.

— Monsieur, vous me flattez, — répondit Virginie Robertin en minaudant, — je suis très-heureuse d'apprendre que mes romans vous aient quelque peu intéressé.

— Quelque peu intéressé, madame!! Allons donc! ce n'est pas de l'intérêt que j'éprouve en vous lisant, c'est de la rage, c'est de la furie... c'est de la famine... je vous dévore, madame... je vous dévore en affamé... c'est le mot.

— Cette dévorante admiration m'effraie beaucoup, monsieur, — répondit madame Robertin avec un sourire coquet, — et de peur que ce terrible appétit se réveille en vous, en parlant de mes œuvres... je vous demande en grâce de nous entretenir de l'objet de votre aimable visite.

— Quoiqu'il m'en coûte, madame, de ne pouvoir épancher à mon gré toute mon admiration, je suis à vos ordres.

— Ce cher monsieur Moussard, par l'entremise de qui vous avez bien voulu, monsieur, m'escompter plusieurs billets, m'a assuré que vous vous livriez quelquefois à des opérations analogues à celle dont il est question dans la lettre que j'ai laissée hier chez vous, n'ayant pas eu l'avanage de vous rencontrer?

— L'avantage, madame, eût été tout entier de mon côté...

— Vous êtes en vérité trop galant...

— Je suis sincère, madame, voilà tout.

— Afin de couper court à tant de gracieusetés... dont je suis vraiment confuse, monsieur, je vous demanderai si l'affaire en question est praticable?

— Je m'en suis occupé, ce matin même.

— Que vous êtes obligeant, monsieur... Ainsi vous avez vu le notaire de madame Clémence Hervé?

— Je sors de chez lui...

— Il ne se doute pas du motif réel des renseignements que, dans ma lettre, je vous engageais à tâcher d'obtenir de lui, sous un prétexte plausible?

— Non, madame ; le garde-note n'est pas fort, il ne se doute de rien... hé... hé... hé — ajouta l'ex-huissier en riant d'un gros rire. — En entretenant le bonhomme, il me semblait être acteur d'un chapitre du *Nouveau Chérubin*... Ça me rappelait ce farceur de Florestan, empruntant de l'argent de toutes mains... toujours est-il que j'ai prié le notaire de me dire si la maison appartenant à madame Clémence Hervé était à vendre, vu que je connaissais un acquéreur décidé à donner un très-haut prix de cet immeuble ; que dites-vous du prétexte ? il n'est pas maladroit... hein ?

— Tant s'en faut, monsieur, et j'admire votre imaginative... Poursuivez, de grâce.

— Le garde-note m'a répondu que madame Clémence Hervé ne voulait pas se défaire de sa maison ; alors la conversation s'est engagée incidemment sur cette femme de lettres, que par parenthèse j'abomine et j'exècre...

— Vraiment, monsieur?

— Madame, c'est ma bête noire !! ma bête d'horreur... une insolente qui, dans ses écrits, a toujours l'air de vouloir vous apprendre à vivre... vous morigéner, elle... une socialiste... une...

— Monsieur...

— Madame,.. c'est mon opinion ! et j'ai le courage de mes opinions !

— Loin de moi la pensée d'y contredire ; mais revenons à notre affaire...

— La conversation s'est donc engagée sur la fameuse Clémence Hervé entre son notaire et moi ; mes questions semblaient dictées par une curiosité concevable à l'endroit d'une femme si célèbre ; j'ai appris ainsi le chiffre de sa fortune, évaluée à trois cent mille francs, en raison de ses reprises et de celles de son fils, qui, à sa majorité, héritera, du fait de son père, de cent vingt mille francs environ.

— Cent vingt mille francs! — s'écria Virginie Robertin, dont le regard pétilla. — Cent vingt mille francs !

— Au moins... car l'héritage du jeune homme consiste en une ferme en Beauce, évaluée au plus bas prix quatre-vingt mille francs, et en une rente sur l'Etat, au capital de quarante-trois mille francs.

— Ces garanties vous semblent-elles, monsieur, suffisantes?

— Tellement suffisantes, madame, que... je consens à l'opération, surtout et absolument dans le désir de vous être agréable...

— L'on ne saurait, monsieur, se montrer plus aimable que vous... Ainsi vous consentez à prêter à M. Philippe Hervé...

— ..... Vingt-cinq mille francs sur sa signature : *en blanc*, bien entendu... puisqu'il est mineur... mais je dois vous faire observer, madame, que l'argent est rare ; de plus, je cours certains risques en contractant avec un mineur, je ne crois donc pas évaluer trop haut la commission que je prélève, en la portant à dix mille francs. — Et souriant, M. Morand ajouta : — Que pense de ce chiffre monsieur le *major Fredéne*,... qui sait si bien peindre les adorables folies de la jeunesse ?

— Ma foi, monsieur... — répondit délibérément madame Robertin, — entre nous, le major Fredène pense que jamais l'on ne paie trop cher, non pas l'argent... mais les plaisirs que procure ce réjouissant métal à la belle et joyeuse jeunesse, lorsqu'il pétille entre ses doigts !

— Voilà parler ! vous êtes du moins, madame, conséquente à votre philosophie épicurienne...

— Apôtre du plaisir... je prêche pour mon saint...

— Ah ! madame... nous devrions nous autres prêteurs vous élever des autels... Vos écrits encouragent les jeunes gens à dépenser, à dissiper, à prodiguer ; nous sommes très-serviables et nous mettons entre les mains de ces aimables étourdis...

— L'instrument de plaisir... qui vaut pardieu bien l'instrument de travail, dont rabâche cette démoc-soc de Clémence Hervé... Ainsi, vous prêterez à son fils ?...

— Vingt-cinq beaux billets de mille francs en échange de sept traites de cinq mille francs chacune, acceptées par lui *en blanc*; j'ai par précaution apporté ces traites... les voici — ajouta l'usurier en montrant à Virginie Robertin sept billets timbrés. — Voulez-vous, madame, vous en charger ?

—Certainement — répondit l'auteur du *Nouveau Chérubin* en prenant avidement les billets timbrés, et elle se dit :

— Ah ! Clémence Hervé... je serai terriblement vengée !

XXXIII

M. Morand, remarquant l'expression de triomphe si visiblement empreinte sur les traits de madame Robertin à la vue des billets timbrés, se disait :

— Il paraît que le *major Fredène* va aider le jeune Hervé à faire danser ses écus. Heureux garçon ! une si charmante maîtresse... et de l'or à prodiguer !...

Puis, voulant éclaircir ses doutes, l'usurier reprit tout haut :

— C'est sans doute vous, madame, qui remettrez ces billets au jeune Hervé ?

— Non pas ; je les remettrai à l'un de ses amis qui m'a priée d'être intermédiaire auprès de vous, et dans le cas où votre réponse serait favorable, cet ami m'a chargée de vous dire que le jeune Hervé vous attendrait aujourd'hui à une heure, au café du chemin de fer de Lyon.

— En ce cas, madame, vous pouvez faire savoir à mon jeune client qu'il me trouvera exact au rendez-vous ; je serai muni des vingt-cinq mille francs que je lui remettrai en échange des sept traites.

— A merveille...

— Il aura seulement à écrire au bas de chaque billet : *Approuvé l'écriture ci-dessus*, BON POUR CINQ MILLE FRANCS, et signer... c'est bien simple.

— Fort simple assurément ; l'on ne saurait imaginer un procédé plus commode pour se procurer de l'argent... Ainsi donc, monsieur, tantôt, à une heure...

— Mon jeune client me trouvera au café du chemin de fer de Lyon, et donnant... donnant... il empochera la somme. Maintenant, madame, je...

— Pardon, monsieur... un mot encore... Hier, lorsque je suis allée chez vous dans l'après-midi... votre porte m'a été ouverte par une jeune personne blonde... fort belle en vérité...

— C'est ma nièce Héloïse... nous l'avons élevée par charité ; sans nous elle crèverait de faim ; mais que voulez-vous, madame ?... il est des charges de famille qu'il faut accepter sous peine de se voir jeter la pierre... heureusement ma nièce va se marier à un monsieur d'un certain âge ; il consent à la prendre pour ses beaux yeux... grand bien lui fasse à ce digne épouseur ! ce n'est pas qu'elle soit une méchante fille ; mais elle est maussade, sournoise, taciturne, une vraie *machine*... sotte comme un panier, ne disant mot et n'en pensant point pour cela davantage.

— En effet, quoique d'une beauté remarquable, cette jeune fille m'avait paru avoir l'air assez niais...

— Elle n'en a pas seulement l'air, mais aussi la chanson ; on ne peut lui arracher deux paroles de suite...

— Ainsi elle se marie ?...

— On la présente aujourd'hui à son prétendu, l'affaire est bâclée, Dieu merci !... nous n'aurons plus à nous occuper d'elle... Mais quel intérêt, madame, pouvez-vous prendre à cette pauvre sotte ?

— Je l'ai rencontrée hier matin chez madame Clémence Hervé...

— Ma nièce ?

— Oui, monsieur... sa beauté m'avait frappée, j'ai été surprise de retrouver cette jeune personne chez vous, lorsque je suis allée vous voir, et qu'en votre absence j'ai laissé ma lettre à votre adresse.

— Ma nièce chez Clémence Hervé ?... voilà qui est parbleu fort singulier... — Puis se frappant le front, M. Morand ajouta : — Mais j'y songe, rien de plus simple ! ma nièce aura été porter directement à Clémence Hervé notre offrande en faveur d'une malheureuse famille qu'elle patronne.

— Quoi ! monsieur, vous, homme d'esprit ! vous qui semblez si bien connaître la vie, vous donnez dans ces bouffonneries démocratiques et socialistes !

— J'y donne... morbleu ! j'y donne à mon corps défendant, et tout en reconnaissant ma sottise ; mais que voulez-vous, madame ? hier, après la lecture d'un maudit feuilleton intitulé : *Misères sociales*, ma femme et moi, nous nous sommes senti, malgré nous, le cœur si navré... si serré, que, pour nous débarrasser de cette espèce d'oppression, nous avons été assez bonasses pour débourser chacun vingt francs en faveur de cette famille de mendiants...

— Pour qui la Clémence Hervé battait la caisse... dans son feuilleton. C'est à la fois bruyant, philanthropique et surtout fort économique ! — reprit Virginie Robertin, — Cette réformatrice convie les benêts à l'agape fraternelle dont seuls ils paient les frais ; elle prêche la solidarité, l'égalité et autres rengaines démoc-soc ! sans doute parce que l'orgueil de cette bégueule égale son insolence, et qu'ils sont solidaires l'un de l'autre ; elle peint les misères sociales et se goberge dans l'abondance... elle pose en Cornélie, se hanche, se drape en mère des Gracques, et son avarice, sa rigidité stupide, son dur égoïsme imposent à son fils d'atroces privations ; elle le cloître dans son atelier, le force à un travail de manœuvre, l'atrophie, l'hébète, le sèvre des plaisirs de son âge... Aussi qu'arrive-t-il? Le jouvenceau, poussé à bout par l'imbécile rigueur de sa mère, se révolte, s'émancipe, et ma foi ! vivent la jeunesse, l'or, le vin, l'amour ! comme dit Florestan dans mon *Nouveau Chérubin*, et un beau jour... l'oiseau bleu prend sa volée...

— Admirable ! sublime ! le portrait de la démoc-soc est tracé de main de maître ! — s'écria M. Morand. — Je tirerai ce portrait à vingt mille exemplaires en le répétant, le colportant, le redisant à tout venant ! Si le bon Dieu est juste, la Clémence Hervé sera punie par où elle aura péché ! son fils lui mangera jusqu'à son dernier sou.

— Et vous aurez été, mon cher monsieur Morand, l'un des agents de ce châtiment providentiel...

— Je l'aurai été... je désire, je veux l'être encore, madame ! oui, je me sens capable... pour continuer de servir les vues de la Providence... de prêter à cet intéressant jeune homme... (toujours moyennant une commission raisonnable) vingt-cinq autres mille francs, lorsque ceux-ci seront mangés, et ainsi de suite jusques à la concurrence d'une somme de quatre-vingt mille francs.

— Ah ! cher monsieur Morand, quel talisman que votre portefeuille !... il s'ouvre... ô prodige ! la jeunesse ennuyée, languissante et morose, se redresse, et, l'œil brillant, le rire aux lèvres, l'amour au cœur, elle s'élance à travers les gais mirages de cette belle vie couleur de rose et or, qui dure... hé pardieu !... qui dure... ce que dure la pâquerette et le billet de banque... l'espace d'un matin !... mais qu'importe... si en un matin l'on a vécu des jours ! qu'importe l'orage du soir, si la matinée a été splendide !...

— Bravo... bravi... bravissima! — s'écria l'usurier transporté — l'on devrait écrire ces maximes en lettres d'or... Ah! madame Robertin, je vous admirais avant de vous connaître... maintenant je vous vénère... je vous adore...

— Hé... hé... c'est une déclaration...

— Plût à Dieu!... mais, hélas! je grisonne, j'ai du ventre, et je dois voir en vous, non la femme... mais uniquement ce ravissant et célèbre mauvais sujet, le *major Fredène*...

— Si j'empruntais cent louis à ce happe-chair — pensait madame Robertin. — Et après réflexion, elle se dit: — A quoi bon! j'ai mon Philippe... ménageons le Morand pour l'avenir...

— Madame — reprit l'usurier — il faut que vous m'accordiez une grâce?...

— Parlez, cher monsieur Morand.

— Ma femme est comme moi, fanatique de votre talent, permettez-moi de vous la présenter un jour?

— Avec grand plaisir.

— Ce n'est pas tout: daignerez-vous quelquefois venir partager notre modeste dîner bourgeois?

— Certainement.

— Ah! madame, vous nous comblez... je... pardon, j'abuse de vos précieux moments... je filoute la postérité!

— J'ai quelques épreuves à corriger... mais...

— Il suffit, madame... je me sauve, je m'éclipse... heureux d'emporter l'assurance de vous revoir quelquefois!...

— Adieu, cher monsieur Morand... ainsi le jeune Hervé sera certain de vous trouver aujourd'hui à une heure, au café du chemin de fer de Lyon.

— J'y serai avec mes vingt-cinq billets de mille francs en

poche... je cours chez mon banquier chercher les fonds...
Quel bon tour à jouer à cette *démoc-soc*... de Clémence Hervé!
Adieu, madame, et ma foi, vive le major Fredène! — ajouta
l'usurier avec enthousiasme en sortant du salon.

XXXIV

Virginie Robertin, après le départ de M. Morand, se livra
sans contrainte à l'ivresse de ses détestables espérances et
aux ressentiments de sa haine contre la femme illustre
qu'elle enviait et abhorrait.

— Oh! je te tiens, Clémence Hervé! — s'écria l'auteur
du *Nouveau Chérubin* — oui, cette fois, je te tiens... tu souffriras tout ce qu'une mère peut souffrir! ton fils est à moi
désormais!... il est jeune, bon, naïf, crédule et faible... je
lui ai mis le feu dans le sang, il m'adore... Je te l'enlève
aujourd'hui, entends-tu, Clémence Hervé? je te l'enlève
séduit par mes paroles, magnétisé par mes regards, ébloui
de l'avenir d'amour, de volupté, de plaisirs qui va miroiter à ses yeux; il signera les lettres de change, bénissant
cette manne d'or qui, à l'improviste, lui tombe du ciel, et,
riches de vingt-cinq beaux mille francs, nous partons à
l'instant pour la Suisse... nous menons train de prince. Ces
vingt-cinq mille francs mangés, nous aurons de nouveau
recours à la bourse de l'usurier; nous pourrons vivre
ainsi en grands seigneurs pendant une année... au moins...
La source des emprunts tarie... Philippe ruiné, si mon
caprice pour lui a passé, je lui dirai: — Allez, enfant pro-

digue... allez retrouver *maman!* elle vous trouvera gentil!... Si, au contraire, l'ingénu me plaît toujours, et si j'en juge par la violence de mon goût pour lui, il me semble qu'il me plaira longtemps. Hé bien ! après avoir vécu en grands seigneurs, nous vivrons joyeusement en bohêmes, rigolant, flânant, paressant, nous endettant et parfois travaillant ; le couteau ou plutôt le propriétaire sur la gorge, je recommencerai à écrire des romans ; Philippe a un magnifique talent, et au lieu de l'employer à des machines historiques, héroïques et démocratiques, il modèlera de ces charmantes petites figurines, extrêmement peu vêtues, qui, sur les quais, se vendent comme du pain ; il travaillera, s'il le faut, comme un nègre, pour amener de l'argent à la maison ; il sera l'esclave de mes caprices, de mes volontés, parce qu'il possédera bientôt les vices de l'esclave ; oui, je détruirai facilement chez lui jusqu'à l'ombre de ces rigides et sots principes dont tu as entravé, empêtré sa jeunesse, ô Clemence Hervé... j'aurai tôt et vite fait de lui un sceptique, un viveur, un bohême !... et si tu parviens à me reprendre ton fils... tu maudiras le jour où tu me l'auras repris! aussi, q'oi qu'il arrive... qu'il me reste ou qu'il retourne à toi, flétri, perdu... et même repentant, je t'aurai frappée au plus vif de ton cœur ! je me serai vengée de tes vertus, de ta gloire, illustre bégueule !

L'horrible femme, après cette explosion de haine, se recueillit et reprit :

— Plus j'y songe, plus je suis convaincue que la réussite de mes projets... et ils réussiront!... assurera ma vengeance, satisfera mon goût pour Philippe et tranchera nettement ma position actuelle, qui menace de devenir intolérable... mon imbécile mari a longtemps combattu, dissimulé ses soupçons jaloux ; mais maintenant ils percent dans ses moindres paroles ; il est stupide, il me craint, mais il est effroyablement têtu... et l'instinct de sa jalousie le guide et lui donne une sagacité qui m'inquiète ; il pourrait rendre ma vie insoutenable, car l'on n'a pas d'idée de quoi est capable un jaloux entêté... du reste, il sera toujours temps de me rapprocher de lui, dans le cas où je le trouverai convenable... je lui écrirai de la gare du chemin de fer, si je pars avec Philippe, ce dont je suis presque certaine, que je vais passer quelque temps à la campagne, chez une amie... et que je le charge de garder ma fille ; il a deux mille francs d'appointements, c'est suffisant...

Madame Robertin entendant sonner la pendule prêta l'oreille et ajouta :

— Voici dix heures... partons ; je suis allée ce matin visiter le quinconce ; Philippe s'est procuré une échelle, il l'a dressée au pied de sa fenêtre, en un instant je serai chez lui... alors scène capitale... je le décide à me suivre... nous descendons dans mon jardin, nous gagnons la porte... et à une heure et demie... roule, roule, le chemin de fer de Lyon !... J'enlève ton fils, Clémence Hervé... je suis vengée !

Ce disant, l'auteur du *Nouveau Chérubin* sortit et gagna rapidement le quinconce, auquel on arrivait par une allée ombreuse et tournante.

Peu de temps après le départ de cette mère sans entrailles, sa fille, couchée dans la chambre voisine, une pauvre enfant de dix-huit mois, ainsi délaissée avec une odieuse insouciance, commença de pousser des cris aigus ; ils allaient croissant, lorsque M. Robertin, ayant ouvert la porte extérieure de l'appartement à l'aide d'un passe-partout, entra d'un air craintif et sournois dans le cabinet de travail où il croyait trouver sa femme, car, à peine eut-il mis le pied sur le seuil, il dit en manière d'excuse :

— Tu m'as fait partir une heure trop tôt pour mon bureau... je l'ai trouvé fermé... alors je suis revenu... ne te fâche pas, major...

XXXV

Monsieur Robertin, s'apercevant qu'il parlait aux murailles en expliquant son retour par cette singulière raison : — « Qu'ayant devancé l'ouverture de son bureau, il en reve« nait parce qu'il l'avait trouvé fermé, » — M. Robertin, présumant que sa femme était absente, voulut s'en assurer, visita les deux chambres contiguës au cabinet de travail et dans l'une desquelles se trouvait l'enfant qui, se débattant au fond de son berceau, poussait des cris aigus. Le mari débonnaire prit la petite fille entre ses bras et essaya de l'apaiser en la berçant et en chantonnant ces mots consacrés : — Dô... dô... l'enfant dô... cantilène qu'il interrompit bientôt en se livrant au monologue suivant :

— Tiens ! ma femme est déjà sortie ! c'est curieux ! Elle m'avait envoyé une heure d'avance à mon bureau, parce qu'elle voulait, disait-elle, être seule pour mettre tout de suite en train et chaud... chaud... un nouveau roman... et ma présence la gênait... ajoutait-elle d'un air inspiré. (Dô..

dô... l'enfant dô... l'enfant dormira tantôt!) Et cette satanée bonne qui prend sa volée, dès que ma femme a tourné les talons, au lieu de veiller sur Athénaïs... qu'elle laisse crier dans son berceau... Mais où diable est allé le major ? Pourquoi m'a-t-il renvoyé une heure plus tôt que de coutume !... hum... cela ne flaire rien de bon ! allons, me voici encore à me mettre martel en tête... avec ma jalousie... dame... c'est que ce jeune Hervé... notre voisin... peste soit de son voisinage ! Ce jeune Hervé est joli garçon... ma foi, très-joli garçon.,. ma femme veut poser pour lui... et si elle a cela dans la tête... Elle posera... la chose est toisée... moi aussi... merci ! diablesse de femme !... après cela je suis bien... et c'est assez rassurant que madame Hervé nous ait mis à la porte de chez elle... oui, mais d'un autre côté, le major a fait patte de velours malgré les duretés de sa collègue... il faut qu'il y ait quelque anguille sous roche... ce jeune homme est joli garçon... très-joli garçon !

Et M. Robertin, s'adressant à l'enfant dont les cris ne s'apaisaient pas :

— Calme-toi, ma bibiche... tu tu... relu tu tu... dô... dô... l'enfant dô... carogne de servante ! Nous la flanquerons dehors ! oui... mais elle nous demandera ses deux mois de gages, car nous vivons dans un désordre ! ah ! tout n'est pas rose dans le métier de mari d'une femme auteur ! Je sais bien que ça flatte fièrement ma vanité. Ainsi quand je suis à mon café, je dis souvent à un voisin : « — Monsieur, que pensez-vous des romans du ma-« jor Fredène ? — Oh ! oh ! c'est un fier luron, à le juger « d'après ses œuvres ! — Hé bien, tel que vous me voyez,

« monsieur, c'est ma femme. — Le major est votre femme ?
« Oui, monsieur, le major Fredène est né Virginie Du-
« tillet, mon épouse. » — Et moi de rire en me rengorgeant ; ce sont là, il faut être juste, de fameux moments...
mais, ensuite, il y en a d'autres... hum... hum, comme celui-ci, par exemple... où je ris du bout des dents et où j'ai la mort dans l'âme !... nom d'un nom ! pourquoi ma femme m'a-t-elle ce matin renvoyé sitôt ? où peut-elle être allée ? elle ne devait pas sortir de la journée... Ce jeune Philippe est joli garçon... très-joli garçon... j'en reviens toujours là... sa figure de longtemps ne me sortira pas de la tête... Il en était ainsi, il y a deux mois, de la figure de ce méchant godelureau de Sylvio le chanteur, elle me cauchemardait nuit et jour... c'est plus fort que moi... Est-ce qu'il y a six mois, je n'étais point semblablement cauchemardé par la face moustachée de ce grand butor de capitaine de spahis qui venait dévorer notre dîner, lequel butor ma femme a mis en action, comme elle dit, sous le nom du *capitaine Granmanche*, dans son roman de l'*Amour au galop ;* les cauchemars jaloux ont toujours été pour moi... une sorte de pressentiment... qui sait s'ils ne m'ont pas trompé ? mille noms de noms ! si je croyais... si j'étais sûr... si j'osais... (dô... dô... tu... tu... tu... l'enfant dormira tantôt). Ah ! oui... si j'osais... mais je n'ose pas, je suis si poule mouillée... si stupide... si poltron... et puis toujours loin de ma femme... comment la surveiller... oh ! quand je pense que pendant que je suis tout le jour à mon bureau... elle va... elle va... et enfin... que cet enfant que je berce comme un imbécile... n'est peut-être pas le mien !

A cette idée une larme brûlante roula dans les yeux de ce malheureux, ses traits pâlirent, se contractèrent et il reprit :

— Nom de nom ! quand je me dis que je pourrais être trompé comme tant d'autres... j'ai froid dans le dos... ma poche au fiel se crève... et en ces moments-là... tout bonasse que je suis, je comprends... hum... hum... je comprends... ma foi oui... tant pis... je peux m'avouer cela à moi-même... je suis tout seul... hé bien oui... je comprends qu'un mari dans ma position... donne mielleusement à sa carogne d'épouse... un petit peu de mort aux rats !

En prononçant ces mots, la figure de M. Robertin pri une effrayante expression de férocité sournoise et débonnaire, si cela se peut dire ; puis, jetant sur l'innocente créature qu'il berçait et dont les cris s'apaisaient, un regard soupçonneux et sinistre, il continua de murmurer machinalement d'une voix sourde et d'un air rêveur :

— Dô... dô... l'enfant dô... l'enfant dormira tantôt...

Monsieur Robertin fut distrait de sa pénible rêverie par les tintements violents et réitérés de la sonnette de l'appartement :

— Il n'y a que le major capable de sonner ainsi à tout briser — dit le bonhomme en se dirigeant vers la porte extérieure du logis, en tenant toujours l'enfant entre ses bras : — c'est ma femme qui rentre ! gare à moi... elle est capable de me forcer de retourner à mon bureau ! nom d'un nom ! qu'elle ne m'échauffe point les oreilles... car, pour la première fois de ma vie... il y a commencement à tout... je me sens si cruellement mordu au cœur que tout bonasse que je sois... je suis capable de rouer de coups ma carogne de femme ! Si elle ne me dit pas nettement... clairement d'où elle vient ! et pourquoi elle m'a renvoyé d'ici ce matin !

XXXVI

M. Robertin se trompait dans ses conjectures, et lorsqu'il eut ouvert la porte extérieure du logis, il se trouva en face d'un homme de haute taille, d'une carrure athlétique, et dont la large main semblait caresser convulsivement la pomme d'une canne de houx d'une remarquable grosseur. La physionomie rude et menaçante de cet inconnu impressionna désagréablement M. Robertin qui, fort courtoisement et d'une voix peu rassurée, dit à ce personnage :

— A qui, monsieur, ai-je l'honneur de parler ?

— Monsieur — reprit l'inconnu blémissant de colère — le major Fredène demeure ici ?

— Oui, monsieur.

— Où est-il ?...

— Il est sorti...

— C'est dommage...

— Du reste, monsieur, s'il s'agit de quelque chose que l'on puisse lui communiquer, je...

— Il s'agit de lui communiquer des coups de bâton, monsieur...

— Hein ! — fit M. Robertin reculant et tenant toujours entre ses bras l'enfant qui s'endormait. — Quoi ! des coups de bâton à ma femme ?

— Ah ! ah ! vous êtes le mari... vous ?

— Oui, monsieur, je suis le mari du major, ou si vous l'aimez mieux, le major est mon épouse. Aussi, je n'en doute pas, vous regretterez d'avoir parlé de coups de bâton, et...

— Mauvais drôle ! — s'écria l'inconnu en brandissant son énorme canne — si je ne peux fustiger votre drôlesse de femme... ainsi que je me l'étais promis... je vous bâtonnerai !

— Monsieur... que signifie ?...

— Cela signifie que je suis le mari de madame Tournemine, marchande de modes, contre qui votre harpie de femme a écrit un feuilleton capable de nous ruiner, en jetant le ridicule et la défaveur sur notre magasin ; et pourquoi cette odieuse méchanceté ? — ajouta M. Tournemine exaspéré — parce que nous avons réclamé, après plus d'une année, l'argent que votre coquine de femme nous devait, pour une fourniture de bonnets à la Paméla qu'elle aurait voulu nous filouter sans doute !

— Monsieur... calmez-vous... de grâce ! je suis loin de vouloir défendre ma femme, et d'ailleurs, ne portant point d'habitude de bonnets à la Paméla, je ne suis pas responsable de...

— Écrire dans son journal que l'on ne trouve dans notre magasin que des modes passées... fossiles... antédiluviennes ! éloigner ainsi de nous nos clients... nous faire un tort irréparable ! la drôlesse ! Ah ! c'est vous, à défaut d'elle, que je vais corriger, polisson ! — s'écria M. Tournemine furieux levant sa canne sur M. Robertin. Mais celui-ci, très-effrayé, répondit en se faisant un rempart du corps de l'enfant qui, réveillée, poussa des cris perçants :

— Monsieur, c'est indigne à vous! oser menacer une mère qui tient son enfant dans ses bras, puisque je représente momentanément ma femme, dans ses fonctions maternelles... Du reste, si vous voulez la rosser, ne manquez pas de revenir demain et de bon matin pour l'amour de Dieu! vous me causerez un véritable plaisir ; car en ce moment je suis furieux contre elle...

Cette altercation avait depuis peu d'instants pour témoin un homme qui se tenait debout au seuil de la porte du logis, laissée ouverte par M. Tournemine ; aussi, jugeant dès lors convenable d'intervenir en voyant le mari de la modiste brandir de nouveau sa canne, malgré l'invocation de M. Robertin à l'endroit de ses fonctions maternelles, ce personnage s'interposa entre les deux antagonistes et dit à M. Tournemine, dont il arrêta doucement le bras levé sur M. Robertin :

— Ayez du moins pitié du malheureux enfant que monsieur tient dans ses bras... Revenez à vous... de grâce... vous ne sauriez vouloir frapper cette innocente créature...

— La Providence m'envoie un sauveur ! — dit M. Robertin se réfugiant derrière le nouveau venu, — mais quel est-il? Je n'ai jamais vu ce monsieur tout de noir vêtu... comme un croquemort !

M. Tournemine, malgré sa colère, se rendit à l'observation de l'intervenant, et dit d'un ton bourru en abaissant sa terrible canne :

— Certes, je ne voudrais faire aucun mal à cet enfant... mais, mille tonnerres ! la diffamation dont ma femme et moi nous sommes victimes ne restera pas impunie !

— Il est, ce me semble, monsieur, — reprit l'inconnu —

un moyen de tout concilier sans recourir à des violences toujours regrettables.

— Hé ! morbleu, monsieur, cela vous est bien facile à dire !! ce feuilleton, écrit dans un journal très-répandu, va nous causer un dommage immense ! — s'écria M. Tournemine — je me suis promis de me venger... je me vengerai !!

— Permettez, monsieur... ne pourriez-vous pas faire officieusement appel à la conscience de madame Robertin, et au besoin, obtenir judiciairement la rétractation d'un article préjudiciable à vos intérêts ?...

— Parfaitement — s'écria M. Robertin ; — le major, dans son prochain feuilleton, déclarera qu'il s'agissait d'une simple et détestable plaisanterie... et qu'elle ne prétendait en rien déprécier les modes de madame Tournemine, qui sont au contraire... des plus nouvelles et de la dernière élégance !

— Une pareille rétractation remédiera en partie au dommage dont vous vous plaignez... — dit l'étranger à M. Tournemine — acceptez-la... de grâce...

— Hé bien, soit, — reprit le mari de la modiste. Et lançant un regard menaçant à M. Robertin : — Rappelez-vous bien ceci... je consens à suspendre ma correction ; mais si dès demain, votre harpie de femme ne désavoue pas dans son journal, et d'une manière qui nous satisfasse complétement, les injures, les calomnies de son feuilleton d'hier, elle aura... morbleu ! affaire à moi ; et aussi vrai que je m'appelle Tournemine... je la fustigerai d'importance.

— Et moi — reprit M. Robertin — je m'engage sur l'honneur à ne point m'opposer à la correction... au contraire !!!

— Que vous vous y opposiez ou non, ce serait la même chose, — répondit M. Tournemine en sortant et laissant seuls M. Robertin et son défenseur.

XXXVII

M. Robertin s'empressa d'aller reporter dans la chambre voisine son enfant endormie et rejoignit avec un vif sentiment de curiosité le protecteur inconnu qui venait de le sauvegarder des violences de M. Tournemine.

Le personnage observa très-attentivement le *facies* de M. Robertin qu'il voyait pour la première fois, et grâce au souvenir de ces paroles échappées à l'infortuné mari lors de son altercation avec *le* modiste : « Je ne m'opposerais point à la correction que vous voulez infliger à ma femme... au contraire !!! » il conclut que ce gros petit homme d'une molle obésité, au front fuyant, à la mâchoire inférieure saillante, aux joues imberbes et flasques, devait être d'un tempérament lymphatique à l'excès, conséquemment très-enclin à la paresse, tandis que les autres indices caractéristiques de sa physionomie annonçaient presque indubitablement la sottise et l'entêtement ; enfin, l'approbation courroucée qu'il donnait d'avance à la correction dont on menaçait sa femme, annonçait une profonde irritation contre elle ; il attribua donc naturellement à sa jalousie l'irritation de M. Robertin et basa en conséquence l'action qu'il voulait exercer sur lui.

— Ah ! monsieur ! — dit enfin avec un accent de vive gratitude M. Robertin, surpris du silence de son sauveur inattendu, — Ah! monsieur! comment vous remercier du service que vous venez de me rendre en m'arrachant des mains de ce forcené... je...

— Permettez — dit l'étranger prenant gravement la main de M. Robertin ébahi; puis, consultant son pouls, il ajouta, en hochant la tête : — L'émotion a été vive... vous êtes encore, monsieur, tout fébricitant...

— C'est bien possible, monsieur, mais cette remarque... de votre part?...

— Monsieur, j'ai l'honneur d'être médecin...

— C'est différent... et je vous remercie de votre observation...

— J'ajouterai, monsieur, que vous avez le pouls terriblement agité.

— Cela ne m'étonne pas... après l'algarade de cet enragé! de ce Tournemine!!

— Afin de vous remettre de cette violente secousse, vous prendrez, monsieur, si vous m'en croyez... du repos, beaucoup de repos...

— Ah! monsieur le docteur — s'écria M. Robertin avec jubilation, — vous me mettez du baume dans le sang! Ainsi je pourrai rester huit jours sans aller à mon chien de bureau?

— Huit jours... allons donc!

— C'est trop?...

— Au contraire! il faut au moins un mois de vacances, sinon... je ne réponds pas de la gravité des suites de la perturbation jetée dans votre organisme par la scène brutale dont j'ai été témoin.

— Quel bonheur! mon... organisme est perturbé! Je

pourrai rester un mois sans aller à mon scélérat de bureau!! Un mois à me dorloter, à me câliner, à me lever à dix heures, à onze heures, à midi... un mois pendant lequel je pourrai ne pas quitter d'une minute ma diablesse de femme, — ajouta, presque malgré lui, M. Robertin avec un sourire amer en se souvenant des divers incidents de la matinée. — Ma foi, béni soit ce forcené M. Tournemine qui me procure ces loisirs!! Monsieur le docteur, auriez-vous la bonté de me donner une ordonnance et une attestation portant que j'ai impérieusement besoin de prendre un mois de repos?

— A quoi bon cette attestation?

— D'abord à fermer la bouche au major...

— Quel major?

— Le major Fredène, née Virginie Dutillet... mon épouse... car vous ignorez... sans doute que je suis...

— Je ne l'ignore point du tout, mon cher monsieur, c'est précisément là... l'objet de ma visite...

— Comment? vous venez me voir... parce que je suis?...

— Parce que vous êtes M. Robertin, et de plus... j'ai la prétention de vous rendre un service.

— A moi?

— A vous.

— A qui ai-je l'honneur de parler, s'il vous plaît?

— Au docteur Max.

— Quoi! monsieur... vous seriez ce fameux docteur?

— Pour vous servir, si j'en étais capable...

— Vous êtes trop bon... Et d'où vient l'intérêt que vous me témoignez, monsieur le docteur?

— Vous en saurez dans un instant la cause; mais pardon, reprenons notre entretien ; vous avez besoin d'un certificat de ma main, afin, dites-vous, de fermer la bouche à madame Robertin ?

— Sans doute... et je vous avouerai franchement, car l'on peut tout avouer à son médecin...

— Un médecin est une espèce de confesseur...

— C'est ainsi que je l'entends, et quoique je vous voie aujourd'hui pour la première fois, monsieur le docteur, c'est étonnant combien je me sens de confiance en vous...

— De cette confiance, je m'efforcerai de me montrer digne... je vous écoute...

— Je vous avouerai donc... que ma femme ne peut souffrir que je sois à rien faire ; elle est sans cesse à me dire : « Allons donc, lève-toi donc, voilà neuf heures, tu « devrais déjà être parti pour ton bureau... » Et j'avoue ma faiblesse... j'ai mon bureau en horreur ; or vous concevez qu'avec un certificat de votre main, je pourrai répondre au major : « Ma santé exige que je prenne un « mois de repos... et... »

— C'est entendu... vous aurez le certificat ; maintenant, dites-moi : que penseriez-vous de l'existence dont je vais tâcher de vous donner une esquisse...

— Voyons l'esquisse ?

— Renoncer à votre bureau, vous lever quand bon vous semble, passer doucement vos jours dans un délicieux far-niente ; en un mot, boire, manger, dormir, flâner, paresser, jouir de la célébrité de madame Robertin... et surtout... j'insiste là-dessus... et surtout... ne jamais la quitter plus que son ombre... car, enfin, madame votre femme est jeune, jolie... et les filles d'Ève sont faillibles, mon cher monsieur... sont extraordinairement faillibles, mon pauvre monsieur Robertin.

— De quel ton... vous me dites cela... monsieur le docteur... vous me donnez la chair de poule... est-ce que vous soupçonneriez ma femme de...

— Permettez-moi d'achever ma supposition ; ne pensez-vous point qu'en passant ainsi désormais votre vie, auprès de madame Robertin, sans jamais la quitter d'une seconde, restant au logis si elle y reste, sortant si elle sort, l'accompagnant partout et toujours, où que ce soit, où qu'elle aille, vous seriez alors, non-seulement délivré de tout soupçon jaloux, mais que vous vivriez largement, grassement, du fruit du travail de madame Robertin, ainsi qu'il convient, car le poëte l'a dit :

« Du côté de la barbe est la toute-puissance. »

— Vous n'avez point de barbe, il est vrai, mais vous avez le droit d'en avoir, en vertu de votre sexe, et ce droit suffit à vous assurer la paresseuse et plantureuse existence dont je viens de vous donner un crayon. Or, elle peut être, elle sera la vôtre, mon cher monsieur Robertin, si vous suivez les conseils que je m'estimerais trop heureux de vous donner, selon mon petit jugement.

XXXVIII

M. Robertin, en proie à un ébahissement croissant, ne pouvait concevoir par quel prodige le secret de sa paresse et de sa jalousie était ainsi pénétré par ce médecin qu'il voyait pour la première fois et dont les conseils semblaient devoir si parfaitement correspondre aux ressentiments exaspérés en lui, Roberlin, par les divers incidents de la matinée ; aussi s'écria-t-il :

— Mais... monsieur le docteur, il est extraordinaire, inconcevable, que vous deviniez si bien... le fond de ma pensée... Ah çà... vous êtes donc sorcier?

— Vous avez de moi une opinion trop haute... je suis tout bonnement quelque peu cousin de Satan... par... les femmes... traitez-moi donc sans façon, mon cher monsieur... et dites-moi si décidément l'existence que je viens de vous crayonner vous agrée?

— Ah! monsieur... ce serait pour moi échanger l'enfer contre le paradis... car il faut bien vous faire encore cet aveu, en vertu de la confiance que vous m'inspirez ; car, je le répète, vous m'inspirez une confiance inimaginable!

— Je produis cet effet-là sur beaucoup de personnes... — répondit modestement le docteur Max ; — j'attribue cette sympathie à la benoîte candeur de mon visage... Achevez, de grâce, votre confidence.

— Hé bien, docteur... tout n'est pas couleur de rose dans le métier de mari d'une femme auteur... j'éprouve parfois... et ce matin entre autres, des accès de jalousie atroce... et s'il m'était possible, ainsi que vous le dites, de ne pas quitter ma femme plus que son ombre...

— Il dépend de vous uniquement, absolument de vous, que cette existence si enviée soit la vôtre.

— Comment y parvenir?

— En suivant mes conseils.

— Quels sont-ils, monsieur le docteur?

— Pouvez-vous m'accorder une heure?

— Deux, s'il le faut... et pourquoi faire?

— Vous m'accompagnerez.

— Où cela, monsieur le docteur?

— Vous le saurez plus tard...

— Je vous suis... car, sur ma foi, vous me fascinez... et puis après tout... qu'est-ce que je risque...

— Vous risquez de voir réaliser vos vœux les plus chers...

— S'il en est ainsi... partons.

— Il nous faudra peut-être revenir ici.

— Ici... dans quel but?

— Il s'agira de certaines recherches littéraires... Madame Robertin conserve sans doute la collection de ses feuilletons?

— Certes, ils doivent être là-bas... dans ce carton à chapeau. Mais à quoi bon?

— Je vous dirai ceci en route, mon cher monsieur Robertin, car le temps nous presse... Il est déjà onze heures, — répondit le docteur Max en consultant sa montre, — ne perdons pas un moment. Venez.

— Allons, — dit M. Robertin en prenant son chapeau — je ne comprends rien à tout ceci; mais vous avez l'air d'un brave homme, je m'abandonne à vous les yeux fermés.

— Et bien vous en prendra, car je ne suis point... tant s'en faut... si diable qu'on le croit — répondit le docteur Max. — Et sortant de la maison, il rejoignit sa voiture qui l'attendait, y fit monter M. Robertin et se disposait à y monter à son tour, lorsque son domestique lui remit deux lettres, la première de Clémence Hervé, chez qui le docteur s'était rendu immédiatement avant sa visite à M. Robertin.

« Mon excellent ami — écrivait l'illustre femme de lettres
« au docteur Max — ce billet écrit à la hâte vous trouvera
« encore *dans mon voisinage.* Un scrupule invincible
« m'empêche de profiter de votre offre, si décisive que son
« action puisse être... dans cette lutte du bien contre le
« mal, de *l'ange* contre le *démon*; cette lutte doit s'accom-
« plir à armes courtoises, loyalement, généreusement, si-
« non notre victoire stérile n'aurait aucun des résultats que
« nous devrions en attendre; j'ai la mort dans l'âme... une
« récente et douloureuse découverte a fait presque s'éva-
« nouir mon dernier espoir... il n'importe... *Elle* et moi
« nous accomplirons notre devoir jusqu'à la fin. *Elle* est
« arrivée ici peu d'instants après votre départ... adorable
« créature! quel cœur! que de vaillante tendresse!... Je lui
« ai tout dit, elle m'a comprise... elle se dévoue... mais je
« tremble et n'ai que *trop de raisons* de trembler!...

« Je vous attends à l'heure dite... mais *seul;* je vous le
« répète, *je ne veux positivement pas* avoir recours au
« moyen que vous proposez... le succès, s'il est, hélas! en-
« core possible... ce dont je doute... doit être moral et non
« matériel... Cette chère enfant, dont le bon sens et le tact
« excellent égalent le génie, partage mon avis... Elle est
« *à l'œuvre*...

« Adieu, à bientôt...

« CLÉMENCE HERVÉ. »

Les traits du docteur Max, à mesure qu'il lisait cette lettre, s'assombrirent et il se dit avec une impatience chagrine :

— Maudite soit cette générosité chevaleresque! Le scrupule de madame Hervé est trop honorable pour n'être pas respecté... mais elle sacrifie la seule chance certaine de succès!... Ainsi soit, puisqu'elle l'exige... mais elle regrettera cruellement sa courtoisie plus qu'importune... agissons maintenant pour ma satisfaction particulière, ce sera toujours une manière de consolation — pensa-t-il en jetant un regard sardonique sur M. Robertin qui, rencogné dans l'angle de la voiture, tantôt éprouvait de vagues angoisses, tantôt se berçait de douces illusions en se rappelant les promesses du docteur. Celui-ci, décachetant la seconde lettre qu'on lui avait remise, et que lui adressait l'éditeur des œuvres de Maria Saint-Clair, lut ce qui suit :

« Monsieur le docteur,

« J'ai une communication très-urgente à vous faire, au
« sujet de mademoiselle Maria Saint-Clair. Je viens de
« voir M. le baron de Hapner, président de l'Académie des
« lettres de Vienne ; il arrive en poste d'Allemagne et est
« descendu chez moi ; je n'ai pu lui fournir les renseigne-
« ments qu'il désire, vous seul pouvez les lui donner ; il
« vous attendra toute la journée à l'hôtel des Princes, rue
« de Richelieu.

« Agréez, etc., etc. »

Le docteur Max, après la lecture de cette dernière lettre, parut éprouver un vif sentiment de curiosité, réfléchit, puis dit au domestique qui attendait ses ordres :

— Que l'on me conduise rue Caumartin, n° 13.

— Tiens ! — fit monsieur Robertin visiblement affecté

par un ressouvenir soudain et très-désagréable — c'est l'adresse du fameux chanteur Sylvio.

— Précisément, mon cher monsieur... c'est là que niche ce mélodieux rossignol — répondit le médecin avec un sourire singulièrement narquois; et, la portière fermée, la voiture se dirigea rapidement vers la rue Caumartin.

XXXIX

Le lecteur a compris tout d'abord que le docteur Max n'était autre que le mystérieux ami dont mademoiselle Morand avait parlé à Clémence Hervé dans sa première entrevue avec l'illustre femme de lettres. Il est du reste inutile de lui dépeindre autrement ce docteur, dont le caractère se développe suffisamment dans la suite de l'action.

Nous jetterons, pour l'intelligence de notre récit, un regard rétrospectif sur quelques-uns des événements de cette matinée qui précédèrent *l'ascension* de madame Robertin chez Philippe Hervé. Celui-ci ayant pris la veille pour confident de ses projets son élève, le naïf et bon Julien, tous deux, la nuit venue, transportèrent secrètement dans l'atelier l'une des échelles du jardinier, puis Philippe, regagnant l'appartement qu'il occupait dans la maison de sa mère, se renferma chez lui, sans aller la voir et l'embrasser selon sa coutume de chaque soir; brisé par une pénible insomnie, il se leva dès l'aube, et, voulant constater son absence apparente, il fit prévenir madame Hervé par sa concierge qu'il s'absentait et ne serait pas de retour avant l'heure de dîner ; mais un instant après il rentrait secrètement par une petite porte du jardin, regagnait son atelier où l'attendait Julien ; tous deux alors, faisant basculer par la croisée, qui s'ouvrait sur le quinconce, l'échelle soustraite la veille, amarrèrent solidement son extrémité à la barre d'appui de la fenêtre et assurèrent ainsi l'ascension de l'auteur du *Nouveau Chérubin*.

A mesure que l'heure du rendez-vous approchait, les angoisses croissantes de Philippe se trahissaient sur sa charmante figure pâlie par ses préoccupations et par ses brûlantes espérances.

— Ah ! mon ami ! — disait-il à Julien, non moins pâle et peut-être plus inquiet encore que son jeune maître dont il partageait les angoisses — quelle nuit j'ai passée !... je comptais chacune des heures qui me rapprochaient de ce moment que je désire et que je redoute à la fois... pourtant combien il tarde encore... au gré de mon impatience !

— Hélas ! ni moi non plus, monsieur Philippe... je n'ai pas fermé l'œil... en pensant que nous voici lancés en plein dans de terribles aventures... ni plus ni moins que le héros du *Nouveau Chérubin*... Tant qu'il s'agissait seulement de récits, ce livre m'avait, comme à vous, tourné la tête ; mais du récit nous passons à l'action... et je suis fièrement dégrisé !... Seigneur Dieu ! c'est effrayant... un complot de nuit, des échelles... une escalade... une femme... et qui pis est... une femme mariée... oui... mariée !... s'introduisant chez vous par la fenêtre... malgré la défense de votre mère ! Et vous avez dix-neuf ans... et moi dix-huit !... Seigneur Dieu ! nous commençons bien ! où nous arrêterons-nous... je me le demande... où nous arrêterons-nous !

— Ma mère m'a blessé au cœur par sa dureté, par son injustice — reprit Philippe avec une irritation douloureuse — ma mère m'a jusqu'ici traité en enfant; je suis résolu de lui prouver désormais que je suis d'âge à me conduire en homme!

— Tenez, monsieur Philippe — reprit tristement Julien — vous le savez, vous me diriez : « Jette-toi dans le feu « pour moi... » je m'y jetterais... sans dire : Gare!... la tête la première. Voilà pourquoi, malgré ma reconnaissance des bontés de votre mère... et c'est pour moi un grand remords, allez!... je suis entré dans votre complot... Il n'y aura que demi-mal s'il n'arrive de chagrin qu'à moi! j'aurai encouru le juste courroux de votre mère par ma noire trahison, par mon ingratitude scélérate... je subirai ma peine sans me plaindre... mais c'est pour vous que j'ai peur... car à votre place, je tremblerais...

— Trembler!... lorsque cette vaillante jeune femme me donne l'exemple du dévouement et de l'audace que l'on puise dans l'amour... car elle m'aime, Julien!... elle m'aime... je n'en saurais douter! l'amour seul inspire tant de courage!

— A la bonne heure, elle vous aime! vous devez vous connaître à cela mieux que moi qui ne m'y connais point, monsieur Philippe; mais enfin qu'est-ce que tout ceci va devenir? un buste ne se modèle pas en une séance, et cette dame ne grimpera pas certainement tous les jours par notre fenêtre... ainsi qu'elle va grimper aujourd'hui... car enfin... réfléchissez à cela, monsieur Philippe... vous êtes un homme! c'est une femme qui monte chez vous par escalade!... Nous n'avons rien vu de si fort dans le *Nouveau Chérubin!...*

— Ah! c'est son amour qui fait sa force et son courage!

— Mais demain, mais après-demain, où lui donnerez-vous séance?

— S'il le faut, je prendrai un atelier ailleurs pour la recevoir.

— Bonté divine! quitter la maison de votre mère! vous seriez capable de cela, monsieur Philippe, est-ce possible?

— Ne m'interroge pas! Je ne saurais répondre de l'avenir; je n'ai plus la tête à moi... j'ai la fièvre... je brûle... je souffre... souffrance douce et cruelle qui me transporte, m'enivre!... Mon Dieu!... dix heures ne sonneront donc jamais! il me semble... qu'alors ma destinée... s'accomplira... oh! cette attente me tue... et pourtant...

Le jeune statuaire s'interrompit en entendant une horloge lointaine sonner le dernier quart avant dix heures.

— Elle va venir! — s'écria Philippe tressaillant — elle va venir! Maintenant, mon bon Julien... laisse-moi seul..

— Le grand moment est arrivé! — balbutia le pauvre Julien — je n'ai pas une goutte de sang dans les veines... les oreilles me bourdonnent, je...

— Rassure-toi, et n'oublie pas mes recommandations.

— Non... non.

— Tu resteras de guet dans le petit belvéder du jardin...

— Dans le belvéder du jardin — répéta machinalement Julien — oui, monsieur Philippe...

— De cet endroit tu domineras l'allée d'un bout à l'autre... et si... (chose presque impossible, puisque ma mère me croit absent) si, dis-je, tu la vois de loin se diriger vers l'atelier, va au-devant d'elle, et, pour l'empêcher d'entrer ici, assure-la que j'ai emporté ma clef, en sortant de grand matin et que tu as égaré la tienne...

— Monsieur Philippe... je ferai, je dirai tout ce que vous voudrez... je mentirai comme un arracheur de dents; je vous l'ai promis ! Votre digne mère sera dupe de nos fourberies machiavéliques — répondit Julien soupirant et se regardant en toute sincérité comme un monstre de perfidie. — Je suis vraiment effrayé de me sentir si profondément astucieux, moi qui jusqu'à aujourd'hui me serais toujours crû incapable d'intrigue et de complots !

— Va... vite, mon bon Julien... elle peut arriver d'un moment à l'autre.

— Adieu, monsieur Philippe — reprit le candide garçon en s'éloignant le cœur gros, la sueur au front, les yeux humides et autant alarmé que s'il eût laissé son jeune maître exposé à un grand péril. — Et il balbutia en s'éloignant : — Adieu... conservez-vous... je vous laisse enfermé tout seul... avec une femme... qui... va... escalader votre fenêtre... Seigneur Dieu !...

Philippe, après le départ de Julien, ferma la porte de son atelier à double tour, mit la clef dans sa poche, et, quelques minutes après dix heures, madame Robertin, gravissant lestement l'échelle extérieure, entrait chez le jeune artiste.

XL

Madame Robertin s'était d'un bond élancée du linteau de la fenêtre sur le parquet, où, souple, gracieuse et légère, elle sembla rebondir ; puis, l'œil brillant, le sourire enchanteur et donnant à baiser sa main charmante à Philippe, elle s'écria :

— Enfin, me voici dans le paradis de mes rêves !...

Le jeune statuaire, ému, troublé, palpitant, mais dominé par une insurmontable timidité, ose à peine effleurer de ses lèvres la main de la femme de lettres, baisse les yeux et murmure :

— Madame... comment vous exprimer... pardon... je...

— Oh ! de grâce — reprit Virginie Robertin jetant les yeux autour d'elle — laissez-moi un moment me recueillir ! laissez-moi contempler ce sanctuaire où, si jeune encore et déjà si célèbre, vous avez médité... créé tant de chefs-d'œuvre...

— Ah ! s'il m'était jamais donné de créer un chef-d'œuvre... il serait unique et sortirait de cette argile ! — répondit Philippe montrant du giste, à travers la large baie que séparait la bibliothèque de l'atelier, le bloc de terre glaise préparée pour modeler le buste. — Jamais je n'aurai été mieux inspiré !... combien j'ai hâte, madame, de profiter de vos bontés... de me mettre à l'œuvre.

Le timide jeune homme avait en effet hâte de se mettre à l'œuvre, espérant ainsi échapper à l'embarras que lui causait ce premier rendez-vous, se donner une contenance en s'occupant de modeler le buste de l'auteur du *Nouveau Chérubin*, et enfin s'enhardir assez pour lui avouer son amour.

— Monsieur Philippe — dit soudain madame Robertin — la porte de votre atelier est-elle fermée ?

— Oui, madame...

— Il n'est que dix heures... je veux vous consacrer une partie de mon après-midi — reprit la jeune femme en s'asseyant sur un sofa placé dans l'un des angles de la bibliothèque, puis faisant signe au jeune statuaire de prendre place près d'elle ; ce qu'il fit en rougissant et avec un embarras croissant. — Causons un peu, avant de commencer notre séance... et surtout... parlons à cœur ouvert : je serai franche... serez-vous franc également?

— N'en doutez pas... madame.

— Je vous prends au mot, et tout d'abord je vous pose nettement... loyalement cette question : M'aimez-vous autant que je vous aime?

A cette question si nettement ou plutôt si effrontément posée en effet par madame Robertin et accompagnée d'un regard passionné, Philippe tressaillit, devint pourpre et répondit d'une voix altérée :

— Ah! madame... cet aveu venait sans cesse de mon cœur à mes lèvres... mais je n'osais...

— Donc... vous m'aimez... Philippe... et moi aussi je vous aime! je vous ai promis d'être franche... vous le voyez... je le suis.

— Ah! madame...

— Attendez... ne nous berçons pas de folles espérances... nous nous aimons... quelle sera l'issue de cet amour? le devoir me sépare à jamais de vous... et votre mère... hélas!... me méprise, me hait!

— Je vous en supplie... oubliez cette pénible journée d'hier dont je suis navré!

— Cette prière est inutile, Philippe... j'oublie toujours le mal que l'on me fait... loin de moi la pensée de raviver les discords qui se sont élevés entre votre mère et vous, j'en suis la cause involontaire, je le déplore cruellement; mais enfin il faut accepter les choses telles qu'elles sont... Votre mère me méprise, me hait; son influence sur vous, Philippe, est grande... et doit être grande... vous l'avez subie... vous la subirez toujours... elle vous détachera de moi.

— Oh!... ne le croyez pas!

— Philippe, avant de vous rencontrer, je n'avais jamais aimé... entendez-vous... jamais aimé, je vous le jure!... Mon mari m'inspirait, ne pouvait m'inspirer qu'une affectueuse estime... Je vous aime donc, Philippe! — ajouta Virginie Robertin d'une voix vibrante, attachant son ardent regard sur le jeune homme et se penchant vers lui. — Je vous aime, voyez-vous, comme doit aimer une femme de vingt-cinq ans qui, depuis qu'elle est femme, a concentré des trésors de tendresse, de dévoûment, de voluptés enivrantes accumulées pour un amant longtemps introuvable, mais qui, sachant ce qu'elle vaut par le cœur... dit à l'homme dont elle est passionnément éprise : Je veux de vous tout ou rien... parce que moi, je donne tout ou rien...

— Ah! ma vie! — s'écria le jeune statuaire embrasé d'un feu dévorant. — A vous... ma vie entière!

— Oui, je la voudrais, je la prendrais, votre vie entière, mon Philippe... parce que, moi aussi, je vous consacrerais ma vie entière... oui, j'exigerais de vous tout, jusqu'au sacrifice... parce que j'y répondrais par le sacrifice... Mais... non... non! il vous faudrait m'aimer... comme je vous aime; et vous ne le pouvez pas... d'ailleurs le pourriez-vous... qu'hélas! vous ne l'oseriez pas!

— Quoi ! je n'oserais vous consacrer ma vie ! je reculerais devant un sacrifice quel qu'il soit ?... ah ! mettez-moi à l'épreuve !

— Pauvre Philippe !...

— Oh ! de grâce !...

— Pauvre cher Philippe !

— Mon Dieu ! vous me méprisez donc bien ?

— Vous... mepriser... vous que j'admire... vous à qui je dois de connaître l'amour ! vous dont le souvenir... dussions-nous ne jamais nous revoir, sera pour moi un culte idolâtre !... vous mépriser, Philippe ?... Ah ! loin de là !... je respecte, j'honore le noble sentiment qui creuse entre nous un abîme...

— Quel sentiment ?

— Votre touchante vénération pour votre digne mère, dont l'influence sur vous sera toujours irrésistible...

— Ma mère ne m'a-t-elle pas défendu... de vous recevoir... et pourtant...

— Et pourtant, vous avez l'audace héroïque de me laisser entrer chez vous par la fenêtre, mon vaillant Amadis !

— Ah ! vous êtes sans pitié... mais encore une fois... mettez-moi donc à l'épreuve...

— Vous le voulez ?

— Je vous en supplie...

— Philippe... vous regretterez votre insistance... prenez garde !

— Achevez... dites... oh ! dites, qu'exigez-vous de moi ?...

— Hé bien ! partons, mon amoureux ! — s'écria Virginie Robertin avec un accent passionné ; puis, lançant à Philippe un regard enivrant et lui parlant de si près qu'il sentit sur sa joue le souffle de la jeune femme, elle se leva brusquement, le prit par la main et répéta : — Partons, mon hardi compagnon de jeunesse, de plaisir et d'amour... partons !

— Partir !... — reprit Philippe stupéfait — partir... et où aller ?...

— Au doux pays des amants et des folles ivresses !

— Partir... quitter Paris ?...

— Vous hésitez ?

— Abandonner ma mère !..

— Vous ne m'aimez donc pas ?

— Mon Dieu ! abandonner ma mère !...

— Adieu, Philippe... vous ne m'aimez pas... je vous l'avais dit... adieu ! car je veux tout ou rien, parce que je donne tout ou rien... au sacrifice que j'exige, je réponds par le sacrifice... je vous demandais de quitter votre mère... j'étais résolue de quitter mon mari... Adieu... encore une fois : tout ou rien, c'est ma devise.

XLI

Philippe Hervé, lorsque après ses adieux madame Robertin s'éloigna de lui, tendit vers elle ses mains suppliantes ; navré, effrayé à la pensée de se séparer de sa mère, les perspectives enchanteresses d'un voyage entrepris avec une femme séduisante apparurent cependant à son esprit troublé par le bouillonnement de ses sens, et il s'écria :

— Je vous en conjure... écoutez-moi !... ne soyez pas irritée... ne me méprisez pas... pardon... pardon !

— C'est à moi, Philippe, de vous demander pardon — répondit l'adroite hypocrite d'une voix douce et triste — oui, pardonnez-moi d'avoir pu un instant mettre en doute, non votre tendresse filiale... car l'on peut aimer une maîtresse et chérir sa mère... mais d'avoir pu mettre en doute votre habituelle et craintive sujétion aux volontés maternelles. Cette sujétion, respectable dans son exagération même, je la respecte en vous... mais, ainsi que je vous le disais au commencement de cet entretien... vous ne pouvez, vous n'oserez jamais m'aimer aussi hardiment que je vous aime... et je n'admets pas l'amour sans réciprocité. Je conserverai de vous, croyez-le, Philippe, le meilleur, le plus tendre souvenir... et ce voyage délicieusement rêvé par moi... sera mon premier et dernier roman de cœur.

— Ainsi... ces projets... étaient sérieux... ce départ?...

— Tenez... mon ami, avant de vous quitter...

— Mon Dieu !

— Écoutez mon roman... nous partions... et, je l'avoue... — ajouta mélancoliquement l'auteur du *Nouveau Chérubin* parvenant à faire briller une larme dans ses yeux — oui, je vous l'avoue... le sacrifice que... moi aussi, je m'imposais... me coûtait... vous quittiez momentanément votre mère... et moi... je me séparais pour toujours de mon mari... Il ne faut pas, voyez-vous, le juger sur l'apparence... elle lui est, j'en conviens, défavorable ; mais si vous saviez quel cœur d'or, quel généreux caractère, quelle délicatesse exquise sont cachés sous cette enveloppe vulgaire, presque ridicule... mais que voulez-vous? mon mari a la modestie de ses qualités excellentes; je n'ai pu l'aimer d'amour... mais j'éprouve pour lui ces sentiments d'estime, de respect et d'affection dont vous êtes pénétré pour votre digne mère ; ai-je besoin d'ajouter, mon ami, que j'aurais eu le courage de vous sacrifier mon mari, en me séparant de lui, mais que jamais, ah! jamais je n'aurais été assez lâche, assez infâme, pour l'exposer à un rôle honteux!... Cette séparation lui eût été d'abord pénible, mais il se fût habitué peu à peu à mon absence... et, j'en suis certaine, j'aurais retrouvé en lui un ami lors de notre prompt retour... car je me serais reproché comme un crime l'égoïste pensée de vous enlever pour longtemps à la tendresse de votre mère.

— Qu'entends-je... il serait vrai?...

— Ah! Philippe... Philippe... mon Dieu! quelle opinion avez-vous donc de moi?... — reprit madame Robertin avec un accent de douce récrimination. — Je vous proposais ce voyage, parce qu'il était indispensable, oui, indispensable... Mon absence habituait ainsi forcément mon mari à la nécessité d'une séparation irrévocable... et votre absence à vous... habituait votre mère à cette idée : que la tendresse filiale n'excluait pas l'amour et que vous pouviez m'aimer, sans rien perdre de votre adoration pour elle...

— Ainsi... ce voyage?... — reprit avidement le jeune statuaire... — ce voyage durait peu de temps?...

— Aussi peu de temps que mon maître et seigneur l'eût voulu... — répondit l'auteur du *Nouveau Chérubin* d'une voix humble et caressante — puis nous revenions à Paris... vous repreniez le cours de ces glorieux travaux dont j'aurais été si fière, mon Philippe... vous continuiez de vivre, comme aujourd'hui, dans la maison maternelle... je louais un modeste appartement non loin d'ici, et, convertie, éclairée, régénérée par les conseils, si salutaires dans leur mâle sévérité, que votre illustre mère... me donnait hier... je m'efforçais de reconquérir, sinon comme femme, du moins comme écrivain... son estime, et un jour peut-être, elle m'eût pardonné l'amour invincible que vous m'inspirez... tel était, Philippe... ce roman de cœur si tendrement caressé par moi...

— Oh! maintenant... je...

— Un mot encore... ce roman... n'aura été, je le sais, qu'un doux rêve... mais, à l'heure d'y renoncer pour toujours... laissez-moi, un moment encore, me bercer d'une illusion chérie... ce sera ma seule et dernière consolation...

— De grâce... écoutez-moi.

— Nous partions tous deux, — reprit Virginie Robertin interrompant Philippe, et d'un geste rempli de coquetterie provocante, elle posa sa jolie main sur les lèvres du jeune homme, qui à ce contact frissonnèrent de volupté, — nous partions aujourd'hui.

— Aujourd'hui?...

— Dans une heure... par le chemin de fer de Lyon... nous étions après demain à Genève... La saison est charmante... nous faisions une excursion en Suisse... Oh! Philippe!! parcourir avec vous... la main dans la main, côte à côte, cœur à cœur, cette nature splendide! voguer sur ses grands lacs! gravir gaiement ses montagnes, ses glaciers, nous enivrer d'admiration... de poésie et d'amour... puis ravissant contraste... afin ne nous délasser de ces magnificences alpestres, dont souvent l'immensité nous accable... courir ces fêtes, ces éblouissants casinos où se rassemblent les touristes, élite de la meilleure compagnie de l'Europe... là des femmes séduisantes...

— Ah... je ne songerais pas à les regarder...

— Mais vive Dieu ! elles vous regarderont, mon Philippe ; elles vous mangeront ! vous dévoreront des yeux... J'y compte bien ! je suis assez fière de vous... pour vous montrer... vous afficher ! assez orgueilleuse pour vouloir qu'on envie mon bonheur, et surtout assez persuadée de vos mérites, pour prétendre à ce que votre délicieuse figure, votre bonne grâce, votre parfaite distinction de manière, votre élégance naturelle, votre esprit, votre nom déjà célèbre, tournent toutes les têtes ; et lorsque vous me serez inconstant... car vous le serez...

— Grand Dieu... ce soupçon !!...

— Philippe... je ne dis pas infidèle... mais : inconstant...

— Quelle différence ?

— Elle est énorme... l'infidèle désaime et délaisse pour toujours sa maîtresse... l'inconstant la quitte un moment, compare... et lui revient ; aussi lorsque après quelque inconstance passagère... ou si le mot effarouche votre candeur... lorsque après quelque comparaison... vous me reviendrez : loin de trouver en moi une maîtresse jalouse, acariâtre, irritée... que son étroit et stupide égoïsme rend odieuse, intolérable... vous me trouverez toujours aimante, passionnée, heureuse de votre bonheur, qu'importe où vous le cherchiez, et surtout certaine, c'est là mon orgueil...

que les comparaisons, si nombreuses qu'elles soient... vous ramèneront toujours à moi !

— Quoi... votre amour-propre...

— Hé... justement... mon amour-propre demande, recherche, sollicite, que dirai-je ? exige... la comparaison loin de la redouter, — reprit l'auteur du *Nouveau Chérubin,* avec sa verve cynique et sa corruption effrontée qu'il ne croyait plus en ce moment devoir dissimuler. — Voyez un peu la belle gloire, le beau triomphe pour une femme, d'être aimée, adorée par son amant, s'il n'a pu la comparer à d'autres, à beaucoup d'autres? cette constance aveugle, bornée, vicieuse, sauvage, fossile, anté-diluvienne, que vous invoquez, mon pauvre Philippe, était de mise à ces temps primitifs où notre mère Ève habitait seule avec Adam le paradis terrestre... mais vive Dieu ! notre mère Ève a laissé des filles et de charmantes filles ; or, selon moi... une femme ne saurait être certaine de la solidité de l'amour qu'elle inspire, tant que l'homme dont elle est aimée, après avoir comme l'abeille butiné mille fleurs ravissantes, ne reviendra pas à elle, lui disant : « Je t'ai comparée à toutes... et à toutes je te préfère. »

— Quoi — l'infidélité... érigée en système !!. — reprit Philippe éprouvant une sorte de répugnance involontaire, quoiqu'à demi séduit par les révoltants paradoxes de l'auteur du *Nouveau Chérubin.* — Ainsi... une femme... elle aussi pourrait, sous prétexte de comparaison...

— Infamie !! non, non, un homme peut être inconstant sans se dégrader... une femme, au contraire, par l'inconstance se couvre d'opprobre ! — répondit habilement madame Robertin. — Ah ! croyez-moi, Philippe... non-seulement la constance, la fidélité est pour nous, femmes, un devoir... mais l'infidélité, lorsque nous aimons, nous devient physiquement impossible en vertu de notre délicatesse innée... En est-il ainsi de vous autres ?...

Non, un homme, si épris qu'il soit, ne saurait... ne pourrait résister aux agaceries d'un piquant minois... Rassurez-vous donc, mon cher Philippe... et reconnaissez du moins l'avantage de ma philosophie, si vous me restez à la fois fidèle et constant... vous serez pour moi une adorable exception, digne d'être idolâtrée à genoux... si vous m'êtes inconstant... en demeurant fidèle, je dirai avec bonheur, avec orgueil, avec ivresse : Combien il m'aime !! puisqu'il me préfère à toutes et me revient !!

XLII

Philippe, subissant de plus en plus l'empire du sensualisme éhonté prêché par madame Robertin, éprouvait une sorte de vertige à la pensée de cette excursion dans le pays le plus pittoresque du monde, entreprise en compagnie d'une femme jeune, séduisante, spirituelle, passionnément amoureuse et pourtant si peu jalouse, ou plutôt redoutant si peu *la comparaison*, qu'elle serait fière des inconstances de Philippe; il se voyait déjà, courant de fête en fête. de plaisirs en plaisirs, égaler par ses succès ce sceptique et voluptueux FLORESTAN, héros du *Nouveau Chérubin*.

Madame Robertin devina facilement son triomphe et, dissimulant sa joie perverse sous l'apparence d'une résignation mélancolique, elle reprit :

— Tel était ce roman de cœur, si tendrement caressé par mon amour... ce rêve enchanteur pouvait, grâce à vous, Philippe, devenir une réalité... n'y songeons plus... adieu... — Et mettant sa main sur ses yeux, elle reprit d'une voix étouffée : — Adieu... pour toujours adieu...

— A vous!!... pour toujours à vous! — s'écria Philippe enivré, saisissant la main de la jeune femme. — Partons!! partons à l'instant!!

— Ah! tu m'aimes... autant que je t'aime! — s'écria Virginie Robertin. Et, semblant céder à un entraînement involontaire, elle tendit ses bras à Philippe ; mais, par un feint retour de pudique réserve, elle parut rougir de ce mouvement passionné, repoussa doucement le jeune homme, et murmura d'une voix remplie de langueur amoureuse :

— O Philippe, ô mon adoré... patience, demain, nous serons à Genève !

— Partons ! ma tête brûle! je deviendrai fou! — s'écria le jeune statuaire; mais, soudain pâlissant, — Ah! malheur à moi... c'était un rêve !!

— Un rêve !

— Ce voyage est impossible...

— Pourquoi?...

— Hélas! les plus radieuses espérances viennent toujours se briser aux nécessités de la vie...

— Expliquez-vous...

— Non... oh non !... répondit le jeune statuaire devenant pourpre de confusion. De cette confusion Virginie Robertin devina le motif. Elle sourit et reprit :

— Pauvre Philippe... ce voyage est coûteux, n'est-ce pas?

— Madame, de grâce...

— Vos petites épargnes de jeune homme, ne suffiront pas à...

— Assez... je vous en supplie...

— Rassurez-vous, mon ami... ne vous inquiétez pas de ces misérables détails matériels! Entre nous, tout ne doit-il pas être commun?

— Madame, — reprit le jeune homme avec un accent de fierté douloureuse, — je ne mérite pas cet outrage...

— Quelle ombrageuse susceptibilité est la vôtre? vous refusez mes offres?...

— L'honneur me dicte ce refus...

— O le plus noble des hommes, combien je suis fière de vous aimer!... vous ne deviez, ainsi que je m'y attendais, démentir en rien la dignité de votre caractère... ce refus, je le prévoyais... me pardonnez-vous... non cette épreuve... j'étais certaine de votre délicatesse... mais me pardonnerez-vous, tendre ami, d'avoir voulu délicieusement jouir de cette délicatesse, en vous mettant à même de la manifester... une fois de plus.

— Comment...

— L'argent ne vous manquera pas...

— Mon Dieu! où en trouver?

— J'ai tout prévu... cher Philippe; mon cœur me disait malgré moi... que vous consentiriez à ce voyage enchanté; aussi, pressentant l'embarras où vous pourriez être, je me suis, à tout hasard, adressé à un M. Morand, qui escompte les billets de mes libraires... un heureux hasard l'a conduit chez moi ce matin ; il met à votre disposition... vingt-cinq mille francs...

— Vingt-cinq mille francs! — s'écria Philippe ébloui, si cela se peut dire, par le miroitement de cette somme ; et déjà songeant à l'existence de grand seigneur dont il pourrait jouir, ainsi que le joyeux FLORESTAN du *Nouveau Chérubin*, existence somptueuse et folle partagée avec une femme, à ses yeux ravissante, ardemment éprise de lui et fière de ses succès futurs, il répéta d'une voix avide, palpitante : — Vingt-cinq mille francs! à moi... tant d'argent! — mais ses instincts de droiture se réveillant, il ajouta presque désespéré : — Hélas!... il ne suffit pas d'emprunter... il faut rembourser...

— Vous rembourserez facilement...

— Je ne possède rien...

— Erreur, mon ami, vous possédez cent mille francs, et plus?

— Moi?...

— C'est l'héritage de votre père ; à votre majorité, vous paierez votre dette à M. Morand ; en attendant cette époque, il acceptera des billets signés de vous... Il nous attend au café voisin du chemin de fer de Lyon ; il aura sur lui la somme en or. J'ai à tout hasard envoyé à la gare mes malles, ne vous préoccupez pas des vôtres ; vous trouverez à Lyon, avec de l'or, tout ce dont vous avez besoin... Le convoi part à une heure ; il est onze heures, mon mari est à son bureau ; un mot de vous à votre mère lui apprendra que vous allez passer quelques jours à la campagne chez un ami. Nous descendons par votre fenêtre dans mon jardin ;

bientôt nous avons quitté Paris, et comme *Florestan*, nous dirons : — Vivent la jeunesse, l'or et la volupté!!... Hardi, mon amoureux! tiens, voilà les arrhes de notre gai voyage, — ajouta l'horrible femme en saisissant dans ses mains la tête de Philippe, et de ses lèvres effleurant son front.

— Oh! à toi ma vie!! — murmura le jeune homme, et, délirant sous l'impression de ce baiser brûlant, il voulait étreindre entre ses bras Virginie Robertin, mais elle se dégagea, se rapprocha rapidement de la fenêtre où était dressée l'échelle, et entraînant Philippe :

— Viens... viens... A nous la liberté, les plaisirs et l'amour!!

— Enfin, je vais vivre!! — s'écria le jeune statuaire. Puis, jetant un regard de dédain sur son atelier : — Adieu! froid sépulcre... où a langui ma jeunesse glacée... ô gloire... tu ne vaux pas le baiser de ma maîtresse!!

XLIII

Philippe, après avoir jeté l'anathème sur le sanctuaire de son art, solitude paisible, austère, où s'étaient écoulées les premières années de sa laborieuse jeunesse, s'élança vers madame Robertin qui, frémissante d'impatience et debout près de la fenêtre, attendait, pour l'escalader sans danger, l'aide du jeune statuaire. Soudain la porte s'ouvre brusquement, et Julien accourt essoufflé, s'écriant, dissimulant sa joie secrète sous une feinte alarme :

— Monsieur Philippe... voici votre mère !!... elle me suit !

Et du geste, il montre Clémence Hervé qui, accompagnée d'Héloïse Morand, apparaît à la porte de l'atelier.

— Au diable la mère ! — s'écrie l'auteur du *Nouveau Chérubin,* les traits contractés par la rage. Et, saisissant Philippe d'une main convulsive : — Viens... fuyons... il est temps encore !!

— Non... il n'est plus temps... — répondit le jeune homme, d'abord atterré, pétrifié par l'apparition inattendue de sa mère. — Restons...

— Philippe... — murmura madame Robertin d'une voix sourde, presque menaçante, et jetant sur lui un coup d'œil de colère et de mépris — vous tremblez?... seriez-vous lâche?

— Moi lâche?... Vous en jugerez !... ma mère vient vous chasser d'ici avec ignominie... Hé bien... nous allons à l'instant sortir, vous et moi, devant elle, le front haut et la bravant !

— Rien n'est perdu !!... s'écria Virginie Robertin renaissant à l'espérance : — notre amour est sauf... si tu as du courage... amant adoré !!

— Oh ! j'aurai ce courage... — répondit Philippe pâle, courroucé, voyant ses amoureuses espérances menacées par la présence imprévue de sa mère, introduite par Julien dont il maudissait la trahison, puisque son élève, possédant seul une seconde clef de l'atelier, aurait pu empêcher personne d'y entrer.

Ces divers incidents s'étaient passés avec la rapidité de

la pensée, durant le peu de temps que Clémence Hervé, accompagnée d'Héloïse Morand, avait mis à s'avancer du seuil au centre de l'atelier, tandis que Philippe, sortant de la bibliothèque avec madame Robertin, venait lentement à la rencontre de sa mère qu'il défiait du regard. Julien, à la fois heureux et confus de *sa trahison*, sortit furtivement et gagna le jardin, laissant ensemble nos quatre personnages.

XLIV

Madame Robertin, dans la conjoncture difficile où elle se trouvait, se félicita, pour la réussite de ses projets, de n'être pas pressée par le temps; elle entendit sonner onze heures à une horloge lointaine, au moment où Clémence Hervé entrait dans l'atelier avec Héloïse, que l'auteur du *Nouveau Chérubin* reconnut aussitôt, l'ayant vue la veille chez M. Morand, et ne pouvant pas soupçonner que cette jeune fille, dont la simplicité d'esprit touchait à la sottise (selon l'ex-huissier) et qui allait... (toujours selon l'ex-huissier,) se marier dans huit jours, fût la célèbre *Maria Saint-Clair*. Cependant la présence de la jeune fille en cette occurrence surprit fort Virginie Robertin, et donna matière à ses observations, déjà singulièrement provoquées par l'attitude et par la physionomie de Clémence Hervé; celle-ci, loin de témoigner de sa surprise ou de son indignation, en rencontrant dans l'atelier de son fils cette effrontée que la veille elle avait si sévèrement stygmatisée, lui adressa un salut rempli de courtoisie, et parut non-seulement calme, rassurée, mais d'une aménité charmante.

Philippe restait stupéfait de la souriante placidité de sa mère; il s'attendait à l'entendre traiter madame Robertin avec le dernier mépris, et se préparait à braver le courroux, les menaces maternelles; ses prévisions le trompaient complétement; son irritation manquant d'aliment, s'affaiblit; l'expression d'ineffable bonté, de tendre indulgence empreinte sur les traits de Clémence Hervé le toucha profondément, et peu à peu, quoiqu'il se raidît contre la pénétrante douceur de ces ressentiments, il éprouva un attendrissement involontaire où la confusion se mêlait à de vagues remords. Ce n'est pas tout; ainsi que madame Robertin, il cherchait en vain la cause de la présence d'Héloïse Morand; il l'avait à peine entrevue le jour précédent, et sa beauté céleste lui apparaissait alors dans son éclat radieux, éclairée par la vive lumière qui descendait du faîte de l'atelier; une robe du matin fort simple s'ajustait élégamment à la taille de la jeune muse, taille d'une rare perfection : des manches flottantes, assez courtes, selon la mode de ce temps-ci, — découvraient à demi ses bras charmants, ses mains effilées, dignes d'inspirer un autre Praxitèle. Héloïse, ayant déposé son chapeau chez Clémence Hervé, était coiffée de ses magnifiques cheveux blonds, séparés d'abord en larges bandeaux sur son front qu'ils couronnaient ensuite d'une natte épaisse. L'aspect de cette adorable personne que, la veille, Philippe, en proie à de pénibles préoccupations, avait à peine remarquée, l'impressionna vivement, mais seulement, si cela se peut dire, *au point de vue de l'art*; car, la contemplant en artiste, il s'avouait que jamais créature humaine n'avait davantage approché du beau idéal.

Madame Robertin, trop sagace, trop envieuse, pour ne pas pressentir la secrète impression du jeune statuaire, fronça ses noirs sourcils : presque décontenancée par la parfaite quiétude de Clémence Hervé, quiétude qui, loin de se démentir, semblait à chaque instant s'accroître, et commençant à douter de la fermeté des résolutions de Philippe, l'auteur du *Nouveau Chérubin* se demandait, non sans inquiétude, comment elle et son futur amant sortiraient de cette situation de plus en plus difficile, et qui sembla devenir inextricable, lorsqu'elle entendit l'illustre femme de lettres dire affectueusement à son fils :

— Mon cher enfant, nous venons, mademoiselle et moi, te voir commencer le buste de madame Robertin... tu sais combien je m'intéresse à tes travaux. — Et prenant place sur un fauteuil en indiquant à la jeune fille un siége placé non loin de celui que Philippe avait le matin disposé en face du bloc d'argile, croyant ingénument qu'il donnerait séance à son modèle, Clémence Hervé ajouta : — Veuillez-vous asseoir, ma chère Héloïse.

La jeune muse s'assit et de sa voix délicieusement timbrée, l'un de ses plus grands charmes, elle dit à Philippe, avec un doux sourire :

— Madame votre mère a bien voulu, monsieur, me rassurer d'avance sur l'indiscrétion que je commets peut-être... en ce cas, j'ose espérer que vous me la pardonnerez, surtout en faveur du vif intérêt qu'inspirent vos travaux, déjà si remarquables : le buste que vous allez entreprendre... si j'en juge d'après quelques-unes de vos œuvres, les vaudra par la grâce, la finesse et le charme, surtout s'il est ressemblant, ce dont l'on ne saurait douter.

— Je vous remercie, mademoiselle, de votre compliment, — reprit avec une dédaigneuse ironie madame Robertin, — et afin de correspondre comme je dois à votre bienveillance, je vous ferai observer, mademoiselle, que si quelqu'un ici est digne par la beauté de servir de modèle à M. Philippe... c'est probablement vous et non pas moi...

— Ah! madame, — dit Héloïse, — j'ai trop de confiance dans l'excellent goût de monsieur Philippe, pour supposer qu'il puisse s'être mépris sur la valeur de ses modèles.

— Votre modestie est... au moins affectée, mademoiselle, — repartit aigrement madame Robertin — puisque monsieur Philippe ne vous avait point encore vue, j'imagine, lorsque, selon vous, il m'a choisie?

— Cela prouve une fois de plus, l'esprit de prescience attribué au talent... M. Philippe devinait qu'en vous choisissant, madame, il ne pouvait faire un meilleur choix, répondit en souriant Héloïse.

L'auteur du *Nouveau Chérubin*, de plus en plus surprise, irritée de la modestie, du bon goût, de la parfaite urbanité des répliques de cette ravissante jeune fille, qu'elle croyait, d'après M. Morand, presque stupide, garda pendant un moment le silence. Elle pressentait, sans en deviner le but, un secret accord entre Héloïse et Clémence Hervé, et concevait quelques craintes sur le bon succès de ses desseins, remarquant l'attention prêtée aux paroles de la jeune muse par Philippe ; celui-ci, afin de se donner une contenance, et dissimuler son embarras croissant et les divers sentiments dont il était tourmenté, venait de se placer devant son bloc d'argile, le pétrissant machinalement, comme s'il se fût préparé à reproduire les traits de sa future compagne de voyage; ces projets le séduisaient toujours, seulement il commençait à douter de l'impérieuse urgence d'un prompt départ, effectué à l'heure même ; sa mère accueillait si bien madame Robertin, qu'il augurait de cet accueil dont il était encore plus touché que surpris, les plus douces espérances pour son amour. Philippe, en cette occurrence, n'avait donc plus de motif ou de prétexte pour lever brusquement la séance : dominé d'ailleurs par la mansuétude maternelle et involontairement retenu par l'attrait d'une vive curiosité, au sujet de cette jeune fille qu'il admirait en artiste et qui venait de témoigner d'un tact parfait dans ses réponses à madame Robertin. Celle-ci, sérieusement alarmée de la tournure pacifique que prenaient l'entretien et les choses, devinant les secrets atermoiements de Philippe, résolut, alors qu'il en était encore temps, de brusquer le dénoûment, de tenter un coup décisif, et, lançant au jeune statuaire, un coup d'œil expressif :

— Monsieur Philippe, veuillez m'offrir votre bras... je ne vous donnerai pas séance aujourd'hui. — Puis, bravant Clémence Hervé d'un regard de triomphe et de défi :
— Je suis aux regrets, madame, de ce que, vous et mademoiselle, vous vous soyez donné la peine de venir ici, dans

l'espoir de me voir POSER...—ajouta-t-elle, appuyant sur ce dernier mot, afin de lui donner une signification ironique que lui prête l'argot d'atelier. — Je ne POSERAI donc point... si vous voulez bien me le permettre... madame... désolée que je suis de vous priver, ainsi que mademoiselle... du plaisir que vous vous étiez sans doute promis... —Et s'adressant à Philippe d'un ton d'autorité qu'elle croyait tendre et familier, mais que sa sourde irritation contre Philippe et son haineux dépit, difficilement contenus, rendaient, malgré elle, dur, possessif, hautain : — Venez, mon cher Philippe... Allons... venez donc!... venez donc!

Clémence Hervé, malgré son empire sur elle-même, pâlit et jeta un regard d'angoisse à Héloïse Morand.

XLV

Les psychologistes l'ont dit avec raison : les plus graves péripéties des drames intimes sont parfois amenées, décidées, non pas seulement par un mot, mais uniquement par l'accent de ce mot. Il en fut ainsi des conséquences de l'appel adressé par Virginie Robertin à Philippe en ces termes :

—Venez, mon cher Philippe... allons... venez donc... venez donc!

Certes, littéralement, rien de plus inoffensif que ces paroles; mais nous le répétons, leur accent possessif, dur, irrité, hautain, les traduisait de la sorte au fils de Clémence Hervé.

« — Vous m'appartenez... suivez-moi ; vous n'êtes qu'un
« novice pusillanime qui tremblez comme un niais devant
« votre *maman*... Allons, suivez-moi donc, vous m'impa-
« tientez... vous me faites pitié ! »

Tel était, tel devait être l'accent de ces paroles, parce qu'elles révélaient la pensée secrète de madame Robertin, qui, malgré sa fourbe hypocrite, ne pouvait absolument dissimuler son dépit, sa colère, les appréhensions jalouses que lui causait la beauté d'Héloïse ; mais Philippe ne concevant plus, nous l'avons dit, l'urgence de son départ immédiat pour le voyage projeté, se sentit blessé, non de la *lettre*, mais de *l'esprit* des paroles de madame Robertin et de l'accent d'autorité possessive qu'elle semblait s'arroger sur lui ; il trouva humiliant d'être ainsi mené, le bâton haut, devant sa mère et devant cette adorable jeune fille qui semblait prendre à lui un intérêt inexplicable ; enfin, Philippe était égaré, non perverti, et ainsi que l'avait dit Clémence Hervé, « tout poison a son contre-poison ; à l'i-
« vresse éphémère succède le retour de la raison ; le souf-
« fle d'une fraîche brise suffit à purifier une atmosphère
« méphitique, » et déjà Philippe, à demi réveillé après un mauvais songe, commençait à ressentir l'influence maternelle ; son âme flottait encore, incertaine, entre le bien et le mal, ainsi que l'esprit flotte entre le sommeil et le réveil... mais ce réveil fut hâté par ces mots prononcés par l'auteur du *Nouveau Chérubin*, et qui furent presque une révélation pour le fils de Clémence Hervé:

— Venez, mon cher Philippe... venez donc.

Clémence Hervé éprouva un moment d'angoisse inexprimable, partagée par Héloïse; toutes deux le sentaient : le moment suprême était venu; aussi quelle fut leur joie, en entendant Philippe, afin de gagner du temps, avant de prendre un parti décisif, répondre à madame Robertin :

— Pardon, madame... mais puisque ma mère a bien voulu venir ici pour assister à la séance que vous m'avez demandée, je vous serais très-reconnaissant, si vous vouliez m'accorder seulement une heure...

L'auteur du *Nouveau Chérubin* sentit qu'après une pareille réponse, enlever Philippe *d'autorité*, devenait impossible; elle devait donc ou sortir à l'instant, piteusement, honteusement, ignominieusement et *seule* aux yeux de Clémence Hervé triomphante, ou tomber dans le piége qu'elle avait tendu, en d'autres termes : POSER dans l'acception ridicule que l'on prête à ce mot. Ce dernier parti, si pénible qu'il lui parût, fut celui qu'elle choisit ; le premier révoltait trop cruellement son orgueil ; puis il n'était encore que onze heures, car les divers incidents dont l'analyse exige tant de développement s'étaient passés en quelques minutes ; le convoi du chemin de fer de Lyon ne partait de Paris qu'à une heure : madame Robertin ne perdit pas tout espoir; pleine de confiance dans la tenace énergie de sa haine, dans les ressources de son esprit, dans l'action sensuelle qu'elle exerçait sur Philippe, comptant même sur la faiblesse et sur l'indécision de ce jeune homme, susceptible d'un retour soudain, elle accepta résolûment la lutte, jeta son chapeau loin d'elle, lissa ses noirs cheveux du plat de sa main, et dit à Philippe d'une voix doucereuse :

— Soit, mon cher monsieur Philippe... je n'ai rien à vous

refuser... mais notre séance ne durera que jusqu'à midi... car, — ajouta-t-elle, en adressant au jeune homme un regard expressif, — j'ai à une heure précise... un rendez-vous très-important auquel je ne saurais manquer... — Puis elle reprit délibérément:

— Où dois-je me placer?...

— Là... sur ce fauteuil... si vous le voulez bien, madame — répondit le jeune statuaire. Madame Robertin s'assit à quelques pas devant lui: la séance commença.

XLVI

Rappelons en deux mots l'aspect général de l'atelier dans lequel madame Robertin donnait séance à Philippe, et indiquons la position des divers personnages de cette scène.

L'on voyait, éclairées par la vive lumière tombant du châssis encastré dans la toiture, les dernières œuvres du jeune élève de DAVID d'Angers, le groupe du *Jacques et du Chevalier*, le bas-relief des *Captives gauloises* et la statue colossale de la *Marseillaise*; enfin, sur une table, le groupe de l'*Amour et de la Volupté*, récemment ébauché, mais voilé depuis la veille sous une toile verte; au milieu de la vaste salle, madame Robertin, tête nue, *posait* sur un fauteuil; non loin d'elle, se tenait assise Héloïse Morand, toutes deux faisant ainsi face au jeune statuaire, debout devant son bloc d'argile, tandis que Clémence

Hervé, placée à côté de son fils, s'occupant, avec un calme apparent, d'une broderie qu'elle avait apportée, dit à Philippe :

— Mon cher enfant, nous pouvons causer, je crois, sans risquer de te distraire de tes travaux ?

— Certainement, ma mère...

— J'ai d'ailleurs toujours entendu dire aux statuaires ou aux peintres, occupés d'un portrait, qu'une conversation animée avait l'avantage d'occuper l'esprit de leur modèle, et de lui épargner ainsi un ennui qui, trop souvent, reflété sur sa physionomie, nuisait à son expression... Ainsi, madame, — ajouta Clémence Hervé, s'adressant à Virginie Robertin, — nous tâcherons de vous désennuyer, afin que votre buste ait l'expression aimable et satisfaite qu'il doit posséder...

— L'on ne saurait, madame, pousser plus loin la délicatesse des attentions, — reprit Virginie Robertin. — Votre présence et celle de mademoiselle suffisaient de reste à écarter de moi tout ennui, soyez-en persuadée.

— Cette assurance, madame, est trop flatteuse pour que je ne la décline pas ; j'ai la prétention... ambitieuse peut-être, de vous intéresser autrement que par mon silence ; j'y tâcherai en vous faisant part d'une découverte très-importante pour les personnes qui, comme vous, madame, cultivent les lettres... ou qui, ainsi que mon fils, les aiment!

— De quelle découverte s'agit-il, ma mère ? — demanda Philippe ébauchant le buste de madame Robertin, et prenant part à la conversation, afin de s'étourdir sur les émotions contraires dont il était agité.

— Il s'agit, mon cher enfant, de la découverte d'un

mystère qui a souvent et vainement excité ta curiosité et la mienne.

— Quel mystère ?

— Je sais enfin quelle est la célèbre *Maria Saint-Clair*. Je dois cette découverte à mademoiselle Héloïse... Elle sait, de science certaine, que notre jeune muse, à peine âgée de dix-huit ans... est orpheline et née à Paris...

— Ah! vraiment, — reprit Virginie Robertin, avec un sourire moqueur, et adressant à Philippe un regard qui semblait dire : Je vais confondre cette menteuse. — Ah! vraiment, mademoiselle connaît cette muse illustre... illustrissime, auteur de ces chants admirables, sublimes, dont elle est, sans doute, des plus glorieuses ?...

— Glorieuse?... Pourquoi le serait-elle? — dit Héloïse Morand. — L'oiseau qui chante parce que Dieu l'a voulu, est-il glorieux de son chant?

— Mademoiselle, une question? poursuivit Virginie Robertin adressant à Philippe un nouveau regard qui semblait dire : — Écoutez, cela va venir fort plaisant : — Mademoiselle... est-ce que Maria Saint-Clair est belle?

— Elle le serait, dit-on, madame... si l'amour du juste et du bien embellissait le visage, — répondit Héloïse en baissant les yeux.

Virginie Robertin, observant que Philippe paraissait frappé des réponses de la jeune fille, reprit ironiquement :

— Je comprends... elle est laide?

— L'on assure, madame... qu'elle a mieux que la beauté.

— Quel est donc, mademoiselle, ce charme souverain?

— La bonté...

— Vertu facile...

— Aussi facile aux bons cœurs, madame, que la méchanceté l'est aux méchants.

— Les sots, en haine de l'esprit, le confondent avec la méchanceté!

— En effet, madame, grande est la sottise de cette confusion. Le caractère du véritable esprit est sa bienveillance pour le bien ; sa malveillance pour le mal.

— Le bien... le mal! — reprit avec dépit Virginie Robertin, surprise des réponses de la jeune muse, qui attiraient de plus en plus l'attention de Philippe. — Le bien... le mal... question de point de vue!!

— Il est vrai, madame, ce qui rampe n'a pas le même point de vue que ce qui plane.

— Ce qui plane, mademoiselle, c'est sans doute cette fameuse muse ailée, étoilée, qui vague et divague dans les espaces... imaginaires?

— L'on dit qu'elle tâche simplement, madame, d'élever son âme, en s'inspirant des sentiments généreux.

— Et en encourageant les nobles aspirations, — ajouta Clémence Hervé, car, Philippe, tu t'en souviens... Maria Saint-Clair a bien voulu t'adresser des vers, au sujet de ta statue : *la Marseillaise!*

— A merveille, cela va devenir du dernier plaisant, — reprit, en riant aux éclats, madame Robertin ; comment, mon pauvre monsieur Philippe, Maria Saint-Clair a commis des vers à votre endroit? Et sous quelle espèce, je vous prie, s'est produit l'attentat? vous a-t-elle assené une épître? décoché une ode... criblé de sonnets ou inondé de stances?... ah ! si vous saviez qui est l'auteur de l'attentat, il vous semblerait doublement affreux !

— Madame!... je ne méritais pas les louanges dont m'honoraient ces beaux vers; je peux donc, sans le moindre embarras, me ranger de l'avis de ma mère, qui les a trouvés aussi purs dans leur forme qu'élevés par la pensée, — répondit gravement Philippe, blessé des railleries de madame Robertin et songeant avec une mélancolique amertume que Maria Saint-Clair avait été son premier rêve d'amour... alors qu'épris du génie de cette muse inconnue, il se plaisait à la parer d'un charme idéal... puis, rapprochement bizarre au moment même où cette souvenance se présentait à sa mémoire, il attachait par hasard ses yeux sur Héloïse Morand, se disant qu'il n'aurait pas prêté à l'auteur du *poëme des Orphelins* et du *Voyage de deux âmes à travers les mondes*, une beauté plus céleste que celle de cette jeune fille qu'il voyait devant lui.

Madame Robertin, voulant couper court à un entretien où elle avait décidément le désavantage, se prit à rire d'un rire forcé, puis :

— Mademoiselle, cette plaisanterie a assez duré; je ne veux pas mettre en doute votre bonne foi, mais vous avez été dupe d'une intrigante.

— Moi, madame?

— Votre amie s'est donnée pour ce qu'elle n'était point.

— Comment cela, madame?

— La prétendue Maria Saint-Clair est un homme.

— Vraiment?

— Il a paru, il y a quelque temps, un article fort spirituel, où l'on établissait d'une manière irrécusable, que cette prétendue muse, — qui, à défaut de talent, cherchait à exciter la curiosité des niais, par le mystère dont elle s'entourait, n'était autre qu'un mauvais plaisant et par surcroît (selon mon humble jugement) un mauvais poëte, nommé Maurice-Albert Lemaheuc... intéressant trouvère qui avait passé sa tendre jeunesse au fond d'une boutique d'épicerie, où il débitait avec grâce de la cassonade et de la chandelle !

— En effet, — répondit Clémence Hervé, avec un léger sourire, — tu m'as parlé, ce me semble, mon cher Philippe... de cette singulière biographie...

— Je vous en ai parlé, ma mère, avec le dégoût que devait inspirer cette plate et haineuse diatribe contre l'admirable talent du poëte dont les œuvres se publient sous le nom de Maria Saint-Clair... mais je l'avoue, les détails précis, circonstanciés sur la vie, les antécédents de cette personne, semblaient tellement véridiques, qu'à moins de soupçonner celui qui les donnait de pousser l'audace du mensonge au delà des limites du possible, l'on restait sinon convaincu, du moins dans l'incertitude, au sujet de la personnalité de Maria Saint-Clair. — Et s'adressant à Héloïse : — Si vous avez, mademoiselle, le bonheur de connaître cette jeune personne d'un si rare talent, je vous prie de lui exprimer ma reconnaissance des vers qu'elle a bien voulu m'adresser... je regrette seulement de ne les avoir pas mieux mérités.

— Encore une fois, mon cher monsieur Philippe, — dit avec un redoublement de dépit courroucé Virginie Robertin, — vous êtes dans une erreur complète... je m'étonne de ce que mademoiselle se plaise ainsi à la prolonger...

— Mais, madame, — dit Héloïse en souriant, — permettez, je...

— Mais, mademoiselle, je comprends qu'après vous être faite l'écho de certains on dit... on assure... (car vous n'affirmez rien), afin de donner sans doute à croire que vous étiez l'amie d'une muse et de jouir probablement d'un reflet de sa gloire, il est fort désobligeant pour vous de renoncer à cette prétention et de reconnaître que vous avez pour ami... intime... un garçon épicier ! je compatis, croyez-le, à votre déconvenue, mademoiselle... Cependant, au risque de l'aggraver, je vous ferai remarquer que l'auteur de la biographie en question est si parfaitement bien renseigné, si certain de ce qu'il avance, qu'il a mis au défi la prétendue muse d'affirmer, de prouver qu'elle n'était point ce M. Lemaheuc... Elle est restée muette... donc son silence équivaut à un aveu... J'en suis désolée pour vous, mademoiselle...

— Pourtant, madame, — reprit Héloïse, souriant avec finesse, — si un méchant vous accusait, je suppose, d'être l'auteur de la biographie dont il s'agit... déclarant que si vous ne le niez pas, votre silence tiendra lieu d'aveu... de grâce, que feriez-vous, madame ?

— Mademoiselle, — répondit Virginie Robertin embarrassée, — je... je...

— Hé mon Dieu ! ma chère Héloïse, — reprit Clémence Hervé, — madame, acceptant la responsabilité de son œuvre, s'avouerait l'auteur de cette critique anonyme, puisque telle est la vérité...

— Madame, — dit vivement Virginie Robertin, voyant Philippe discontinuer brusquement son travail de modelage, la regarder d'un air chagrin, et semblant lui demander de démentir cette accusation : — vous ne prétendez pas, j'imagine, soutenir sérieusement que je suis l'auteur de cet écrit, madame?

— Je désirerais, madame, épargner votre modestie, — répondit Clémence Hervé; — vous trouviez tout à l'heure cette critique fort spirituelle, et il vous coûte, à présent, de vous avouer l'auteur de ce petit chef-d'œuvre d'atticisme, d'impartialité, de franchise, et surtout de vérité... mais il faut vous résigner, madame, à accepter des louanges d'autant plus sincères de votre part, que vous vous les décerniez à vous-même.

— Encore une fois, madame, cet article... n'est pas de moi...

— Je vous demande pardon, il est de vous, madame... — reprit Clémence Hervé, tirant de son panier à ouvrage une enveloppe, puis, la montrant à Virginie Robertin, elle ajouta : — Voici la preuve de ce que j'affirme...

— Qu'est-ce que cela? — s'écria l'auteur du *Nouveau Chérubin* en s'agitant sur son fauteuil : — Quel est ce papier?

Clémence Hervé, au lieu de répondre, dit à Philippe :

— Mon cher enfant, notre zèle nous a, je le crains, entraînées trop loin, Héloïse et moi, nous désirions seulement animer quelque peu l'entretien, afin de désennuyer madame... mais nous sommes involontairement cause de ce qu'elle s'agite, ce me semble... un peu trop... et ne garde point l'impassibilité nécessaire à un modèle...

— Madame, — reprit Virginie Robertin, blême de colère, et s'apercevant de l'effet de plus en plus désastreux produit sur Philippe par la révélation de sa mère : — vous affirmez que je suis l'auteur de cette biographie... moi, je le nie!

— Vous le niez, madame?

— Formellement, madame.

— Ceci est catégorique...

— Fort catégorique, et je vous défie, madame, de prouver que je sois l'auteur de cet article!

— J'ai déjà eu l'honneur de vous dire, madame, que je n'affirmais rien sans preuves, — répondit Clémence Hervé. — Cette enveloppe contient deux feuilletons de vous, celui dont il est question... et un autre... tous deux sont en épreuves corrigées, annotées de votre main; il faut un peu vous en prendre à votre renom, madame, de ce que l'on recherche avec une avidité... voisine de l'indiscrétion... tout ce qui sort de votre plume. L'un de mes amis, M. le docteur Max, très-curieux d'autographes, s'est procuré ce matin même, en les payant, bien entendu, à monsieur votre mari, les épreuves que voici...

Et Clémence Hervé tira de l'enveloppe deux *placards* (selon l'expression consacrée en typographie), chargés de ratures et de corrections, tels qu'on les renvoie à l'écrivain avec l'épreuve corrigée.

— C'est un abus de confiance odieux! s'écria madame Robertin, — c'est une infamie!!

— Je pourrais vous répondre, madame: Ce qui est odieux, c'est non-seulement de déverser l'outrage et la calomnie sur une personne qui a droit, sinon à la sympathie, du moins au respect de tous... mais encore d'insulter à la mémoire de ceux qui reposent dans la tombe... Je n'ajouterai rien de plus au sujet de l'un des deux feuilletons renfermés dans cette enveloppe, et je vous ferai, madame, grâce de sa lecture, — ajouta l'illustre femme de lettres, en jetant à Virginie Robertin un coup d'œil qu'elle comprit, car il s'agissait de ce feuilleton où elle avait, selon son expression, *éreinté* Clémence Hervé, l'accablant d'injures, d'insinuations ignobles, et s'efforçant de flétrir la mémoire glorieuse et irréprochable de M. Joseph Hervé. — Je pourrais encore, madame, vous répondre, — reprit la mère de Philippe : — Ce qui est odieux, c'est de se couvrir du voile de l'anonyme, afin de donner libre cours aux ressentiments d'une haineuse envie, et d'égarer le lecteur par des faussetés perfidement calculées ; mais je craindrais, par les réponses, madame, de faire perdre à vos traits l'aimable expression qu'ils doivent conserver durant cette séance. Un mot encore, et ce que je dis doit être cru : Je n'ai point été... je n'aurais jamais été complice de l'indiscrétion littéraire de mon ami, M. le docteur Max ; il m'a envoyé, ce matin, ces feuilletons, dont l'un, surtout, pouvait m'intéresser... La conversation s'est engagée sur Maria Saint-Clair, et, à son sujet, j'ai été naturellement amenée, par la persistance de vos dénégations, à faire preuve de ce que j'avançais.

Madame Robertin resta muette, dévorant son fiel et sa rage, n'osant par orgueil lever brusquement la séance sous le coup des paroles écrasantes de l'illustre femme de lettres et, s'évadant ainsi honteusement, se couvrir d'opprobre et de ridicule aux yeux de Philippe ; les tortures morales de l'auteur du *Nouveau Chérubin* furent en ce moment atroces : une larme, bientôt *renfoncée,* ainsi que l'on dit vulgairement, brilla dans ses grands yeux noirs. Philippe surprit cette larme; son candide et bon cœur compatit malgré lui à l'humiliante souffrance trahie par les traits de madame Robertin, coupable, après tout (il ignorait à quoi sa mère faisait allusion, en parlant du second feuilleton), coupable, après tout, d'avoir vivement critiqué des vers de Maria Saint-Clair, en lui prêtant une biographie imaginaire, et d'avoir, par repentir peut-être, nié ces méfaits : rien de plus blâmable assurément ; mais le châtiment était cruel, et bien que le jeune statuaire éprouvât une déception croissante à l'endroit de madame Robertin, il ne renonçait pas à son amoureux espoir : elle lui inspirait une tendre pitié ; aussi, évitant de rappeler l'entretien précédent, il jeta sur elle un regard doux et triste, lui disant d'une voix légèrement émue :

— Peut-être... madame... êtes-vous fatiguée?.. si vous le désirez, nous terminerons la séance?

A ces mots, l'auteur du *Nouveau Chérubin* vit un sourire de triomphe effleurer les lèvres d'Héloïse et de Clémence Hervé ; mais remarquant en même temps l'attendrissement de Philippe, elle ne perdit pas encore toute espérance et songea d'abord à le prier de lui donner son bras et de l'accompagner chez elle, prétextant d'un malaise soudain ; mais elle abandonna cet expédient, craignant, non sans raison, que Clémence Hervé, poussée à bout, n'arrêtât net son fils, en lui révélant qu'il s'agissait d'elle et de son mari dans le second feuilleton dont elle *faisait grâce* à l'auteur de ces indignités, avait-elle dit. Ce sentiment de générosité naturel aux grands cœurs engagerait peut-être l'illustre femme de lettres à continuer de garder le silence sur le feuilleton, pensait madame Robertin ; enfin s'il fallait renoncer à ses projets et battre en retraite, elle voulait du moins que cette retraite fût la moins honteuse possible; aussi, s'étourdissant sur le péril, résolue de disputer le terrain pied à pied, espérant surtout exploiter le sentiment de pitié que lui témoignait Philippe, elle composa son visage, prit sa voix la plus insinuante, son accent le plus touchant, sa physionomie la plus humble, adressa au jeune statuaire un regard contrit et lui dit avec un sourire navrant et significatif :

— Je vous suis obligée de votre offre, monsieur Philippe, mais il est des espérances que l'on poursuit jusqu'à l'épuisement de la force humaine..... aussi... croyez-le, lors même que je serais un peu souffrante, je vaincrais mes souffrances, trop heureuse de voir mon buste seulement ébauché de votre glorieuse main ; et si étrange que soit cette séance, assez semblable en ce qui me touche, moi, *la patiente*... à la question ordinaire et extraordinaire, nous la continuerons, je vous prie, pour la rareté du fait, si toutefois madame votre mère, qui m'a pour ainsi dire imposé l'obligation de *poser*, ne voit maintenant aucun inconvénient à ce que je me rende à ses vœux?

— Je ne vois à cela aucun inconvénient, madame, — répondit Clémence Hervé, observant la physionomie de son fils avec une légère inquiétude; mais voulant voir jusqu'où pouvait aller l'audacieuse opiniâtreté de cette femme, qu'elle croyait avoir accablée, et de qui elle était d'ailleurs presque certaine de maîtriser la méchanceté : Je ne trouve rien d'étrange dans cette séance... mon fils a simplement répondu, madame, au désir qu'hier vous lui avez exprimé devant moi.

— Je ne me permettrai pas, madame, de discuter avec vous à ce sujet, — répondit Virginie Robertin, d'une voix respectueuse et pénétrée. — Je ferai mieux, j'avouerai les torts qui m'ont mérité les paroles sévères que vous m'avez adressées tout à l'heure à propos de mon feuilleton sur Maria Saint-Clair... Le premier de ces torts... le moins grave, je pense, est d'avoir, par infirmité naturelle, complétement méconnu le talent de ce poëte et de m'être montrée, dans ma critique, très-acerbe, très-injuste et de fort mauvais goût... Je le confesse en m'inclinant devant l'arrêt souverain d'un juge tel que vous, madame... Mon second tort... celui-là plus grave... est d'avoir ajouté légèrement foi à des renseignements que je devais croire parfaitement véridiques sur la personne connue sous le pseudonyme de Maria Saint-Clair... Aussi dans une regrettable confiance en ces informations, j'ai à mon insu écrit une biographie mensongère ; enfin, madame, me repentant trop tard de ces méfaits, j'ai eu la coupable faiblesse de les nier... tels sont mes torts, madame ; ils sont grands... Cependant, songeant à l'accueil bienveillant... que vous avez daigné me faire aujourd'hui... j'ose encore espérer votre indulgence. Et s'adressant à Philippe ; — Pardon... d'avoir interrompu la séance... Je suis à vos ordres...

Il était difficile de se tirer d'un pas épineux avec une plus perfide habileté que ne s'en tirait Virginie Robertin ; son espoir redoubla en remarquant un redoublement d'intérêt sur les traits du jeune statuaire ; elle se raffermit sur sa chaise, la séance continua. Héloïse Morand, dupe ingénue de l'infernale hypocrisie de cette créature et lui pardonnant ses injures, ses mensonges, se disait à part soi partageant la pitié de Philippe :

— Pauvre femme !... du moins, elle a conscience du mal qu'elle a fait.

XLVII

Madame Robertin, tâchant de donner à sa figure une touchante expression de résignation mélancolique, *posait* de son mieux *en victime* aux yeux de Philippe; il continuait de modeler le buste commencé, massant largement les traits, cherchant l'ensemble des lignes, mais non pas encore ces contours arrêtés, ces détails précis qui seuls constituent la *portraiture* (que l'on nous pardonne ce vieux mot); aussi, en ce moment, l'argile n'offrait que l'ébauche informe d'une tête de femme coiffée en cheveux, sans caractère particulier de ressemblance avec l'original que devait reproduire le jeune statuaire; il pétrissait la terre glaise, mollement, sans entrain, sans *amore*, distrait par le choc de mille pensées contraires, nées des divers incidents de cette séance.

Bizarre séance!... Elle était pour Philippe une contenance; pour sa mère, un moyen de juste châtiment à l'endroit de madame Robertin, et pour celle-ci, une sorte de champ de lutte à elle imposé, par elle accepté, mais qu'elle défendait pied à pied. Elle inspirait, à cette heure, une véritable compassion à Philippe; sa droiture, sa délicatesse natives avaient été, certes, blessées, ensuite de plusieurs découvertes peu favorables à Virginie Robertin ; cependant il étouffait parfois un soupir en songeant à cette amoureuse pérégrination où il aurait un peu joué le rôle de FLORESTAN, dans le roman du *Nouveau Chérubin*, grâce à la tolérance, ou plutôt à l'encouragement effronté de sa future maîtresse, de sorte qu'il regrettait naïvement, au moins autant qu'il la regrettait elle-même, ces belles inconnues qui devaient lui servir de points de *comparaison*. Ces regrets témoignaient assez que ce qu'il appelait innocemment son *amour* pour madame Robertin n'avait été qu'un entraînement sensuel dont il éprouvait les derniers ressentiments, ressentiments d'une âcre amertume, comme le cuisant déboire d'un breuvage corrosif.

Ce malaise de l'âme, ces angoisses de son suprême débat contre les tentations funestes, se lisaient sur le pâle visage de Philippe ; il continuait son ébauche, triste et accablé. Cet accablement cédait pourtant parfois à une impression singulière : Héloïse Morand, nous l'avons dit, se tenait assise assez proche du fauteuil où posait madame Robertin, pour que le jeune statuaire ne pût, du regard, consulter son modèle sans voir en même temps la jeune muse... et elles offraient ainsi un contraste saisissant, surtout au moment où la séance interrompue fut reprise.

Le jour, tombant du châssis encastré dans la toiture de l'atelier, éclairait en plein Héloïse et madame Robertin. Celle-ci, malgré son hypocrisie et sa rare habileté de comédienne, ne pouvait dissimuler l'altération de son visage, échauffé par l'effervescence de sa bile et de son sang cruellement fouettés depuis une heure ; puis elle s'efforçait de grimacer la mélancolique résignation d'une victime ; or, rien ne discordait davantage avec le caractère piquant, lubrique et hardi de la jolie figure de l'auteur du *Nouveau Chérubin*, que la piteuse apparence qu'elle s'efforçait de prendre ; enfin, elle atteignait sa vingt-sixième année : elle avait, ainsi que l'on dit, *vécu*... beaucoup vécu... la raie de ses cheveux offrait déjà plusieurs clairières ; des nuances bistrées cerclaient ses grands yeux noirs ; son teint brun, fané depuis longtemps et exposé à une éblouissante clarté, paraissait terreux, jaunâtre ; l'on y remarquait de légères couperoses, et quelques gerçures fendillaient le rouge épiderme de ses lèvres. Ces défectuosités, partout ailleurs presque imperceptibles, devenaient frappantes au grand jour, surtout si l'on comparait les traits de madame Robertin contractés par l'envie, par la haine, fatigués par le libertinage, aux traits d'Héloïse Morand, alors dans la suave prime fleur de leur beauté virginale ; ils empruntaient un nouveau lustre à l'éclat même de la lumière qui les inondait ; elle jetait des brillants argentés sur la natte luisante, sur les bandeaux lissés de son épaisse chevelure d'un blond cendré, caressait son céleste visage, au teint si net, si pur, si frais dans sa blancheur rosée, que le poëte oriental l'eût comparé à la neige immaculée reflétant le léger pourpris d'une rose purpurine... Que dirons-nous ?... L'éclat du jour rendait plus limpide encore l'azur de ses yeux, plus transparente encore la sérénité de son regard, plus vermeille encore sa lèvre pudique au doux et fin sourire... Que dire enfin ?... L'éclat de ce jour resplendissant semblait l'auréole de cette adorable créature... et ainsi elle apparaissait à Philippe, lorsque, levant les yeux vers madame Robertin, son modèle, il les arrêtait involontairement sur Héloïse, dont les reparties l'avaient souvent surpris et charmé ; or, chaque fois qu'il contemplait la jeune fille, ce malaise, ce mécontentement de soi-même dont il souffrait lui paraissait s'apaiser ; son cœur oppressé se dilatait, de même que, plongés dans une atmosphère étouffante, nos poumons s'épanouissent lorsque nous aspirons un souffle d'air salubre ; mais si Philippe reportait ses yeux sur madame Robertin, soudain revenaient le malaise, l'embarras, l'incertitude, les regrets mêlés d'une compassion pénible, et de nouveau son âme s'oppressait ; d'où il suit que, cédant à cette loi naturelle, en vertu de laquelle les gens qui étouffent cherchent instinctivement à ne point étouffer, le jeune statuaire, depuis la reprise de la séance, obéissait, malgré lui, à son instinct, et regardait plus fréquemment Héloïse Morand que madame Robertin, de qui cependant il continuait presque machinalement d'ébaucher le buste.

XLVIII

Clémence Hervé pressentait les secrètes impressions de son fils, et suivait à la dérobée les regards, de plus en plus prolongés, qu'il attachait sur Héloïse au détriment de madame Robertin, posant, nonobstant et de toutes ses forces, en victime.

— Mon cher Philippe, — dit l'illustre femme de lettres, — nous avons maintenant la certitude que Maria Saint-Clair, ainsi que madame l'affirmait ensuite d'une erreur qu'elle regrette... n'était point un certain M. Lemaheuc, mais une jeune fille de dix-huit ans à peine...

— Mademoiselle, — reprit Philippe profitant de cette interrogation pour regarder de nouveau et moins furtivement la jeune fille, oserai-je vous demander si les renseignements que vous avez bien voulu nous donner sur Maria Saint-Clair... vous sont personnels... ou si vous les tenez d'une tierce personne ?

— Ces renseignements me sont personnels, monsieur Philippe, — répondit la jeune fille avec un imperceptible sourire. — J'ai vu souvent Maria Saint-Clair... Je la connais... beaucoup, et, si étrange que cela vous semble peut-être... j'éprouverais une sorte de timidité à insister sur mes rapports avec une personne... une personne...

— ... Si célèbre, — reprit Clémence Hervé. — Vous avez, ma chère Héloïse, la modestie de l'amitié, ainsi que tant d'autres en ont la vanité... Aussi, venant au secours de votre embarras... j'ajouterai que vous êtes en des termes d'amitié assez intime avec Maria Saint-Clair, pour que celle-ci vous fasse souvent part de ses inspirations. — Et s'interrompant comme si elle eût été frappée d'une idée soudaine, Clémence Hervé reprit : Mais j'y songe, ma chère Héloïse... ayez donc la bonté de nous dire ces nouveaux vers de Maria Saint-Clair que votre excellente mémoire a retenus et que vous m'avez récités ce matin?

— Je serais heureuse de faire quelque chose qui vous fût agréable, répondit la jeune fille. — Puis indiquant du regard Virginie Robertin : — Je crains seulement d'ennuyer peut-être madame par cette poésie.

— Rassurez-vous, mademoiselle, — répondit l'auteur du *Nouveau Chérubin*, — je serai, au contraire, très-curieuse d'entendre quelques vers de la célèbre Maria Saint-Clair, assez connue de vous pour qu'elle vous communique ses poésies... que, par un prodige de mémoire, vous retenez si facilement.

En prononçant ces mots, sans pouvoir cacher sa profonde surprise, Virginie Robertin, après avoir jeté un regard pénétrant sur Héloïse, resta profondément pensive, luttant contre des soupçons naissants qu'elle combattait, sachant après tout, à n'en pas douter, que cette belle jeune fille, dont elle admirait involontairement la beauté, était la nièce de M. Morand l'usurier

— Puisque madame partage notre impatience de vous entendre, ma chère Héloïse, — reprit Clémence Hervé, — faites-nous la grâce de commencer... nous vous écoutons... Quel est le titre de cette pièce de vers?...

— Il est fort simple... c'est : LE RETOUR AU BIEN, — répondit Héloïse de sa voix délicieusement timbrée. Puis, se levant et restant debout, dans une attitude pleine de modestie et de grâce, elle se préparait à commencer de dire ses vers, lorsque Philippe répéta presque involontairement et avec un accent indéfinissable :

— *Le Retour au bien!*

Et, de nouveau, il contempla longuement Héloïse, tandis que madame Robertin, clouée sur son fauteuil par la stupeur, se disait :

— Quoi! ce serait elle!! Non, non! c'est impossible!

LIX

Héloïse Morand commença de dire les vers suivants, improvisés par elle dans la matinée, ensuite d'un long entretien avec Clémence Hervé.

« — Voyez ce jeune ormeau, maintenant sans feuillage,
« Naguère le passant admirait son ombrage ;
« Tout chargés de bourgeons, ses rameaux dès longtemps,
« Dans leur précocité, devançaient le Printemps,
« Et son altière cime, aux brises balancée,
« Verdoyante, ondulait, par le vent caressée.

« — Où l'ormeau puisait-il cette mâle verdeur ?
« — Dans une source d'eau vive... en sa profondeur,
« La racine plongeant, allait pomper la sève
« Qui circule féconde, et dans l'arbre s'élève.

« Mais tout à coup l'on vit le bel ormeau jaunir,
« Feuille à feuille bientôt son front se dégarnir,
« Et les débris fanés de sa verte couronne
« Balayés sur le sol comme aux jours de l'automne !
« — C'est qu'hélas ! d'un méchant les ténébreux détours
« Du ruisseau fécondant avaient changé le cours... »

Philippe tressaille à ces derniers vers ; jusqu'alors, il avait écouté la jeune muse avec un étonnement, un charme inexprimable ; la touchante émotion qu'elle éprouvait, l'inspiration poétique, donnaient à sa céleste physionomie un si admirable caractère, que, voulant soudain le reproduire, et oubliant dans son enthousiasme d'artiste, que le buste inachevé qu'il modelait devait offrir la ressemblance de madame Robertin, le jeune statuaire, enflammé cette fois du feu sacré, pétrit l'argile avec une ardeur fiévreuse, et se servant du premier travail de l'ébauche, déjà il l'a transformé, y cherchant l'adorable image d'Héloïse ; mais lorsqu'elle prononce ces derniers vers, renfermant une allusion si directe à sa condition actuelle :

« — C'est qu'hélas ! d'un méchant les ténébreux détours
« Du ruisseau fécondant avaient changé le cours, »

Philippe tressaille, rougit de surprise, et, à travers le voile transparent de l'allégorie, il se voit le sujet des vers qu'il entend ; un vague soupçon traverse son esprit, et, les yeux fixés sur la jeune muse, avec un redoublement d'attention, il l'écoute sans discontinuer de façonner l'argile... Madame Robertin, ne remarquant pas d'ailleurs la transformation que subit l'ébauche de son buste, sent l'allusion :
— *Aux ténébreux détours d'un méchant,* ne doute plus que la jeune fille ne soit la prétendue Maria Saint-Clair, et

pâle de rage, atterrée de cette découverte, l'auteur du *Nouveau Chérubin* reste muet et immobile.

Héloïse, s'adressant alors à Philippe, attache sur lui son beau regard empreint d'une profonde tristesse, et poursuit ainsi, avec un accent douloureux et tendre :

« Frère ! ta gloire ainsi passera comme un rêve,
« Ainsi de ton talent va se tarir la sève !
« Ainsi du vert laurier qui ceint ton jeune front,
« Les feuilles, jour par jour, à tes pieds tomberont,
« Et tu diras alors... triste... et l'âme étonnée :
« La source vive, hélas !... de moi s'est détournée.

—

« — Cette source, vois-tu... c'était l'amour du bien !
« C'était l'amour du beau ! car ton père et ta mère
« A ta tendre jeunesse ont enseigné combien,
« Sans l'austère devoir, la gloire est éphémère !

—

« Ces grands enseignements ont éclairé mes yeux ;
« De tes dignes parents je n'étais pas la fille,
« Mais lisant leurs écrits avec un soin pieux,
« L'amour de leurs vertus me fit de ta famille...

—

« Leurs œuvres m'inspiraient... je me croyais ta sœur !
« Ma plume et ton ciseau, dans ces jours si prospères,
« Évoquant du passé le règne précurseur,

« Glorifiaient la race et la foi de nos pères! »

« Ces beaux jours seront donc, frère, sans lendemain?
« Bravant du beau, du bien, la divine harmonie,
« N'as-tu pas... ô douleur !... prostitué ta main
« A ces sujets honteux dont rougit ton génie! »

En prononçant ce dernier vers, la jeune muse, superbe d'une chaste indignation, désigne du doigt le groupe de l'*Amour et la Volupté*, que, la veille, Philippe avait couvert d'une toile, afin de le dérober à la vue de sa mère. Puis Héloïse, le regard brillant d'espérance, ajoute :

« — Mais non ! ce marbre impur que tu caches à l'œil
« De ta mère qui pleure... et qui voudrait t'absoudre...
« Brise-le... brise-le ! ta gloire en est en deuil...
« Que le groupe énervant par toi soit mis en poudre! »

« — Ta mère un jour l'a dit : — La solidarité
« Lie au repu l'enfant qui de famine expire...
« Suis ces mâles leçons !... que la Fraternité
« En symboles sacrés dans tes marbres respire. »

Après cet éloquent et viril appel à la foi démocratique

du jeune statuaire, Héloïse termine par ces vers, empreints d'une chaste tendresse :

« — Désormais nous avons même chance à braver,
« Même gloire à poursuivre, et nos âmes jumelles
« S'encourageant au bien... fermes à s'éprouver...
« Frère, partageront joie et peines nouvelles.

« Quand le cri de deux cœurs s'élève vers le ciel,
« Dieu toujours juste et bon se montre plus propice ;
« Chacun ne boit-il pas moins d'absinthe et de fiel,
« Alors que l'on est deux pour vider le calice ?

« Ami, l'heure a sonné ! reprenons notre essor,
« En rêvant une gloire aussi pure que belle !
« Et pour monter un jour tous deux au temple d'or,
« Je viens mettre ma main dans ta main fraternelle ! »

Héloïse Morand, en prononçant ce dernier vers, ne peut contenir de douces larmes ; elle tend sa main charmante à Philippe avec l'assurance d'un cœur loyal et pur ; le jeune statuaire s'agenouille devant elle et s'écrie dans son ivresse :

— Je suis sauvé !!! mes yeux se sont ouverts à la voix de Maria Saint-Clair... Elle a prédit mon retour au bien...

N'est-ce pas, ô ma mère, revenir à toi...

— C'est indigne ! le tour est par trop vif... Ce n'est plus mon buste... mais celui de mademoiselle... que cet impertinent jouvenceau a modelé !!! — s'écrie soudain madame Robertin, qui, écrasée de honte, livide de haine, d'envie, et furieuse de la ruine de ses projets, avait voulu profiter de l'inattention des autres acteurs de cette scène, afin de sortir furtivement de l'atelier, mais qui venait de s'arrêter pétrifiée devant la métamorphose du buste; cette humiliante découverte exaspéra les ressentiments de l'auteur du *Nouveau Chérubin*. Jetant alors audacieusement le masque, l'horrible mégère, l'œil injecté, l'écume aux lèvres, s'écrie, montrant le poing à Clémence Hervé :

— Ne chante pas si haut ton triomphe, madame la *démoc-soc*, ne fais pas tant la roue dans ta fatuité maternelle ! il n'y a pas de quoi ! Si tu étais venue ici cinq minutes plus tard, je l'enlevais, ton fils ; il m'adorait, entends-tu cela, Maria Saint-Clair... Ce niais consentait à me signer pour vingt-cinq mille francs de lettres de change... Voilà les traites en blanc... — Ce disant, madame Robertin les froisse et les jette sur le parquet. — Nous partions pour la Suisse et je t'aurais rendu ton nourrisson... Dieu sait comme... et quand et comment ! Clémence Hervé, sois donc fière de ce que tu appelles tes principes !... ils sont pardieu solides, tes principes ! si on les juge à l'user... Tu en avais nourri, empâté, farci ton fils, et il a suffi d'un de mes livres et d'un baiser pour ensorceler ce dadais ! en un mois, j'aurais fait de lui un vrai bohême ! un modeleur de figurines décolletées... Ah ! ah ! ah ! je te fais compliment de ta conquête, Maria Saint-Clair... car on le voit à son air engourdi, hébété... ce garçon subit l'assommante et habituelle influence de la poésie... Seulement, n'oublie pas ceci... ô muse virginale... au front étoilé, aux blanches ailes... Philippe m'a aimée avant de songer à toi... et avant huit jours... vois-tu ! si je me le mettais dans la cervelle ... avant huit jours, je te reprendrais ce nigaud ; mais merci... garde-le : tu n'auras eu, ô sublime gratteuse de lyre... que les restes du *major Fredène*... Et sur ce, — ajouta madame Robertin en se dirigeant vers la porte de l'atelier, — que le diable vous ait en sa sainte et digne garde !!!

— Mais toi, carogne ! tu seras désormais sous ma sainte et digne garde, à moi !... Halte-là... major... on ne passe pas... — s'écrie soudain la voix de M. Robertin apparaissant à sa femme, et lui barrant le passage ; car, dans l'aveugle paroxysme de sa fureur, elle ne s'était pas aperçue que la porte de l'atelier, à laquelle d'ailleurs elle tournait le dos, venait de s'ouvrir sans bruit, et que son mari, le docteur Max et Julien, debout au seuil, avaient entendu les adieux qu'elle adressait à Clémence Hervé, à son fils et à Héloïse.

I.

M. Robertin ne ressemblait plus en rien à l'époux craintif, docile et débonnaire que l'on sait ; ses traits offraient un singulier mélange de douleur, de colère, de révolte, de détermination indomptable et de satisfaction profonde. Le docteur, suffisamment édifié sur le dénoûment de la lutte entre l'*ange* et le *démon*, par les injurieux adieux de l'auteur du *Nouveau Chérubin*, tendit la main à Clémence Hervé, lui disant :

— Quoi qu'il m'en ait coûté, parce que je doutais du bon succès de vos desseins, j'ai respecté votre volonté... la lutte entre le bien et le mal a eu lieu selon vos désirs, à armes courtoises ; le bien a triomphé par la seule puissance de son charme, — ajouta-t-il en tendant aussi la main à Héloïse, rougissante et heureuse de son innocent triomphe, tandis que Philippe, encore sous l'impression du déluge d'ignobles outrages adressés à sa mère, à Héloïse et à lui par Virginie Robertin, songeait avec épouvante et remords que cette harpie ne mentait pas en disant à Clémence Hervé :

« — Cinq minutes de plus... Philippe était à moi. »

Et le jeune statuaire, abîmé de confusion et d'amers regrets, n'osait plus lever les yeux sur Héloïse, se rappelant encore les paroles de l'auteur du *Nouveau Chérubin* à la jeune muse :

« — Tu n'as que les restes du major Fredène. »

Madame Robertin, très-surprise de la présence imprévue de son mari et surtout de l'inconcevable audace du bonhomme qui, familièrement et péremptoirement, la traitait de carogne et lui barrait le passage ; madame Robertin haussa les épaules, et après un premier moment d'étonnement, dit à son mari en accompagnant ses mots d'un geste d'impérieux dédain :

— Sortons... et suivez-moi, monsieur !!

Après quoi, madame Robertin fit deux pas vers la porte, gardée par son mari, qui, s'opposant carrément au passage de sa femme, lui répondit avec un éclat de rire sardonique :

— Ah! ah! ah! sortons, suivez-moi... Nom de nom!! Le temps des grands airs est fini, apprends cela, major... tu sortirassi je le veux, tu rentreras si je le veux ; je te suivrai si je le veux, et quant à cela... sois tranquille... je le voudrai.

— Qu'est-ce à dire?... — s'écria Virginie Robertin d'un ton menaçant, — ouvrez cette porte à l'instant, je vous l'ordonne ou sinon... et d'un brusque mouvement elle voulut écarter son mari et passer outre ; mais il la saisit brutalement par le poignet, et la forçant de revenir sur ses pas :

— Tu sortiras quand il me plaira, major, mais auparavant, je me donnerai la délectation de te dire ce que j'ai sur le cœur, devant madame, dont tu voulais débaucher le fils : ce sera l'un de tes châtiments !

— Quelle audace! c'est inouï! — s'écria involontairement madame Robertin, croyant à peine à ce qu'elle entendait; et jugeant à l'attitude, à l'expression des traits de son mari que son entêtement naturel prenait les proportions d'un vouloir inflexible, elle ne tenta plus de sortir et garda un sombre silence.

— Et vous aussi, jeune homme! ajouta majestueusement monsieur Robertin, s'adressant à Philippe : — il est bon que vous sachiez pour quelle créature vous étiez sur le point d'abandonner votre mère... sans parler de ce qu'il y avait pour moi... de particulièrement désobligeant dans votre fugue... avec ma carogne de femme, car enfin...

hum... hum... vous l'avez aimée, oui... Et vous aviez drôlement placé votre premier amour... jeune homme !

— Pardon !!... — dit soudain avec un embarras mortel et rougissant jusqu'au blanc des yeux, le timide et bon Julien qui, jusqu'alors, muet spectateur de cette scène, s'était tenu à l'écart. — Pardon... monsieur..., — répéta-t-il en s'adressant à M. Robertin. — Vous êtes dans l'erreur... ça n'est point tout à fait ça...

— Quoi ! ma femme n'a pas...

— Mais non... mais non... le premier amour de mon jeune maître n'a pas été pour votre vilaine madame... Je suis bien hardi d'oser... parler de pareilles choses... mais... le vrai... est le vrai... quand on le sait... il faut le dire... et je... je...

— Quelle vérité ? — mon cher Julien, demanda Clémence Hervé avec intérêt, — achevez, ne vous troublez pas...

— Eh bien, madame, la première personne que M. Philippe a aimée a été la fameuse Maria Saint-Clair, — répondit Julien, ignorant complétement être en présence de la jeune muse ? — M. Philippe m'avait fait ses confidences.

— Que dites-vous ? — reprit vivement Clémence Hervé, cédant à une ineffable espérance, et regardant Philippe, qui, d'un signe expressif, confirma les paroles de son élève. — Ainsi... mon fils ?...

— A aimé passionnément la fameuse Maria Saint-Clair... sans la connaître... — répondit Julien. — Il fallait l'entendre parler d'elle; nous revisions ses vers... moi surtout, ceux sur la statue de *la Marseillaise;* je les avais appris par cœur, parce qu'ils étaient en l'honneur de mon jeune maître. Il tâchait de se figurer cette adorable personne ! Il rêvait d'elle, il en perdait le sommeil... enfin, il en était, me disait-il, amoureux fou... aussi, ne pouvant résister à sa curiosité, il est allé chez le libraire de Maria Saint-Clair, afin de tâcher d'obtenir sur elle des renseignements... tout ce qu'il a obtenu, c'est un feuilleton dans lequel on affirmait que Maria Saint-Clair... — était un... homme... un ex-garçon épicier.

— C'était une invention de ma carogne de femme... — s'écria M. Robertin. Et il ajouta en manière de parenthèse : — C'est surprenant combien je prends goût à appeler le major carogne, moi si longtemps son vil esclave !

Et il reprit :

— J'ai vendu ce matin au docteur l'épreuve de ce feuilleton et d'un autre article abominablement injurieux contre madame Hervé et la mémoire de son mari... Oui, j'ai vendu le tout deux cents beaux et bons francs que j'ai empochés, major.

Et M. Robertin frappa sur son gousset.

— Cet argent-là comme celui que tu gagneras désormais, major, te passera devant le nez... car...

— Achevez votre confidence, mon cher Julien, — dit Clémence Hervé, interrompant M. Robertin, tandis que sa femme pâle, sardonique, frappant convulsivement le parquet du bout de sa bottine, bravait effrontément tous les regards. Julien poursuivit :

— Lorsque M. Philippe eut appris que Maria Saint-Clair était, ou pouvait être un homme, ç'a été un coup bien cruel... il n'osait plus se livrer à cet amour, de peur d'aimer, sans le savoir et sans le vouloir, un garçon épicier... Seigneur Dieu ! c'était terrible !! rien que d'y penser, ça nous donnait la chair de poule... Sur ces entrefaites, M. Philippe a trouvé dans l'atelier ce satané livre : *Le Nouveau Chérubin*... Ah ! madame Clémence Hervé... quel livre ! nous avions, en le lisant, les joues rouges et brûlantes comme braise... et bonté divine... j'ai rêvé des femmes, ni plus ni moins que saint Antoine en sa tentation, — ajouta Julien pourpre de modestie. — Enfin... c'est aussi à ce moment-là que madame, — et il lança un coup d'œil du côté de l'auteur du *Nouveau Chérubin*, sans oser encore l'envisager, — c'est, dis-je, dans ce moment-là que madame est venue agacer M. Philippe dans le jardin... y jouer de l'œil, y tortillonner, y batifoler, y faire la belle aux yeux doux... à seule fin de séduire mon jeune maître. — Oui, reprit le digne garçon, d'un ton de récrimination courroucée et s'enhardissant jusqu'à lever les yeux sur Virginie Robertin, — oui, le séduire, vilaine ! ! tandis qu'au fond il aimait toujours Maria Saint-Clair, naturellement à la condition qu'elle ne serait pas un affreux garçon épicier, car moi je voyais bien !... que... que... Seigneur Dieu, comment expliquer cela... je voyais bien que mon jeune maître... troublé, affolé, grisé comme je l'étais moi-même par la lecture de ce damné livre, continuait en aimant cette vilaine madame... sauf comparaison... continuait cependant, malgré lui, d'aimer Maria Saint-Clair... Non, ce n'est pas ça... — reprit Julien, suant à grosses gouttes et se grattant le front — enfin... comment dirai-je... Maria Saint-Clair avait, je suppose, ouvert, la première, la porte du cœur de M. Philippe... et y était, de son consentement à lui, honnêtement, gentiment entrée... bon... mais voilà que pendant qu'il est grisé par la lecture du *Nouveau Chérubin*... cette vilaine madame

14.

profite du coup de temps, et psit! sans le prévenir et malgré lui, se glisse effrontément à son tour dans le cœur de mon jeune maître... alors... mai non.. ce n'est pas encore cela... je...

— Au contraire... c'est cela, mon bon Julien, — reprit en souriant le docteur Max, observant Héloïse Morand qui semblait parfaitement comprendre, malgré son apparente obscurité, la psychologie ingénue des définitions du pauvre Julien, trop spontanées, trop naïves et surtout trop désintéressées, pour ne pas exprimer la vérité ; vérité qu'affirmaient d'ailleurs les regards expressifs que Philippe, malgré sa confusion, jetait de temps à autre sur la jeune muse. Julien, enhardi par l'approbation du bon docteur, termina ainsi en s'adressant à M. Robertin :

— Voici comme quoi... monsieur, à l'encontre de ce que vous disiez, votre vilaine madame... sauf le respect que je vous dois... n'est point la première que mon jeune maître ait aimée, ou pour mieux dire, il ne l'a point aimée du tout... vu qu'alors il était gris... or... un homme gris n'a plus sa connaissance, et voilà...

— Et voilà qui me satisfait extrêmement, parce que cela doit te vexer énormément, major, — reprit M. Robertin avec une ironie amère. — Et maintenant à nous deux... tu as voulu apporter le trouble, le malheur chez madame Clémence Hervé, désunir le fils et la mère... il faut qu'ils soient témoins de la punition. Écoute-moi bien, major !

LI

Madame Robertin souffrait cruellement, mais impossible à elle d'échapper à cette expiation, à ce châtiment mérité ; son mari se fût au besoin opposé brutalement à ce qu'elle sortît de l'atelier ; mais l'auteur du *Nouveau Chérubin*, non-seulement blessé au plus vif de son orgueil en voyant lui échapper une vengeance si obstinément poursuivie, remarquait avec un secret effroi un changement radical, soudain, incompréhensible, se manifester dans le caractère de son mari, jusqu'alors si craintif, si docile ; or, connaissant son entêtement et sa jalousie, n'ignorant pas de quoi sont capables les poltrons révoltés lorsqu'après avoir brisé le joug de la peur ils sentent leurs forces, elle augurait fort mal de ses futures destinées conjugales.

Ces appréhensions donnaient surtout à ses traits leur caractère sombre et alarmé, car le cynisme de cette femme eût fait aisément litière du mépris, de l'aversion qu'elle inspirait à tous.

M. Robertin, après une pause, reprit :

— Donc, major, écoute-moi bien... ce matin, monsieur le docteur... mon ange de salut... m'a conduit dans la maison du beau Sylvio le chanteur ; là, j'ai appris, à n'en pas douter, que, pendant que j'étais à mon chien de bureau, y travaillant comme un imbécile... ce Sylvio et toi... carogne...

Puis, serrant les dents avec une rage sourde qui donnait à ses traits ordinairement si bénins une expression sinistre, menaçante, M. Robertin reprit après une seconde de silence :

— Je n'en dirai pas davantage, pour ces dames..

— Mensonge ! — reprit Virginie Robertin, haussant les épaules et redressant son front d'airain, — mensonge et calomnie, dont vous êtes le stupide écho !

— Docteur... — dit M. Robertin en crispant les poings, — vous l'entendez... confondez-la donc !

— Madame, — reprit le docteur Max, regardez-moi bien en face...

— Eh bien... je vous regarde... ensuite ?

— Vous ne vous rappelez pas m'avoir déjà vu ?

— Non !

— C'est possible... après tout, car lorsque vous avez eu complétement repris connaissance... je n'étais plus près de vous... Ah !... vous rougissez... la mémoire vous revient ?

— Nullement.

— Je vais donc aider à vos souvenirs. Un jour, vous étiez chez Sylvio, le chanteur. Vous eûtes avec lui une altercation tellement vive, que vous avez été saisie d'une violente attaque de nerfs. Sylvio, vous voyant sans connaissance, et fort effrayé, envoya en hâte son domestique chercher un médecin ; je me trouvais, d'aventure, dans la maison, visitant l'un de mes malades ; le portier instruisit de ma présence le domestique de Sylvio. Celui-ci m'envoya quérir à l'étage où j'étais et me conduisit dans sa chambre à coucher... Là... je vis une femme que son évanouissement avait surprise dans un tel désordre de toilette, que... mais j'imiterai la discrétion de M. Robertin, par respect pour ces âmes... et j'ajouterai seulement que cette femme !...

— C'était toi, carogne ! — s'écria M. Robertin, effrayant de ressentiment et montrant le poing à sa chaste épouse. Mais se contenant, il grommela : — Patience... patience !...

— Vous n'êtes qu'un sot en trois lettres, monsieur Robertin, vous croyez des commérages de portier... — reprit effrontément l'auteur du *Nouveau Chérubin*.

Puis, lançant au docteur Max un regard de vipère :

— Celui qui serait assez lâche pour divulguer un secret que, par état, il doit garder... ne mériterait pas d'être cru... un si infâme délateur étant digne du dernier mépris...

— Oui, madame, — répondit le docteur Max d'une voix incisive, — oui, lorsqu'il cède à la haine ou à un intérêt sordide, le délateur est un infâme... le divulgateur d'un secret confié à sa foi est un infâme...

— Vous seriez donc jugé par vous-même, monsieur, — reprit madame Robertin. Mais je nie que vous m'ayez vue chez Sylvio !

— Je vous ai vue chez lui, madame, et j'ai dû le révéler, — reprit le docteur. — Celui-là n'est point un délateur qui, afin de prévenir de grands malheurs, se voit forcé de démasquer la haine, le vice, l'hypocrisie ; celui-là n'est point un délateur... qui, afin de punir la mère sans entrailles, l'adultère effrontée, dessille les yeux d'un époux indignement abusé, bafoué, trahi, et lui donne le moyen certain de mettre terme aux nombreux débordements de sa femme, de la punir comme elle mérite d'être punie, et cela sans éclat, sans scandale, en lui laissant ouverte la porte du repentir, de la réhabilitation ; non ! celui-là n'est point un délateur... il remplit le sévère devoir d'un honnête homme ; ce devoir, je l'ai accompli, madame... et, — ajouta M. Max, avec ce sourire sarcastique qui lui était familier, — j'aurai du moins la satisfaction de penser que, M. Robertin aidant, votre conduite sera désormais aussi morale, aussi régulière qu'elle a été jusqu'ici désordonnée, madame ; non, vous ne laisserez plus votre enfant dans un déplorable abandon... et... toujours M. Robertin aidant, vous deviendrez un jour, j'en ai la douce conviction, le modèle des mères et des épouses.

Puis, s'adressant à M. Robertin :

— Ayez la bonté d'expliquer à madame par quel procédé... aussi simple qu'innocent, vous obtiendrez, mon cher monsieur, le satisfaisant résultat que je dis.

— Voici le procédé, major, — reprit M. Robertin, savourant, dégustant lentement son triomphe. — Tu m'as indignement berné, trompé ! Je n'ai qu'un regret, c'est que le procédé soit cent fois trop doux, car, d'après ce que je sais maintenant du beau Sylvio, il en était de même de ce grand coquin de capitaine de spahis, dont tu as fait le capitaine *Granmanche,* dans ton dernier roman, sans compter que le butor nous ruinait en vin d'Espagne et en pieds de mouton à la poulette... que j'abhorre, mais c'était la fantaisie culinaire de M. le capitaine... et...

— Abrégez, cher monsieur Robertin, — dit le docteur Max, — arrivez au fait...

— M'y voici, major, car il en était évidemment des autres héros de tes romans ce qui en était du Sylvio et du capitaine ; aussi trouvé-je le procédé trop doux, mais enfin... il me suffit

— Voyons, — reprit madame Robertin, affectant une cynique audace, — voyons le procédé à l'aide duquel je deviendrai le modèle des épouses.

— Le moyen est simple comme bonjour. — Et M. Robertin scanda lentement les mots suivants : — Je... n'i... rai... plus... à... mon... bureau.

— Ah ! — fit l'auteur du *Nouveau Chérubin*, redoublant d'assurance, — vraiment?

— Aussi vrai que tu es la plus scélérate des femmes. Or... n'allant plus à mon bureau, je ne te quitte pas d'une seconde : où tu es, je suis ; où tu vas, je vais ; si tu sors, je sors ; si tu rentres, je rentre ; il ne se passe pas une minute de ta vie... entends-tu... une minute, sans que tu m'aies à tes côtés ou sur tes talons ; ne compte pas m'échapper, les portes seront fermées, les fenêtres grillées... Ah ! ah ! major, tu as peur, — ajouta M. Robertin répondant à un tressaillement involontaire de sa femme. — Tu m'as pris longtemps pour un crétin, c'était juste ; mais si bête que je sois, j'ai entre autres un défaut que je n'échangerais pas maintenant contre toutes les qualités du monde ; je suis têtu comme un mulet ; j'ai mis dans ma tête que je ne te quitterais pas plus que ton ombre, hé bien ! vers ce but sera incessamment tendue toute la puissance de ma volontée, aidée du peu d'intelligence que je possède ; et ce but, vois-tu, je l'atteindrai... tu en es sûr, major... car tu pâlis... tu trembles !

Virginie Robertin pâlissait et tremblait, en effet, devant l'indomptable résolution empreinte sur les traits de son mari, expression si saisissante, qu'elle frappait aussi Clémence Hervé, Héloïse et Philippe, muets témoins de cette scène attristante, et qui, malgré l'aversion que leur inspirait cette misérable femme, la trouvaient plus que punie par les humiliations dont elle était écrasée.

Cependant, malgré l'effroi que lui causaient les projets de son mari, et dont elle entrevoyait la réalisation complète, l'auteur du *Nouveau Chérubin* s'efforça de dissimuler sa frayeur, de faire bonne contenance, et s'adressant à M. Robertin avec dédain :

— Si vous n'allez plus à votre bureau, monsieur, de quoi vivrez-vous donc ?

— Parbleu ! je vivrai de ton travail, major !

— Vous osez...

— Oui, j'oserai rester à rien faire, tandis que tu travailleras ; oui, major, tu me nourriras, tu me vêtiras, tu me chaufferas, tu m'hébergeras ; je me gobergerai sans autre occupation que d'être ton argus vigilant et de ne pas te quitter d'une semelle...

— Ainsi... l'argent que je gagne...

— L'argent que vous gagnez, madame, doit être à la disposition de M. Robertin, en sa qualité de chef de la communauté, ainsi que je me suis empressé de le lui faire observer, — dit froidement le docteur Max, trop heureux d'instruire votre cher époux que, légalement, tout traité conclu avec vos éditeurs, et seulement signé de vous, est radicalement nul... puisque vous avez, madame, le bonheur de vous trouver en puissance de mari, sa signature seule valide le traité ; conséquemment, le prix de la vente de vos manuscrits ne peut légalement être touché que par M. Robertin.

— Qu'entends-je !!!

— Ah! dame... c'est vexant, hein, major? mais c'est comme ça, — reprit M. Robertin en se frottant les mains. — Et si, par fourberie... car il faut tout prévoir, m'a dit M. le docteur... mon ange de salut, si, par fourberie, tu l'arrangeais de façon à dissimuler tes ventes de manuscrits, peu m'importe, je n'en ai pas moins droit à être vêtu, hébergé, nourri par toi dans le domicile conjugal, et toujours droit à ne point te quitter plus que ton ombre et à te suivre partout où tu pourras aller...

L'auteur du *Nouveau Chérubin*, atterré de la logique de son mari, rongeait, dans sa rage muette, ses ongles jusqu'au sang, lorsque l'une des servantes de Clémence Hervé entra dans l'atelier et dit au docteur :

— M. le baron de Hobmer demande s'il peut parler à M. Max.

— Certainement, priez-le d'entrer.

— Il y a aussi là un brave homme, accompagné de deux enfants. Il demande à voir madame, — ajouta la servante; — il s'appelle Claude Erard.

— Priez aussi Claude Erard d'entrer, — dit le docteur Max à la servante, prévenant la réponse de Clémence Hervé.

Au moment où la domestique sortait, M. Robertin, prenant sa femme par le bras, lui dit rudement :

— En route, major... ta punition va commencer...

— Veuillez, je vous prie, rester ici quelques moments encore, — dit M. Max à M. Robertin. — Je serais enchanté que madame votre femme fût témoin de ce que vous allez voir...

— Je me suis jusqu'ici trop bien trouvé de vos conseils pour ne pas toujours les suivre, monsieur le docteur. Ainsi donc, major, halte ! nous ne partons pas encore.

LII

Bientôt Claude Erard parut dans l'atelier, accompagné des deux aînés de ses enfants ; il était, ainsi que ceux-ci, méconnaissables ; sa figure et la leur rayonnaient de joie ; ils avaient quitté leurs haillons pour des habits neufs. L'artisan précédait de quelques pas M. Hobmer, l'un des poëtes les plus éminents de l'Allemagne, homme à cheveux gris et d'une figure aimable et spirituelle ; il tenait à la main un grand écrin de maroquin rouge.

Le docteur Max s'empressa d'aller à la rencontre de ce nouveau personnage, lui dit quelques mots tout bas et resta près de lui dans le fond de l'atelier, tandis que Claude Erard et ses enfants s'approchaient de Clémence Hervé, à côté de qui se tenaient Héloïse et Philippe : plus loin, M. Robertin, ayant rencogné sa femme dans un angle de l'atelier, afin qu'elle ne pût lui échapper, se tenait carrément devant elle les mains derrière le dos, très-curieux de savoir pourquoi le docteur l'avait engagé à suspendre momentanément son départ.

Claude Erard, tenant par la main ses deux enfants qu'Héloïse et Clémence Hervé caressèrent avec bonté, Claude

Erard, les larmes aux yeux, dit d'une voix profondément émue à l'auteur des *Misères sociales* :

— Madame... il y a deux jours... ma femme, au moment de devenir mère, se mourait d'épuisement et de misère; je manquais de travail ; mes quatre enfants et moi sans pain, sans vêtement, nous étions réduits à la dernière détresse... Ma pauvre femme et moi... désespérant de tout... en un mot, las de vivre... nous voulions en finir avec la vie... vous êtes venue chez nous, madame; vous nous avez crus honnêtes... vous nous avez réconfortés par vos bonnes paroles, secourus par vos bienfaits, rassurés sur le présent; enfin, songeant aussi à l'avenir, vous avez raconté notre infortune et en notre faveur fait appel aux cœurs compatissants... Aujourd'hui, nous sommes bien au-dessus du besoin, ma famille et moi... nous pouvons attendre sans crainte la fin de mon chômage... Soyez bénie, madame, — ajouta Claude Erard, ne pouvant plus contenir ses larmes. — Ces enfants et moi... nous venons vous dire, au nom de leur mère que vous avez sauvée : soyez bénie, madame, soyez bénie !!

— Ce n'est pas moi qu'il faut bénir, monsieur Erard, — reprit Clémence Hervé attendrie ; — ce qu'il faut bénir... c'est ce sentiment de fraternelle solidarité que Dieu a mis au cœur de ses créatures : à ce sentiment qui existe invinciblement en elles, si aveuglées qu'elles soient par l'ignorance, si endurcies qu'elles soient par l'égoïsme... j'ai, ainsi que je le devais, fait appel ; il a été entendu, je m'en félicite.

Espérons en des temps meilleurs, où de pareils appels seront superflus; espérons en des temps meilleurs où, grâce à la solidarité humaine, la naissance d'un enfant, loin d'être comme aujourd'hui un sujet d'inquiétude ou d'affliction pour cette immense famille des... LAS-DE-VIVRE, pour me servir de votre expression d'une si terrible vérité, monsieur Erard, la naissance d'un enfant sera pour chacun et pour tous un sujet d'allégresse et d'espérance.

— Ah ! madame, — dit d'un ton pénétré M. de Hobmer, en se rapprochant de Clémence Hervé, conduit par le docteur Max, — lors de mon retour en Allemagne, où vos œuvres, malgré l'ostracisme dont certain parti les frappe, jouissent d'une immense popularité, je n'étonnerai personne en racontant ce dont je viens d'être témoin ici... — ajouta M. de Hobmer, désignant Claude Erard et ses deux enfants.

On le sait en Europe, madame, le génie qui dévoile d'une main si puissante les plaies sociales y répand aussi un baume consolateur.

— Ah ! je comprends maintenant pourquoi ce diable de docteur m'a engagé à rester pendant quelques moments de plus, — se disait M. Robertin.

Puis, s'adressant tout bas à sa femme :

— Hein, major ! vois-tu ? En tout pays on admire, on honore Clémence Hervé... ça m'est bien égal quant à elle, mais ça m'enchante quant à toi, parce que ça t'enrage.

L'auteur du *Nouveau Chérubin* ne répondit rien, et, l'œil fixe et sombre, se disait avec une amertume où germait le repentir :

— Oui... l'on ne peut le nier !!... il y a une puissance irrésistible dans le bien... Le nom de cette femme que j'envie, que je hais, a son écho d'un bout du monde à l'autre,

LIII

— Madame, — reprit le docteur Max s'adressant à Clémence Hervé, — M. le baron de Hobmer, que j'ai l'honneur de vous présenter, est chargé par ses amis d'Allemagne d'une mission auprès de la célèbre Maria Saint-Clair, et pour des raisons que vous comprendrez, j'ai pensé qu'il valait mieux que M. de Hobmer vît notre jeune muse chez vous que chez elle...

— Je suis de votre avis, mon cher docteur, — répondit Clémence Hervé.

Puis, s'adressant à M. de Hobmer, et indiquant Héloïse, qui, très-surprise de l'annonce de cette mission dont le baron était chargé pour elle, rougissait interdite :

— J'ai l'honneur, monsieur, de vous présenter mademoiselle Héloïse Morand, auteur des poëmes publiés sous le nom de *Maria Saint-Clair*, — ajouta Clémence Hervé.

— Mademoiselle est pour moi presque une fille... c'est vous dire, monsieur, tout l'intérêt que je porte à ce qui la concerne...

— Mademoiselle, — dit M. de Hobmer, s'inclinant devant Héloïse, — votre modestie ignore sans doute que vos poëmes des *Orphelins* et du *Voyage de deux âmes à travers les mondes* ont produit en Allemagne une sensation profonde... Le premier, d'une merveilleuse pureté de forme, a attendri, navré tous les cœurs, et vous apprendrez avec satisfaction, mademoiselle, qu'ensuite de l'impression causée par cette saisissante peinture des souffrances physiques et surtout morales des *orphelins*, plusieurs sociétés se sont fondées sur des bases nouvelles inspirées par votre œuvre, et dont le but est d'adoucir les douleurs dont vous avez retracé le tableau.

Héloïse Morand, à la fois confuse et charmée, regardant tour à tour avec un étonnement ingénu le docteur Max et Clémence Hervé, serra la main de celle-ci, par un mouvement plein de grâce, semblant reporter les louanges qu'elle recevait à sa mère adoptive *intellectuelle*.

M. de Hohmer continuait :

— Le poëme du *Voyage de deux âmes à travers les mondes*, poëme dont notre esprit germanique, rêveur et un peu mystique, devait surtout apprécier l'élévation et les mâles beautés, a eu un retentissement prodigieux, une incroyable influence sur les esprits méditatifs; d'antiques et consolantes croyances, ainsi popularisées par l'attrait d'une poésie éclatante, jointe à un récit d'un puissant intérêt dans sa merveilleuse variété, ont pénétré une foule d'intelligences; et au sujet de ce *néodruidisme*, si je peux m'exprimer ainsi, des discussions ardentes d'une haute portée philosophique se sont élevées sur cette théodicée entre les diverses écoles spiritualistes de l'Allemagne. Mais je termine, mademoiselle, de crainte d'embarrasser plus longtemps votre modestie; j'ajouterai seulement que, spontanément, une souscription a été ouverte dans les principales villes de la Confédération Germanique par les nombreux appréciateurs de votre génie, mademoiselle, afin de vous offrir l'hommage de cette couronne... dont votre front est digne.

M. de Hobmer, en prononçant ces derniers mots, présente à Héloïse un écrin ouvert, où l'on voit, sur un fond de velours blanc, une couronne d'un travail exquis; ses rameaux d'or mat disparaissaient à demi sous des feuilles émaillées de vert simulant le feuillage du laurier : un large nœud d'or bruni reliait à leurs extrémités les deux rameaux dont se composait la couronne, et sur ce nœud on lisait :

HOMMAGE DE L'ALLEMAGNE POÉTIQUE A MARIA SAINT-CLAIR.

La jeune fille reçoit l'écrin d'une main tremblante d'émotion. M. de Hobmer achève en ces termes sa mission :

— Je regarderai comme honneur insigne de ma vie l'avantage d'avoir été choisi par mes compatriotes pour déposer à vos pieds, mademoiselle, le respectueux tribut de leur profonde sympathie et de leur admiration.

— Vois-tu cela? entends-tu cela? toi! ma carogne de femme, — dit tout bas M. Robertin à l'auteur du *Nouveau Chérubin*, profitant d'un instant de silence qui suivit les dernières paroles de M. Hobmer.

Est-ce qu'on t'a jamais envoyé des barons t'offrir des couronnes d'or au nom de l'Allemagne? Encore du fiel à remâcher pour toi, major! Ah, que ce diable de médecin a donc eu raison de nous faire rester ici... tu dois crever de male-rage!

Virginie Robertin resta muette et sombre, puis, sans même lever les yeux sur son mari, elle se disait :

— Oui, le bien, le beau, le juste, sont doués d'une irrésistible puissance !! Impossible à moi de le nier !! Cette famille, soudainement sauvée de la misère par quelques lignes de la main de Clémence Hervé ; l'Allemagne, s'émouvant à la voix poétique de Maria Saint-Clair, et lui députant une sorte d'ambassadeur pour la couronner... ce sont des faits, cela... Ils m'exaspèrent, ils me torturent, mais ils existent... Ah ! c'est glorieux, les lettres... lorsque...

— Mais Virginie Robertin recula devant une idée généreuse dont son orgueil, sa haine, son envie, se révoltèrent encore... quoique de vagues aspirations à une vie meilleure eussent depuis quelques moments peu à peu pénétré l'âme endurcie de cette femme.

Héloïse Morand, après avoir reçu l'écrin des mains de M. de Hobmer et entendu ses derniers mots, se sentit d'abord tellement troublée que la parole expira sur ses lèvres ; puis, encouragée par les regards radieux de Philippe et de sa mère qui, à tant de titres, jouissaient délicieusement du triomphe de la jeune muse, elle répondit timidement au baron :

Cette couronne sera pour moi, monsieur, non le prix de mes œuvres passées, elles ne méritent pas une pareille récompense, mais elle sera pour moi le tout-puissant encouragement de l'avenir. Le peu que je suis... je le dois à M. le docteur Max, qui a favorisé, guidé mes premiers essais, et à madame Clémence Hervé, qui me les a inspirés par ses écrits... Ce n'est pas le talent que l'on daigne couronner en moi... mais les sentiments généreux, élevés, dont je suis de mon mieux l'interprète. Veuillez le dire à vos amis, monsieur ; quelque chose sera encore au-dessus de ma reconnaissance envers eux : mon ferme désir de me montrer un jour digne des marques d'intérêt, de sympathie dont ils me comblent aujourd'hui, et qui, exprimées par vous, monsieur, me sont doublement précieuses.

M. de Hobmer s'incline respectueusement, et le docteur Max, tirant la couronne d'or de l'écrin qu'Héloïse a remis à Clémence Hervé, s'approche du buste de la jeune muse, récemment modelé par Philippe, et dit en souriant au baron :

— Nous ne pouvons couronner cette chère enfant, ainsi qu'elle le mérite, sa modestie s'y oppose; mais du moins couronnons son image!...

Et le docteur Max dépose la couronne d'or sur le pur et noble front du buste.

LIV

— Ce portrait est admirable de ressemblance, — dit M. de Hobmer.

Puis, désignant du geste les statues, les bas-reliefs, œuvres du jeune statuaire, le baron ajoute d'un ton pénétré :

— Rares sont les familles où le génie est héréditaire! Le fils de l'un des plus illustres historiens et de l'une des plus célèbres femmes de lettres dont s'honore la France, promet par ses œuvres, déjà si remarquables, d'être un

15.

jour un artiste éminent. Ah! madame, vous êtes une heureuse mère!

— Oh! oui, — répondit Clémence Hervé avec une expansion ineffable, — jamais plus qu'aujourd'hui je n'ai été heureuse et fière d'être mère!... Vous ne sauriez croire, monsieur, combien je suis touchée des éloges que vous voulez bien accorder à mon fils... et de l'admiration si dignement exprimée que vous venez de témoigner à ma chère Héloïse, que je regarde comme ma fille.

M. de Hobmer salue profondément et se dispose à sortir, lorsque Claude Erard, témoin silencieux et ému des scènes précédentes, se rapproche de l'auteur des *Misères sociales*, et lui dit :

— Madame, nous autres prolétaires, étrangers au beau langage, trop pauvres pour couronner nos bienfaiteurs, nous ne pouvons que leur donner notre cœur tout entier... Notre cœur à nous tous est à vous, madame Clémence Hervé... et nos vœux seraient comblés si quelque lien, nous rattachant à vous, nous permettait de nous dévouer davantage, si cela est possible ; aussi nous, qui déjà vous devons tant, nous venons demander encore, madame.

— Parlez, de grâce! monsieur Erard.

— Ma femme a mis au monde cette nuit une petite fille... elle et sa mère vous doivent la vie ; sans vous, elle et sa mère mourraient de faim... Oh! madame, si vous daigniez être la marraine de cette enfant... Il me semble que, si peu que nous soyons, si peu que nous puissions... ce rien, dont nous serions fiers, augmenterait notre reconnaissance, en nous donnant doublement le droit de vous prouver notre dévouement.

— Vous ne pouviez me faire une proposition plus agréable, monsieur Erard.

— Je serai la marraine de votre fille, — répondit Clémence Hervé; — mais, à mon tour, je vous demanderai une grâce.

— Ah! madame...

— C'est de prendre mon fils pour parrain de votre fille...

— Merci de cette pensée, bonne mère, — dit Philippe en tendant cordialement la main à l'artisan qui la serre non moins cordialement.

Puis il s'éloigne, accompagné de ses deux enfants, au moment où M. de Hobmer, s'inclinant devant Héloïse et Clémence Hervé afin de prendre congé d'elles, leur dit :

— Adieu, madame... adieu, mademoiselle... Ce que j'ai vu, entendu, admiré ici aujourd'hui, sera, veuillez le croire, le meilleur souvenir de ma vie...

— Adieu, monsieur, — répondit affectueusement Clémence Hervé, — nous n'oublierons jamais non plus, Héloïse et moi, cette journée où il nous a été donné de vous connaître, monsieur, et de vous apprécier selon votre mérite.

M. de Hobmer, Claude Erard et ses enfants quittent l'atelier, reconduits au dehors par Philippe, le docteur Max et Julien.

En ce moment seulement, Héloïse et Clémence Hervé se souviennent et s'aperçoivent de la présence de madame Robertin, restée à l'écart dans un coin de l'atelier, gardée *à vue* par son mari.

Héloïse et Clémence Hervé, malgré leurs justes griefs contre cette odieuse créature, ressentent pour elle une sorte de compassion, songeant, si cela se peut dire, à la cruelle aggravation de peines dont elle dut souffrir durant la scène précédente.

Aussi, lorsque le docteur Max, accompagné de Philippe et de Julien, rentre dans l'atelier, Clémence Hervé s'adressant à Virginie Robertin :

— Vous pouvez être assurée, madame, que tout ce qui s'est passé aujourd'hui entre vous, mademoiselle Héloïse, mon fils et moi, restera secret; nous ne devons plus nous revoir; j'oublierai le passé, oubliez-le de même, ou plutôt cherchez-y un enseignement, il peut vous être profitable... Vous êtes jeune, madame, et surtout vous êtes mère... j'aime à compter sur l'influence du sentiment maternel pour vous régénérer... surtout si, en poursuivant votre carrière littéraire, vous vous pénétrez d'une pensée de la plus haute gravité, dont vous ne me semblez pas cependant vous être préoccupée jusqu'ici; en un mot, madame, — ajouta Clémence Hervé avec un accent rempli de tristesse et de dignité, — songez que le jour viendra... où votre fille lira peut-être vos livres.

Ces dernières paroles, l'accent dont elles sont prononcées, causent à Virginie Robertin, dans la disposition d'esprit où elle se trouve, une impression soudaine, profonde, et pour la première fois elle songe qu'en effet ses livres seront lus un jour sans doute par sa fille!

LV

Les mères, les plus insoucieuses de la maternité, restent toujours mères par un certain côté ; si impudiques qu'elles soient, elles ont presque toujours le sentiment de leurs filles ; l'auteur du *Nouveau Chérubin* et de tant d'autres œuvres d'une immoralité révoltante négligeait indignement son enfant au berceau et elle l'eût abandonnée sans regret ; cependant elle tressaille et rougit à cette pensée qu'un jour ses livres licencieux pourront tomber sous les yeux innocents de sa fille ; oui, cette femme pervertie, envieuse, méchante, effrontée, rougit d'une secrète honte, et pour la première fois de sa vie peut-être, elle a noblement conscience de la maternité.

La physionomie de madame Robertin jusqu'alors sombre, sardonique, haineuse, se détend, et cette fois, sans feinte, sans hypocrisie, obéissant à sa conviction momentanée, mais sincère, elle dit à Clémence Hervé :

— J'ai eu, madame, de grands torts envers vous... je les avoue, je les regrette ; les divers incidents dont je viens d'être témoin, incidents si glorieux pour vous, madame, et pour mademoiselle, m'avaient déjà fait beaucoup réfléchir ; mais vos dernières paroles, madame, m'ont remuée jusqu'au fond des entrailles. Hélas ! oui, viendra le jour où ma fille lira peut-être les livres que j'ai écrits !... Ces mots ont, ce me semble, éveillé ou réveillé en moi le sens moral !... Si je dois me régénérer, merci à vous, madame... cette régénération sera votre œuvre, sinon... encore merci à vous, madame... car, du moins, vous m'aurez généreusement ouvert la voie de la réhabilitation, et je...

— Ta... ta... tudieu! comme tu en dégoises, major! — s'écria M. Robertin impatient et courroucé. — Crois-tu donc madame Clémence Hervé assez... bonne enfant pour se laisser prendre à la même comédie qu'hier, carogne hypocrite? Non, non!... c'est peine perdue... En route, — ajouta-t-il.

Et saisissant rudement sa femme par le bras, il le passe sous le sien, le serrant comme dans un étau, sans qu'elle fasse d'ailleurs aucune résistance.

— Serviteur, la compagnie... serviteur, monsieur le docteur Max, vous qui êtes mon ange de salut!... Je ne retournerai plus à mon bureau, je ne quitterai pas ma femme d'une seconde, grâce à quoi, je ne serai plus... berné comme tant d'autres. Et sur ce... major, par le flanc droit!.... en avant!... marche! Tu t'appelais le major Fredène... je te baptise le *major Carogne!*

M. Robertin sort triomphant et sardonique, entraînant sa femme, dont le dernier regard s'arrête sur Clémence Hervé avec une sincère expression de reconnaissance.

L'auteur des *Misères sociales*, son fils, Héloïse, Julien et le médecin, restent seuls...

— Hé... hé! — dit le docteur Max, avec un ricanement sardonique. — La leçon aura été rude... et sera peut-être, grâce à vous, ma chère Clémence Hervé... profitable à l'auteur du *Nouveau Chérubin*. Punir les méchants... c'est bien... les rendre meilleurs, c'est mieux!

Maintenant nous voici seuls, félicitons-nous en famille de la défaite du *démon* par *l'ange*, défaite dont, je l'avoue humblement, je m'étais un moment permis de douter...

— Mon enfant, — dit à son fils Clémence Hervé, — il

faut que tu saches avec quel adorable dévouement cette chère Héloïse s'est jointe à moi, afin de t'arracher à ton égarement passager; ce matin, elle est venue me voir, ainsi que nous en étions convenues hier, je lui ai confié mes alarmes; Julien... car... tu as été indignement trahi, — ajouta Clémence Hervé en souriant, — Julien m'avait instruite des projets d'escalade et du rendez-vous donné par toi dans ton atelier à madame Robertin... j'ai dit à Héloïse...

« — Voulez-vous m'aider à sauver mon fils?

« — N'est-ce pas mon devoir, m'a-t-elle répondu, — « n'est-il pas mon frère... sinon par le sang... du moins par « son intelligence qui, comme la mienne... procède de vous, madame?... »

— Ah! mademoiselle, — reprit Philippe avec accablement et les yeux baissés, — plus que jamais, maintenant je maudis ma funeste erreur...

— Pourquoi tant la regretter, monsieur Philippe ? — répondit timidement Héloïse. — Cette erreur ne vous a-t-elle pas prouvé la puissance de la vérité?...

— Oui, et dans votre bouche, elle devenait irrésistible, — reprit Clémence Hervé. Puis, s'adressant à son fils : — La lutte allait s'engager entre le *bien* et le *mal*... Héloïse et moi nous avons concerté nos efforts, et pour qu'il fût durable, nous voulions devoir notre succès à la seule influence des sentiments généreux; Héloïse, en une demi-heure, a improvisé ces beaux vers, qui ont exercé sur toi, mon enfant, une action décisive... et nous sommes allées te rejoindre... Grâce à Dieu... nos espérances n'ont pas été trompées.

— Jamais elles ne le seront, désormais, ma mère... je vous le jure... vous pouvez me croire...

— Quant à moi, je n'en doute point, mon cher Philippe, dit le docteur Max, — et affectant un air de bonhomie, il ajouta :

— Mais selon mon petit jugement, et afin de corroborer ce retour au bien... m'est avis... sauf meilleur conseil... et avant tout, si ma fille adoptive ne voyait à ceci... non plus que votre mère... aucun inconvénient... m'est avis, dis-je, mon cher garçon, que vous ne feriez pas mal d'épouser Héloïse... hein ! qu'est-ce que vous dites de mon idée?...

— Ah, monsieur ! s'écrie le jeune statuaire tressaillant d'espoir en voyant Héloïse baisser les yeux et échanger un sourire avec Clémence Hervé. — Maria Saint-Clair a été mon premier... mon seul amour !... je l'aimais sans la connaître... et...

— Aussi vrai que le bon Dieu existe, mademoiselle ; c'est la vérité pure... J'y étais !! — dit naïvement Julien s'adressant à Héloïse, en interrompant son jeune maître afin de confirmer ses paroles et de se faire pardonner son *indigne trahison*.

« Ah ! seigneur Dieu, si vous aviez pu entendre M. Philippe !... avant que le fantôme de Lemaheuc, cet affreux épicier soit venu glacer... consterner mon jeune maître.

— Je vous crois, monsieur Julien, — reprit la jeune muse avec un charmant sourire, — il m'est doux, très-doux, je vous l'assure... de vous croire...

— Ah ! croyez-le... mademoiselle... c'était votre âme, votre génie... que j'admirais, que j'adorais alors... et maintenant que je vous ai vue... maintenant que tant de liens me rattachent à vous... l'espoir, le seul espoir, si éloigné qu'il soit, de pouvoir un jour prétendre à votre main... comblerait tous mes vœux... et, je vous le jure... me rendrait digne d'un pareil bonheur...

— Monsieur Philippe, moi aussi, lorsque, sans vous connaître, je vous ai adressé des vers sur votre statue de la *Marseillaise*, j'aimais, j'admirais votre talent, les nobles inspirations qui le guidaient... et maintenant... que je vous connais...

— Oh! de grâce, — mademoiselle... achevez, — s'écria Philippe, voyant Héloïse s'interrompre, rougir et hésiter, — de grâce... dites... et maintenent?...

— Maintenant, monsieur Philippe... — répond la jeune fille d'une voix émue : — *Nous* devons, je pense, laisser à votre mère et à mon père adoptif, M. le docteur Max, le soin de fixer l'époque d'un mariage... qu'ils me semblent désirer non moins que nous... et quelle que soit cette époque... vous avez ma parole, — ajouta Héloïse tendant sa main à Philippe, avec un geste plein de grâce et de franchise : — vous avez ma foi.

— Ma mère, — tu entends, — s'écria Philippe ivre de joie, et serrant dans les siennes la main de la jeune fille.
— Elle consent... mon Dieu! ai-je donc mérité tant de bonheur?

— Héloïse... ma chère enfant... — dit Clémence Hervé, tendant ses bras à la jeune fille qui s'y jette, — nous ne nous quitterons plus!

— Je pourrai maintenant vous appeler ma mère!! — répond la jeune fille radieuse, tandis que l'honnête Julien pleurant de joie s'écriait :

— Seigneur Dieu... que je suis content, mais que je suis donc content... La preuve en est que je pleure comme une biche. — J'ai été d'une noire traîtrise envers vous, monsieur Philippe... mais, que vous me le pardonniez ou non, tant pis, je m'en moque.

LVI

M. Max, s'adressant alors à Clémence Hervé :

— Je suis, vous le savez, complétement de votre avis en ceci : les mariages d'amour contractés dans la première jeunesse, entre cœurs dignes l'un de l'autre, et par les sentiments et par une égale pureté, offrent seuls pour l'avenir des garanties de bonheur presque certaines. L'union de ces enfants sera, si mon diagnostic ne me trompe point, un mariage d'amour des mieux caractérisés : donc (toujours selon mon petit jugement), il faut marier ces enfants avant un mois.

— Mon Dieu... mais, j'y songe, — dit soudain l'illustre femme de lettres avec inquiétude : — Héloïse... vous m'avez parlé d'un mariage auquel votre oncle et votre tante voulaient vous contraindre ?...

— Oui... *ma mère*... — répond la jeune fille accentuant ce mot avec tendresse, — mais... l'on ne peut exercer sur moi, à ce sujet, aucune contrainte... j'ai donné ma foi... je n'ai qu'une parole.

— Sans doute, chère enfant; mais si vos parents, s'autorisant des droits de leur tutelle, s'opposaient à ce mariage?

— Qu'entends-je?— s'écria Philippe alarmé. — Que dis-tu, ma mère?...

— Hé!... hé!... — dit le docteur en ricanant, — ce cher garçon oublie, dans sa frayeur amoureuse, que quand je me mêle des choses, je sais les mener à bonne fin.

Je réponds du consentement de M. et de madame Morand... d'abord, parce que, s'ils songent à marier Héloïse, c'est à seule fin de ne l'avoir plus à leur charge... or, peu leur importe qu'elle épouse celui-ci ou celui-là... mais si, d'aventure, ils s'avisaient de regimber, de refuser leur adhésion... hé... hé... j'ai plus d'un tour dans mon sac... ce Morand est un usurier fieffé... L'un de mes jeunes clients, fils de famille, qui ruine comme tant d'autres sa bourse et sa santé, a été, m'a-t-il dit, écorché vif par ce Morand. Les faits sont patents, et en menaçant l'ex-huissier de la justice, j'obtiendrais à l'instant son consentement, et à ce sujet ma chère Héloïse, — ajoute le docteur, non plus alors avec un accent sardonique, mais d'un ton grave et pénétré, — sachez-le bien... malgré la généreuse obstination de votre silence à mon égard sur les durs procédés de vos parents envers vous, je n'ignorais rien de ce qui se passait... j'aurais pu, ainsi que je m'y suis résolu plus tard, chercher à trouver pour vous un asile où les contrariétés, les froissements, les peines dont vous avez souffert vous eussent été épargnés; mais l'adversité est une rude et salutaire école, mon enfant; puis il m'a semblé utile pour vous que pendant quelque temps vous fussiez à peu près la première servante de votre oncle et de votre tante ; cette sujétion acceptée par vous avec la fermeté, la résignation, la dignité que j'attendais de votre caractère, cette sujétion a eu pour vous l'avantage de vous initier par la pratique aux plus humbles détails du ménage. — Et le docteur ajouta en souriant : — Oui, mon cher Philippe... cette belle muse, si digne de la couronne d'or dont on vient de ceindre son noble front, est aussi excellente ménagère que votre mère et, ainsi qu'elle, sera une preuve vivante que le génie peut et doit s'allier, chez une femme de lettres, à l'ordre, à la bonne économie, à la régularité de la vie domestique, régularité presque inséparable de celle des mœurs ; à ce sujet, mes amis, un dernier mot, en manière de moralité... à l'adresse des partisans de *l'art pour l'art*; en d'autres termes, partisans de — l'insouciance ou de la négation absolue du but élevé, moralisateur, auquel doit tendre l'écrivain sous peine de forfaire à sa sainte mission.

L'auteur du Nouveau Chérubin a fait de l'art pour l'art ;

L'auteur des Misères sociales et l'auteur du poëme des Orphelins et du Voyage de deux ames a travers les mondes, ont donné à leurs œuvres un but utile, généreux, élevé ; comparez la *résultante* (pardonnez ce terme de géométrie), comparez, dis-je, d'après les *faits*, dont hier et ce matin nous avons été témoins, la *résultante* de ces deux littératures si différentes ;

L'œuvre de madame Robertin, beaucoup plus encore que sa personne, a jeté passagèrement le trouble, non dans le cœur, mais dans l'esprit de Philippe ; sa vie jusqu'alors pure, sereine, heureuse, a été attristée, aigrie, assombrie par le découragement, par l'amertume, par le doute de lui-même, par le mépris de la gloire et par les âcres ferments des passions mauvaises;

L'œuvre de CLÉMENCE HERVÉ a sauvé d'un abîme de maux la famille de Claude Erard;

L'œuvre de MARIA SAINT-CLAIR a fait ouvrir de nouveaux asiles aux orphelins et réveillé dans les cœurs ces mâles croyances où le peuple des Gaules puisait cette superbe fermeté d'âme dont aucune nation n'a jamais approché...

Excusez, mes amis, cette petite moralité finale; et vous, Philippe, Héloïse, continuez d'être dignes du nom que vous portez... Allons! à l'ouvrage, jeunes émules; que vos statues et vos poëmes symbolisent, glorifient toujours ce qu'il y a de beau, de bien, de grand dans l'humanité!

Un mois après, Philippe épousait Héloïse Morand, et... le croira-t-on?... madame Robertin était fermement résolue de devenir... et qui mieux est... devint une honnête femme de lettres!

FIN DE CLÉMENCE HERVÉ.

COLLECTION MICHEL LÉVY. — Gr. in-18, 1 fr. le volume.

A. Achard. Parisiennes et Provinciales. Brunes et Blondes. Femmes honnêtes. Dernières Marquises.
A. Adam. Souv. d'un Musicien. Dern. Souvenirs d'un Musicien.
G. d'Alaux. L'Empereur Soulouque et son Empire.
Achim d'Arnim. (Trad. Th. Gautier fils). Contes bizarres.
A. Assolant. Hist. fantast. de Pierrot.
X. Aubryet. Femme de vingt-cinq ans.
E. Augier. Poésies complètes.
J. Autran. Milianah.
Th. de Banville. Odes funambulesques.
Ch. Barbara. Hist. émouvantes.
Roger de Beauvoir. Chevalier de Saint-Georges. Aventurière. et Courtisanes. Hist. cavalières. Mlle de Choisy. Chev. de Charny. Cabaret des Morts.
A. de Bernard. Portr. de la Marquise.
Ch. de Bernard. Nœud gordien. Homme sérieux. Gerfaut. Ailes d'Icare. Gentilh. campagnard, 2 v. Beau-père, 2 v. Paravent. Peau du Lion. L'Écueil. Théâtre et Poésies.
Mme C. Berton. Bonheur impossible. Rosette.
L. Bouilhet. Melænis.
R. Bravard. Petite Ville. L'honneur des Femmes.
A. de Bréhat. Scènes de la vie contemporaine. Bras d'acier.
Max Buchon. En Province.
H. Blaze. Musiciens contemporains.
E. Carlen (Trad. de M. Souvestre). Deux jeunes Femmes.
L. de Carné. Drame sous la Terreur.
Émile Carrey. Huit jours sous l'Équateur. Métis de la Savane. Révoltés du Para. Récits de Kabylie. Scènes de la vie en Algérie. Hist. et mœurs Kabyles.
C. de Chabrillan. Voleurs d'or. Sapho.
Champfleury. Excentriques. Avent. de Mlle Mariette. Réalisme. Souffr. du Prof. Delteil. Premiers Beaux-Jours. Usurier Blaizot. Souv. des Funambules. Bourgeois d'e Molinchart. Sensations de Josquin. Chien-Caillou.
*** Souvenirs d'un officier du 2me de Zouaves.
H. Conscience (Trad. Wocquier). Scènes de la Vie flamande, 2 v. Fléau du Village. Démon de l'Argent. Veillées Flamandes. Mère Job. Guerre des Paysans. Heures du Soir. L'Orpheline. Batavia. Aurélien, 2 v. Souvenirs de Jeunesse. Lion de Flandre, 2 v.
Cuv.-Fleury. Voyages et Voyageurs.
G. Dantragues. Histoires d'amour et d'argent.
Comt. Dash. Bals masqués. Jeu de la Reine. Chaîne d'Or. Fruit défendu. Chât. en Afrique. Poudre et la neige. Marquise de Parabère.
Général Daumas. Grand Désert. Chevaux du Sahara.
P. Deltuf. Aventures parisiennes. L'une et l'autre.
Ch. Dickens (Trad. A. Pichot). Nev. de ma Tante, 2 v. Contes de Noël.
Oct. Didier. Mad. Georges. Fille de Roi.
Alex. Dumas. Vie au Désert, 2 v. Maison de glace, 2 v. Charles le Téméraire, 2 v.
Alex. Dumas fils. Avent. de quatre Femmes. Vie à vingt ans. Antonine. Dame aux Camélias. Boîte d'Argent.
X. Eyma. Peaux noires. Femmes du Nouveau monde.
Paul Féval. Tueur de Tigres. Dernières Fées.
G. Flaubert. Madame Bovary, 2 v.
V. de Forville. Marq. de Pazaval. Conscrit de l'an VIII. Deux Belles-Sœurs.
Marc-Fournier. Monde et Comédie.
Th. Gautier. Beaux-Arts en Europe, 2 v. Constantinople. L'Art moderne. Grotesques
Mme Émile de Girardin. Marguerite. Nouvelles. Marquise de Pontanges. Contes d'une vieille Fille à ses Neveux. Poésies. Vicomte de Launay, 4 v.
L. Gozlan. Châteaux de France, 2 v. Not. de Chantilly. Émot. de Polydore Marasquin. Nuits du Père-Lachaise. Famille Lambert. Hist. de Cent trente Femmes. Médecin du Pecq. Dernière Sœur grise. Dragon rouge. Comédie et Comédiens. Marquise de Belverano. Balzac et Vidocq.
Hildebrand (Trad. Wocquier). Scènes de la Vie hollandaise. Chambre obscure.
Hoffmann (Trad. Champfleury). Contes posthumes.
A. Houssaye. Femmes comme elles sont. L'Amour comme il est. Pêcheresse.
Ch. Hugo. Chaise de paille. Bohême dorée, 2 v. Cochon de saint Antoine.
F. V. Hugo (Trad.). Sonnets de Shakspeare. Faust anglais de Marlowe.
F. Hugonnet. Souv. d'un Chef de bureau arabe.
J. Janin. Chem. de traverse. Contes littér. Contes fantastiq. L'Ane mort. Confession. Cœur pour deux Amours.
Ch. Jobey. Amour d'un Nègre.
A. Karr. Les Femmes. Agathe et Cécile. Promen. hors de mon Jardin. Sous les Tilleuls. Poignée de Vérités. Voy. autour de mon Jardin. Soirées de Sainte-Adresse. Pénélope normande. Encore les Femmes. Trois Cents Pages. Guêpes, 6 v. Menus Propos. Sous les orangers. Les Fleurs. Raoul. Roses noires et Roses bleues.
L. Kompert Trad. D. Stauben). Scènes du Ghetto. Juifs de la Bohême.
A. de Lamartine. Les Confidences. Nouv. Confidences. Touss. Louverture.
V. de Laprade. Psyché.
Th. Lavallée. Hist. de Paris, 2 v.
J. Lecomte. Poignard de Cristal.
J. de la Madelène. Ames en peine.
F. Mallefille. Capitaine La Rose. Marcel. Mém. de Don Juan, 2 v. Monsieur Corbeau.
X. Marmier. Au Bord de la Newa. Drames intimes. Grande Dame russe.
F. Maynard. De Delhi à Cawnpore. Drame dans les mers boréales.
Méry. Hist. de Famille. Salons et Souterrains de Paris. André Chénier. Nuits anglaises. Nuits italiennes. Nuits espagnoles. Nuits d'Orient. Château vert. Chasse au Chastre.
P. Meurice. Scènes du Foyer. Tyrans de Village.
P. de Molènes. Mém. d'un Gentilh. du siècle dernier. Caract. et récits du temps. Chron. contemp. Hist. intimes. Hist. sentim. et milit. Avent. du temps passé.
F. Mornand. Vie arabe. Bernerette.
H. Murger. Dernier Rendez-vous. Pays Latin. Scèn. de Campagne. Buveurs d'eau. Vacances de Camille. Roman de toutes les Femmes. Scèn. de la Vie de Bohême. Propos de ville et propos de théâtre. Scèn. de la vie de jeunesse. Sabot rouge. Madame Olympe. Amoureuses.
P. de Musset. Bavolette. Puylaurens.
A. de Musset, de Balzac, G. Sand. Tiroir du Diable. Paris et Parisiens. Parisiennes à Paris.
Nadar. Quand j'étais Étudiant. Miroir aux Alouettes.
Gérard de Nerval. Bohème galante. Filles du Feu. Souvenirs d'Allemagne.
Charles Nodier (Trad.). Vicaire de Wakefield.
P. Perret. Bourgeois de campagne. Avocats et amours.
Amédée Pichot. Poètes amoureux.
E. Plouvier. Dernières Amours.
Edgard Poe (Trad. Baudelaire). Hist. extraordinaires. Nouv. hist. extraordinaires. Aventures d'A. Gordon-Pym.
F. Ponsard. Études antiques.
A. de Pontmartin. Cont. et Nouv. Mém. d'un Notaire. Fin du Procès. Contes d'un Plant. de choux. Pourq. je reste à la Campagne. Or et Clinquant.
M. Radiguet. Souvenirs de l'Amérique espagnole.
H. Révoil (Traducteur). Harems du Nouv. Monde. Docteur américain.
L. Reybaud. Dernier des Commis Voyag. Coq du Clocher. Indust. en Europe. Jérôme Paturot, Position sociale. Jérôme Paturot, République. Ce qu'on peut voir dans une Rue. Comtesse de Mauléon. Vie à rebours. Vie de Corsaire. Vie de l'Employé.
A. Rolland. Martyrs du Foyer.
Ch. de La Rounat. Comédie de l'Amour.
J. de Saint-Félix. Scènes de la Vie de Gentilhomme.
J. Sandeau. Sacs et Parchemins. Nouvelles. Catherine.
G. Sand. Histoire de ma Vie, 10 v. Mauprat. Valentine. Indiana. Jeanne. Mare au Diable. Petite Fadette. François le Champi. Teverino. Consuelo, 3 v. Comt. de Rudolstadt, 2 v. André. Horace. Jacques. Lélia, 2 v. Lucrezia Floriani. Péché de M. Antoine, 2 v. Lettres d'un Voyageur. Meunier d'Angibault. Piccinino, 2 v. Simon. Dernière Aldini. Secrétaire intime.
E. Scribe. Théâtre, 20 v. Nouvelles. Historiet. et Prov. Piquillo Alliaga, 3 v.
Alb. Second. A quoi tient l'Amour.
Fr. Soulié. Mém. du Diable, 2 v. Deux Cadavres. Quatre Sœurs. Conf. générale, 2 v. Au Jour le Jour. Marguerite. Maître d'école. Bananier. Eulalie Pontois. Si Jeun. savait... si Vieill. pouvait, 2 v. Huit jours au Château. Conseiller d'État. Malheur complet. Magnétiseur. Lionne. Port de Créteil. Comt. de Monrion. Forgerons. Été à Meudon. Drames inconnus. Maison n° 3 de la r. de Provence. Av. du Cadet de Famille. Amours de Bonsenne. Olivier Duhamel. Chât. des Pyrénées, 2 v. Rêve d'Amour. Diane et Louise. Prétendus. Cont. pour les enfants. Quatre époq. Sathaniel. Comte. de Toulouse. Vicomte de Béziers. Saturnin Fichet, 2 v.
É. Souvestre. Philos. sous les toits. Confess. d'un Ouvrier. Coin du Feu. Scènes de la Vie intime. Chron. de la Mer. Clairières. Scèn. de Chouannerie. Dans la Prairie. Dern. Paysans. En Quarantaine. Scèn. et Récits des Alpes. Goutte d'Eau. Soirées de Meudon. Échelle des Femmes. Souv. d'un Vieillard. Sous les Filets. Contes et Nouv. Foyer breton 2 v. Dern. Bretons, 2 v. Anges du Foyer. Sur la Pelouse. Riche et Pauvre. Péchés de Jeunesse. Réprouvés et Élus, 2 vol. En Famille. Pierre et Jean. Deux Misères. Pendant la Moisson. Bord du Lac. Drames parisiens. Spus les ombrages. Mât de cocagne. Mémorial de Famille. Souv. d'un Bas-Breton, 2 v. L'Homme et l'Argent. Monde qu'il sera. Histoires d'autrefois. Sous la tonnelle. Théâtre de la Jeunesse.
Marie Souvestre, Paul Ferroll, traduit de l'anglais.
D. Stauben. Scènes de la Vie juive en Alsace.
De Stendhal. L'Amour. Rouge et Noir. Chartreuse de Parme. Promen. dans Rome, 2 v. Chroniq. italiennes. Mém. d'un touriste, 2 v. Vie de Rossini.
Mme B. Stowe (Trad. Forcade). Souvenirs heureux, 3 v.
E. Sué. Sept Péchés capitaux : L'Orgueil, 2 v. L'Envie, Colère, 2 v. Luxure. Gourmandise. Gilbert et Gilberte, 3 v. Adèle Verneuil. Grande Dame. Clémence Hervé.
E. Texier. Amour et Finance.
L. Ulbach. Secrets du Diable.
O. de Vallée. Maniers d'argent.
A. Vacquerie. Profils et Grimaces.
M. Valrey. Marthe de Montbrun. les sans Dot.
F. Wey. Anglais chez eux. Londres y a cent ans.
*** Mme la duchesse d'Orléans.
*** Zouaves et Chasseurs à pied.

PARIS. — IMPRIMERIE DE ÉDOUARD BLOT, RUE SAINT-LOUIS, 46.

www.ingramcontent.com/pod-product-compliance
Lightning Source LLC
Chambersburg PA
CBHW070745170426
43200CB00007B/656